CONTEÚDO DIGITAL PARA ALUNOS

Cadastre-se e transforme seus estudos em uma experiência única de aprendizado:

1 Escaneie o QR Code para acessar a página de cadastro.

2 Complete-a com seus dados pessoais e as informações de sua escola.

3 Adicione ao cadastro o código do aluno, que garante a exclusividade de acesso.

3932383A3136212

Agora, acesse:
www.editoradobrasil.com.br/leb
e aprenda de forma inovadora e diferente! :D

Lembre-se de que esse código, pessoal e intransferível, é válido por um ano. Guarde-o com cuidado, pois é a única maneira de você utilizar os conteúdos da plataforma.

APOEMA CIÊNCIAS 8

ANA MARIA PEREIRA
- Mestre em Educação
- Licenciada em Ciências Biológicas
- Professora do Ensino Fundamental, do Ensino Médio e do Ensino Superior

ANA PAULA BEMFEITO
- Doutora em História das Ciências e das Técnicas de Epistemologia
- Mestre em Ensino de Ciências e Matemática
- Bacharel em Física e licenciada em Matemática
- Professora do Ensino Superior e de cursos de pós-graduação

CARLOS EDUARDO PINTO
- Mestre em Ciências do Meio Ambiente
- Licenciado em Química
- Professor do Ensino Médio e do Ensino Superior

MIGUEL ARCANJO FILHO
- Mestre em Ensino de Ciências e Matemática
- Licenciado em Física
- Professor do Ensino Médio, Ensino Superior e de cursos de pós-graduação

MÔNICA WALDHELM
- Doutora e mestre em Educação
- Licenciada em Ciências Biológicas
- Professora do Ensino Fundamental, do Ensino Médio, do Ensino Superior e de Pós-graduação em Ensino de Ciências

1ª edição
São Paulo, 2018

Editora do Brasil

Dados Internacionais de Catalogação na Publicação (CIP)
(Câmara Brasileira do Livro, SP, Brasil)

Apoema: ciências 8 / Ana Maria Pereira....
[et al.]. – 1. ed. – São Paulo: Editora do Brasil, 2018. – (Coleção apoema) Outros autores: Ana Paula Bemfeito, Carlos Eduardo Pinto, Miguel Arcanjo Filho, Mônica Waldhelm.

ISBN 978-85-10-06946-5 (aluno)
ISBN 978-85-10-06947-2 (professor)

1. Ciências (Ensino fundamental) I. Pereira, Ana Maria. II. Bemfeito, Ana Paula. III. Pinto, Carlos Eduardo. IV. Arcanjo Filho, Miguel. V. Waldhelm, Mônica. VI. Série.

18-20133   CDD-372.35

Índices para catálogo sistemático:
1. Ciências : Ensino fundamental 372.35
Maria Alice Ferreira - Bibliotecária - CRB-8/7964

© Editora do Brasil S.A., 2018
Todos os direitos reservados

Direção-geral: Vicente Tortamano Avanso

Direção editorial: Felipe Ramos Poletti
Gerência editorial: Erika Caldin
Supervisão de arte e editoração: Cida Alves
Supervisão de revisão: Dora Helena Feres
Supervisão de iconografia: Léo Burgos
Supervisão de digital: Ethel Shuña Queiroz
Supervisão de controle de processos editoriais: Marta Dias Portero
Supervisão de direitos autorais: Marilisa Bertolone Mendes

Supervisão editorial: Angela Sillos
Consultoria Técnica: Debora de Fatima Almeida e Ricardo Lourenço Rosa
Edição: Ana Caroline Rodrigues de M. Santos
Assistência editorial: Vinícius Leonardo Biffi
Auxílio editorial: Luana Agostini
Apoio editorial: Amanda Jodas, Camila Beraldo, Flávio Uemori Yamamoto, Juliana Bomjardim e Renan Costa Petroni
Coordenação de revisão: Otacílio Palareti
Copidesque: Gisélia Costa, Ricardo Liberal e Sylmara Beletti
Revisão: Alexandra Resende, Andréia Andrade, Elaine Silva e Martin Gonçalves
Pesquisa iconográfica: Daniel Andrade
Assistência de arte: Letícia Santos
Design gráfico: Patrícia Lino
Capa: Megalo Design
Imagem de capa: MichaelSvoboda/iStockphoto.com
Pesquisa de capa: Tempo Composto Ltda.
Ilustrações: Adriano Loyola, Conexão, BAIVECTOR/Shutterstock.com (textura seção ...em foco), Cristiane Viana, DAE (Departamento de Arte e Editoração), Dawidson França, Denis Cristo, Fabio Nienow, Fernando Gonsales, Ilustra Cartoon, Jane Kelly/Shutterstock.com(ícones seções), José Wilson Magalhães, Luiz Lentini, Luis Moura, Mauro Salgado, Pablo Mayer, Paula Lobo, Paula Haydee Radi, Paulo César Pereira, Paulo Nilson, Vagner Coelho.
Produção Cartográfica: Alessandro Passos Da Costa, DAE (Departamento de Arte e Editoração), Sonia Vaz
Coordenação de editoração eletrônica: Abdonildo José de Lima Santos
Editoração eletrônica: MRS Editorial
Licenciamentos de textos: Cinthya Utiyama, Paula Harue Tozaki e Renata Garbellini
Controle de processos editoriais: Bruna Alves, Carlos Nunes, Jefferson Galdino, Rafael Machado e Stephanie Paparella

1ª edição / 2ª impressão, 2020
Impresso na BMF Gráfica e Editora

Rua Conselheiro Nébias, 887
São Paulo, SP – CEP 01203-001
Fone: +55 11 3226-0211
www.editoradobrasil.com.br

APRESENTAÇÃO

Este livro trata de vida! Em suas formas variadas e em suas múltiplas relações.

Ao observar fenômenos que ocorrem em seu corpo, em sua casa, em seu planeta; ao ver máquinas e outros recursos tecnológicos funcionando, no campo ou na cidade; e ao tentar entender como e por que eles funcionam, você perceberá a importância de aprender Ciências. Além disso, um cidadão como você, que deseja entender as mudanças na sociedade em que vive e o impacto que a ciência tem sobre a sua vida e sobre toda a Terra, com certeza vai querer informar-se e debater assuntos como aquecimento global, alimentos transgênicos, aids, fontes alternativas de energia, entre outros, que trataremos nesta coleção.

Nossa intenção é fazer deste encontro, entre a ciência e você, uma experiência prazerosa e motivadora, articulando o que você aprenderá aqui com seu dia a dia. Para isso, contamos com seu esforço e sua participação. Viaje conosco pelos caminhos da investigação e da experimentação.

Um grande abraço.

Os autores

SUMÁRIO

UNIDADE 1 – Vida e reprodução 8

CAPÍTULO 1 – A reprodução 10

Tipos de reprodução 10

Reprodução assexuada 12
- Bipartição ou divisão binária 12
- Brotamento 12
- Esporulação 13

Experimentar – Cultivando fungos 14
- Regeneração 15
- Reprodução assexuada em plantas 15
  Algumas técnicas de reprodução
  assexuada em plantas 16

Observar – Reprodução assexuada em plantas...17

Reprodução sexuada 18
- Reprodução sexuada nas plantas 19
  Reprodução nas briófitas 19
  Reprodução nas pteridófitas 20
  Reprodução nas fanerógamas 21

Observar – Observação do androceu e do
gineceu da flor de uma planta hermafrodita.....24
- Reprodução sexuada nos animais 25
  A reprodução dos peixes 26

Conviver – Deixem os peixes se
reproduzirem 27
  A reprodução dos anfíbios 28

Viver – Preservação das tartarugas
marinhas 29
  A reprodução dos répteis 30
  A reprodução das aves 31
  A reprodução dos mamíferos 32

Atividades 34

CAPÍTULO 2 – Sexualidade e vida 36

Percebendo o outro 36
- O masculino e o feminino na sociedade 37
  Os papéis sociais 38

Conviver – Jogo dos papéis 39

A adolescência 40
- Ritos de passagem 40

Viver – A transição para o mundo adulto 41

Conviver – Sexualidade na mídia 42
- As mudanças no corpo 43
- O corpo masculino 44
  O corpo masculino por fora 45
  O corpo masculino por dentro 46

Saúde em foco – Câncer de testículo: a
importância do exame 47
  O que é deferentectomia? 48
- O corpo feminino 48
  O corpo feminino por fora 49
  O corpo feminino por dentro 50
  As mamas: importante estrutura
  dos mamíferos 51

Saúde em foco – Os homens têm mamas? 52

Com a palavra, a especialista 54

Viver – O que é *bullying* 56

Atividades 57

CAPÍTULO 3 – Da concepção ao nascimento 58

O ato sexual e o início de uma nova vida 58
- A ovulação 59
- A fecundação 59
- A menstruação 60

O desenvolvimento do novo ser 61
- A importância da placenta 61
- Formação de gêmeos 62
- A gestação 63
- O parto 64
  Parto "normal" ou natural 64
  Cesariana 64
  Parto prematuro 65
- Amamentação 65

Viver – Aleitamento materno 66

Saúde em foco – Amamentação
é um direito 66
- O que é aborto? 67

Conviver – Desmontando tabus 67

Atividades 68

CAPÍTULO 4 – Saúde e sexualidade 70

Cuidados com a saúde de todo o corpo 71
- Ir ao ginecologista 71
- Ir ao urologista 71
- Conhecer para evitar: infecções sexualmente
  transmissíveis (ISTs) 72
  Herpes genital 72
  Candidíase 72
  Gonorreia 72
  Condiloma acuminado 72
  Clamídia 73
  Sífilis 73
  Hepatite B 73
  Aids ou síndrome de imunodeficiência
  adquirida (Sida) 73

Conviver – Dia Mundial de Luta contra a Aids ..75
- Formas de prevenção das ISTs em geral 76
  A camisinha (camisa de vênus
  ou preservativo) 76
- Gravidez: conhecer para evitar 77
  Diafragma 77
  Coito interrompido 77
  Tabelinha 78
  Dispositivo intrauterino (DIU) 78
  Pílulas anticoncepcionais 79
  Outros métodos hormonais 79

Viver – Jovens sabem prevenir DSTs
e gravidez, mas só 31% se protegem 80

Atividades 81

Caleidoscópio – O corpo humano – entre o
real e o ideal 82

Retomar 84

Visualização 86

UNIDADE 2 – Funções de nutrição 88

CAPÍTULO 5 – A digestão......................... 90

Em busca de energia..90

Os nutrientes...91
- Carboidratos...91
- Lipídios..91
- Proteínas..91
- Vitaminas 92
- Sais minerais..93
- As fibras 93
- Água 93

Uma classificação para os alimentos.............94

Viver – Alimentação: o gosto e
as necessidades...94

Saúde em foco – Glúten e doença celíaca........95

Pontos de vista – Problemas de nutrição:
desafios de uma sociedade que sofre com
a fome e a obesidade em escala mundial 96

O sistema digestório.......................................98
- Tubo digestório 98
  - Boca 98
  - Faringe e esôfago 98
  - Estômago...98
  - Intestino delgado 99

Modelar – O papel das vilosidades/
microvilosidades...99
  - Intestino grosso 100
- Glândulas anexas 100
  - Glândulas salivares 100
  - Fígado 100
  - Pâncreas..100

Digestão...101
- Etapas da digestão humana 102
  - Digestão na boca 102

Saúde em foco – Saúde dos dentes................103

Experimentar – Mastigação e salivação 104
  - Da boca para o estômago 104

Observar – Movimentos peristálticos.............105
  - Digestão no estômago 105
  - Digestão no intestino delgado 106
  - O destino dos alimentos 106
  - Digestão no intestino grosso 107

Observar – O papel da bile na digestão..........107

Saúde em foco – Colesterol 108

Conviver – Informações nutricionais no
rótulo 109

Atividades 110

CAPÍTULO 6 – A respiração..........................112

Estruturas do sistema respiratório 113

- Vias respiratórias 113
- Pulmões 114

Os movimentos respiratórios 115

Modelar – Construindo um modelo
de pulmão 116

Troca de gases 117

**Liberação da energia obtida
dos alimentos** 117

De olho no legado – Anatomia humana 118

Atividades 120

CAPÍTULO 7 – A circulação 122

Estrutura do sistema cardiovascular 123
- Vasos sanguíneos 123
- Coração 124
  - Estrutura do coração 125
  - Batimentos cardíacos 125
- O sangue 126
  - Composição do sangue 126
  - Células sanguíneas 126

Circulação sanguínea – caminho do sangue 128
- Pequena circulação
(ou circulação pulmonar)................................128
- Grande circulação
(ou circulação sistêmica) 129

Experimentar – Alterações na frequência
cardíaca durante atividade física....................129

Sistema linfático 130

Saúde em foco – O que é hipertensão............131

Atividades 132

CAPÍTULO 8 – A excreção 134

Eliminação de água e excretas 134
- A água de nosso corpo 134
- A excreção 135

Estrutura do sistema urinário.......................135
- Os rins...136
- Vias urinárias...137
- O funcionamento dos rins...........................137
- Como se forma a urina 138

Modelar – Elaboração de modelo anatômico
do sistema urinário humano 139
- Composição da urina 139

Saúde em foco – Hemodiálise e
transplante de rins 140

Atividades 142

Retomar **144**

Visualização **146**

UNIDADE 3 – O planeta em que vivemos ... 148

CAPÍTULO 9 – Sol, Terra e Lua 150

Movimento de rotação da Terra 152

Movimento de translação da Terra 153

Modelar – Translação e incidência de luz 154

• As estações do ano 155

Observar – Variação do pôr do sol
no decorrer do ano 157

Conviver – Nossa vida em diferentes
estações 158

Saúde em foco – Cuidados ao
observar o Sol 158

Atividades 159

A Lua 160

• Fases da Lua 161

Observar – Aspectos da Lua no céu 161

• A posição relativa do Sol, da Terra
e da Lua 162

Modelar – Simulando as fases
da Lua..163

• A Lua e as marés..165

Energia em foco – Energia maremotriz 165

• Eclipses 166

Viver – Mitos, lendas e a Lua 168

Atividades 170

CAPÍTULO 10 – Clima e previsão do tempo 172

Previsão do tempo 172

• Buscando padrões para prever o tempo 173

De olho no legado – Ditado popular 173

Tempo e clima 174

Atividades 175

• Fatores relacionados à previsão do tempo ...176

Temperatura do ar 176

Conviver – Desertos 177

Umidade do ar 177

Experimentar – Construção de
um psicrômetro 178

Atividades 179

Pressão atmosférica 179

Viver – A pressão atmosférica e a previsão
do tempo 180

Nuvens 181

Ventos 183

Experimentar – Construção de um
anemômetro caseiro......................................184

Massas de ar 185

Meteorologia em foco – Frente fria 186

Observar – Simulando o vento.......................187

Pluviosidade 187

Experimentar – Montagem de um
pluviômetro simples 188

Meteorologia em foco – Estações
meteorológicas 189

• Tecnologias usadas na meteorologia 190

Com a palavra, a especialista 191

Conviver – Meteorologia e cultura.................192

De olho no legado – História da meteorologia ...193

Atividades 194

CAPÍTULO 11 – Alterações climáticas..............196

O que são alterações climáticas? 196

• Algumas causas das alterações climáticas 197

Conviver – O clima em gráfico.......................197

Climas do planeta 198

Viver – O frio e a sociedade..........................200

Experimentar – A direção da
incidência da luz 201

• Efeito das massas de ar..............................202

Viver – Massas de ar e a
previsão do tempo 202

Ecologia em foco – As correntes marítimas.....203

• Vulcanismo 204

Ações humanas e clima..............................205

Viver – Os impactos do consumismo 206

As causas do aquecimento global................206

Ambiente em foco – A digestão de bovinos e a
liberação de metano 207

Economia e aquecimento global 208

Viver – Camada de ozônio e
aquecimento global 208

Ambiente em foco – As consequências...........209

• A busca de soluções...................................210

Viver – Medidas nas cidades e
os benefícios ambientais...............................210

Sustentabilidade em foco – Consumo
consciente... 211

De olho no legado – O mundo perante as
mudanças climáticas.....................................212

Conviver – Alterações climáticas 214

Atividades 215

Caleidoscópio 216

Retomar 218

Visualização 220

UNIDADE 4 – Matéria e energia **222**

CAPÍTULO 12 – Fontes e tipos de energia **224**

Energia e suas fontes 224
- Fontes de energia renováveis e não renováveis 225

O impacto ambiental das fontes de energia 226

Ambiente em foco – Lâmpada de garrafa PET 228

Tipos de fontes de energia 229
- Energia eólica 229

Conviver – Usinas de energia eólica 229
- Energia solar 230

Conviver – Para economizar energia 230
- Energia hidrelétrica 231
- Energia das marés 231
- Biomassa 232
- Combustíveis fósseis 233

Conviver – Como faremos quando o petróleo acabar? 234
- Energia nuclear 235

Energia em foco – A polêmica das usinas nucleares no Brasil 235
- Fontes alternativas de energia 236

Viver – Biodiesel alternativo 237

Matriz energética 238

A energia elétrica em nosso dia a dia 238

Como a energia chega a nós 239

Atividades 240

CAPÍTULO 13 – Transformações de energia **242**

Tipos de energia 242
- Energia mecânica 244
  Energia potencial 244
  Energia cinética 246
  Conservação da energia mecânica 246

Potência 246

Transformação de energia 247

Conviver – Transformação de energia no dia a dia 247

Atividades 248

CAPÍTULO 14 – Energia elétrica e seus usos **250**

Carga elétrica 250

Eletrizando os corpos 251
- Atração e repulsão 252
- Corrente elétrica 253

Experimentar – O movimento das cargas elétricas 253

Conviver – Curto-circuito 254

Observar – Como são as ligações elétricas em nossa casa 255
- Corrente elétrica contínua e corrente elétrica alternada 256
  Diferença de potencial 256

Viver – Choque elétrico 257
  Resistência elétrica 257

Energia em foco – Fusíveis e disjuntores 258
  Primeira lei de Ohm 259
  Potência elétrica 259

Pontos de vista – Fontes alternativas de energia 260
  Cálculo do consumo de energia elétrica 262

Conviver – O custo da energia elétrica 263
  Uso consciente de energia elétrica 264

Ambiente em foco – Descarte de pilhas e baterias 265

Atividades 266

Retomar **268**

Visualização **270**

Referências **272**

UNIDADE 1

> **Antever**

No dia a dia, você já deve ter observado situações como a germinação de sementes no jardim e o nascimento de bebês em sua família ou de filhotes de animais de estimação. Essas situações referem-se à capacidade de deixar descendentes, ou seja, à capacidade de reprodução.

1 Por que essa capacidade é essencial para que a espécie possa continuar existindo no planeta?

2 Podemos dizer que ser capaz de deixar descendentes é mais importante para a espécie do que para o indivíduo. Você concorda com isso? Por quê?

3 Observe fotografias de sua infância. Que mudanças você percebe em seu corpo? E, ao se comparar fisicamente com colegas, irmãos ou primos mais velhos (caso tenha), que diferenças você observa? Que tipos de transformação ocorrem no corpo de alguém que entra na fase da adolescência?

Planta em desenvolvimento perto de planta adulta.

Vida e reprodução

Sabiá alimentando seus filhotes.

Seres humanos adultos e crianças.

CAPÍTULO 1

A reprodução

A **reprodução** é uma das características comuns a todas as espécies de seres vivos. Ter filhotes, isto é, gerar descendentes, é fundamental para a continuidade da espécie e a ocupação do ambiente. Se não deixar descendentes, a espécie tenderá a desaparecer à medida que os indivíduos mais velhos forem morrendo.

Por esse motivo, devem ser valorizadas iniciativas como as do Projeto Tamar em favor da preservação das tartarugas marinhas, que as acompanha nas épocas de desova, cuida dos ninhos e faz campanhas para a proteção desses animais, tentando garantir sua reprodução e, consequentemente, a preservação da espécie.

Tartarugas recém-nascidas dirigindo-se ao mar.

Tipos de reprodução

Há dois tipos principais de reprodução: a **assexuada** e a **sexuada**.

A **reprodução assexuada** é aquela em que um indivíduo gera seres idênticos a ele. Esse tipo de reprodução não envolve células sexuais (**gametas**). É mais comum em seres unicelulares, como **bactérias** e **protozoários**, por serem mais simples; mas também ocorre em alguns pluricelulares, como certos fungos, plantas e animais. Esse é um processo menos complexo e, por isso, mais rápido e menos custoso para o organismo. Vantagens desse processo são a possibilidade de reprodução sem a necessidade de um(a) parceiro(a), o que reduz os gastos de energia do indivíduo, além de possibilitar um rápido crescimento populacional, se existirem condições favoráveis, graças à grande capacidade de se produzir descendentes.

Glossário

Bactérias: são seres unicelulares, isto é, formados por uma única célula procariota, que é constituída basicamente por parede celular, membrana plasmática, citoplasma e material genético (DNA). Elas podem ser parasitas ou de vida livre. Apresentam-se de diversas formas e podem viver isoladas ou em grupos.

Gameta: célula que carrega parte do material genético que formará um novo ser. Nos animais, o gameta masculino é o espermatozoide e o gameta feminino é o ovócito.

Protozoários: são organismos unicelulares eucariontes, isto é, possuem envoltório nuclear.

A **reprodução sexuada** é aquela em que há participação dos gametas. A reprodução sexuada ocorre numa grande diversidade de organismos, inclusive no ser humano. A união dos gametas chama-se fecundação e dará origem a uma célula-ovo, ou zigoto, que sofrerá sucessivas divisões e especializações celulares até formar um novo ser vivo.

Enquanto a reprodução assexuada origina indivíduos geneticamente semelhantes aos antecessores, a reprodução sexuada produz indivíduos diferentes dos seus pais. A reprodução sexuada possibilita diferentes "combinações" das características dos seres, provocando, assim, o aumento da **variabilidade genética**. Por exemplo, você não é exatamente igual a seu pai nem a sua mãe, embora apresente muitas características de cada um deles.

> **Variabilidade genética**
> Se observarmos atentamente, veremos que, por mais semelhantes que possam ser, os seres de uma mesma espécie apresentam diferenças entre si. Isto é consequência das variações do material genético entre os indivíduos de uma população. Essas diferenças entre os seres é chamada **variabilidade**.

Considerando a evolução, a variabilidade genética, ampliada pela reprodução sexuada, geralmente é vantajosa porque aumenta a chance de adaptação da espécie a modificações do ambiente.

Algumas das características presentes nos pais e recombinadas nos seus descendentes podem ser vantajosas para a espécie, isto é, podem facilitar sua adaptação ao ambiente. Os seres mais adaptados a determinadas condições ambientais têm maior possibilidade de sobreviver nesses ambientes e, consequentemente, de deixar um número maior de descendentes. As características vantajosas dos sobreviventes vão se perpetuando na espécie.

Charles Darwin (1809-1882).   Alfred R. Wallace (1823-1913).

Ao fenômeno da sobrevivência dos seres mais aptos – isto é, mais bem adaptados –, os cientistas britânicos Charles Darwin e Alfred Wallace chamaram de **seleção natural**.

"Mais apto" não significa necessariamente "mais forte". O mais apto, em certos ambientes, pode ser aquele com menor tamanho; o que consegue se camuflar melhor; o que gera mais filhotes; enfim, o que tem características que favorecem a vida e a reprodução no ambiente onde ele se encontra. Por exemplo, o cacto é uma planta adaptada a ambientes de clima seco. Uma de suas características que favorece essa adaptação é a capacidade de armazenar água no caule. Outro exemplo é o inseto conhecido como bicho-pau, cuja aparência lembra um graveto. Por causa dessa característica, ele consegue viver em árvores passando despercebido por grande parte dos predadores.

O bicho-pau, quando imóvel num galho, fica praticamente oculto por sua aparência.

Reprodução assexuada

Há diferentes processos de reprodução assexuada, que relacionamos e exemplificamos a seguir.

Bipartição ou divisão binária

A reprodução das bactérias ocorre, principalmente, de forma assexuada, na qual uma bactéria-mãe divide-se em duas bactérias-filhas idênticas.

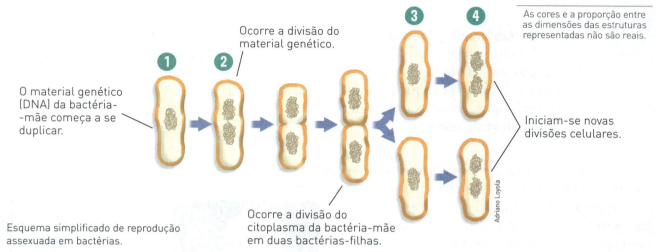

Esquema simplificado de reprodução assexuada em bactérias.

Brotamento

O brotamento consiste na formação de pequenos brotos no corpo do ser original, os quais mais tarde poderão separar-se, dando origem a novos indivíduos, ou permanecer ligados, constituindo uma **colônia**. É um tipo de reprodução assexuada comum em esponjas.

As esponjas são animais aquáticos. A maioria vive em ambiente marinho, mas há algumas espécies de água doce. São encontradas fixas a substratos, como rochas. Sua organização é muito simples – elas não possuem tecidos nem órgãos. A principal característica desses animais é o corpo coberto de poros.

Glossário

Colônia: relação ecológica entre seres vivos da mesma espécie, na qual os indivíduos estão ligados anatomicamente, dando a impressão de formarem um único organismo. Essa relação é vantajosa para todos os envolvidos.

Esponja com broto em desenvolvimento. Cada ramo pode chegar a cerca de 15 cm.

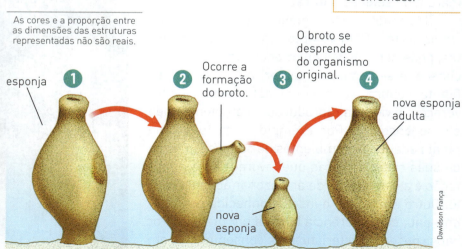

Esquema simplificado de reprodução assexuada por brotamento em esponja.

Esporulação

É uma forma de reprodução na qual novos indivíduos se originam de **esporos**, quando há condições favoráveis. O mofo ou bolor é um tipo de fungo e se desenvolve onde há alimento (matéria orgânica) e umidade. Os esporos desses fungos são liberados no ar, onde se juntam a outras partículas carregadas pelo vento. Em alguns fungos terrestres forma-se uma estrutura na parte aérea (acima do solo) chamada **corpo de frutificação**, que libera esporos. Os cogumelos são exemplos de um tipo de corpo de frutificação.

Na imagem a seguir podemos observar o resultado da germinação de esporos liberados de cogumelos, constatando a presença de pequeninos cogumelos embaixo de um maior. A dispersão dos esporos ocorre, principalmente, pelo transporte feito pelo vento, que possibilita a propagação dos fungos.

Glossário

Esporo: célula produzida por bactérias, fungos e plantas, que sozinha, por meio de sucessivas divisões, origina um novo organismo.

Detalhe da estrutura produtora de esporos do fungo *Penicillium* sp. Fotografia obtida por microscópio eletrônico de varredura, colorizada artificialmente. Ampliação aproximada de 600 vezes.

As cores e a proporção entre os tamanhos das estruturas representadas não são reais.

1. Corpo de frutificação do fungo, onde há o esporângio com esporos.
2. Liberação de esporos (esporulação).
3. Germinação dos esporos no solo.
4. Surgimento de um novo corpo de frutificação.

Esquema simplificado da reprodução de um fungo.

Esses esporos, pequeninos e leves, produzidos por algumas espécies de fungos são encontrados no ar ou presos no corpo de animais. Eles são facilmente encontrados na natureza e germinam rapidamente no solo, nos alimentos, em plantas e até mesmo em recipientes de vidro.

Se o armazenamento de cereais, como os usados na alimentação humana e de demais animais (arroz, milho, trigo, aveia e centeio, por exemplo) for realizado sem a secagem e outros cuidados necessários, isso irá favorecer a proliferação de fungos.

Ampliar

Resolução 138/2017 (Anvisa)
http://portal.anvisa.gov.br/documents/10181/3219534/RDC_138_2017_.pdf

Apresenta a RDC 138, de 2017, resolução da Agência Nacional de Vigilância Sanitária (Anvisa) que reduziu o limite máximo tolerado (LMT) de toxinas produzidas por fungos em alimentos e produtos feitos de trigo.

Cultivando fungos

Você já observou com atenção como se forma bolor ou mofo em algum alimento que tenha demorado muito para ser consumido? O bolor ocorre mais facilmente em ambiente úmido ou seco? Elabore sua hipótese e anote-a.

Depois, forme grupo com alguns colegas para fazer a atividade abaixo e verificar se sua hipótese se confirma ou não.

Atenção!
Não toque diretamente o pão mofado! Para manuseá-lo, mantenha-o embalado pelo filme plástico ou utilize luvas de borracha.

Material:
- duas fatias de pão de fôrma;
- dois pratos;
- duas etiquetas;
- lupa;
- borrifador de água;
- filme plástico;
- luvas de borracha;
- faca sem ponta.

Procedimentos

1. Coloque uma fatia de pão de fôrma em cada prato e deixe-as por alguns minutos ao ar livre.
2. Borrife um pouco de água sobre uma delas, mantendo a outra seca.
3. Envolva os pratos com filme plástico separadamente. Identifique-os pelo tipo de tratamento (umedecido ou seco), usando as etiquetas.
4. Deixe o material repousando fora da geladeira por dois ou três dias.
5. Com o auxílio da lupa, observe o que ocorreu com as fatias de pão.
6. Corte as fatias de pão ao meio e observe os miolos, também com auxílio da lupa.

Sem H$_2$O   Com H$_2$O

Analise os resultados e responda às questões a seguir.

1. Você notou diferença entre as fatias de pão? Explique.
2. Registre por escrito ou desenhe no caderno o que observou.
3. Retome sua hipótese inicial. Ela se concretizou? Se não, o que explica a diferença?
4. Por que foi necessário manter o material fora da geladeira? Qual é a relação entre isso e o fato de mantermos alimentos na geladeira?
5. Compare suas observações com as de seus colegas de outros grupos. O que há de semelhante ou de diferente entre elas.

Regeneração

É a recomposição das partes perdidas do corpo de um ser vivo. Também pode ser considerada um tipo de reprodução assexuada quando um novo indivíduo se forma de um pedaço que se desprendeu do corpo de um indivíduo adulto. Ela ocorre em esponjas e em alguns platelmintos, como as planárias.

Em organismos mais complexos, com muitos tipos de células e estruturas derivadas delas, a regeneração é limitada a partes específicas, como alguns órgãos, e não representa uma possibilidade de reprodução.

> **zoom**
> Nós, seres humanos, somos capazes de regenerar pequenas regiões do corpo, como a pele ferida ou um osso fraturado. No entanto, não conseguimos regenerar um membro, como a perna ou o braço, ou nos reproduzir por regeneração. Por quê?

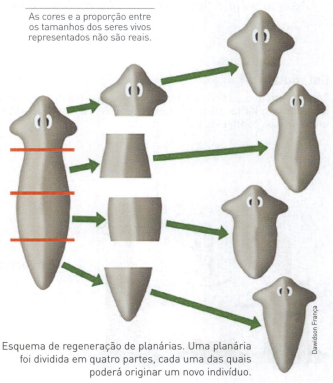

As planárias são animais de corpo alongado e achatado, que vivem em água doce e têm vida livre, ou seja, não são parasitas.

As cores e a proporção entre os tamanhos dos seres vivos representados não são reais.

Esquema de regeneração de planárias. Uma planária foi dividida em quatro partes, cada uma das quais poderá originar um novo indivíduo.

Reprodução assexuada em plantas

Muitas plantas têm a capacidade de se reproduzir assexuadamente, desenvolvendo uma nova planta com origem nos órgãos de uma planta-mãe, os quais normalmente não têm função reprodutiva e são chamados de vegetativos. As plantas-filhas crescem e se desenvolvem naturalmente, sem a intervenção humana, de raízes, caules e folhas da planta-mãe, os quais inicialmente dão origem a raízes, permitindo o estabelecimento e fixação da nova planta, que depois desenvolve caule e folhas.

Ao longo da história, os seres humanos aprenderam a utilizar essas características das plantas para produzir alimentos em larga escala, uma vez que esse tipo de reprodução gera mais descendentes com maior facilidade. Isso representou maior chance de sobrevivência e vantagem econômica.

Novas plantas nascendo de um tubérculo (tipo de caule) de batata-inglesa.

Algumas técnicas de reprodução assexuada em plantas

Na reprodução assexuada em que há intervenção do ser humano, utilizam-se partes da planta para se obter descendentes com as mesmas características da planta-mãe, buscando manter a qualidade e a produtividade nas plantas-filhas. Isso é benéfico por permitir prever que os descendentes serão iguais à planta-mãe, ainda que isso também signifique que eles estejam mais sujeitos a sofrer de uma mesma doença ou com mudanças ambientais.

Observe os principais métodos de reprodução assexuada de plantas utilizados pelo ser humano.

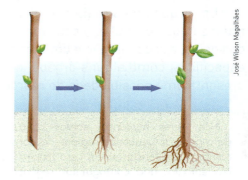

Estaquia
Técnica em que a reprodução ocorre por meio de fragmentos do caule da planta-mãe, que formam novas raízes. As estacas também são conhecidas como mudas.

Enxertia
Técnica em que são utilizadas duas plantas de características semelhantes com o propósito de juntar as melhores características de cada uma numa só planta.

Alporquia
Técnica em que são feitos cortes numa parte do ramo que, depois, é coberta com terra úmida envolta em plástico. Após algum tempo, crescem raízes no lugar dos cortes. Essa parte do ramo pode então ser cortada e plantada no solo.

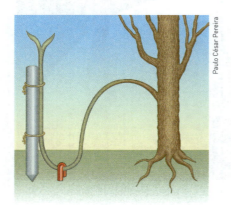

Mergulhia
Técnica em que o caule, quando flexível, é direcionado para o solo e parte de sua extensão é enterrada para enraizar. Depois, ele é separado da planta-mãe. A mergulhia é empregada, por exemplo, na reprodução do cajueiro. Essa técnica pode ser realizada, também, com raízes e folhas.

As cores e a proporção entre os tamanhos das estruturas de seres vivos representadas não são reais.

Observar

Reprodução assexuada em plantas

Para verificar a ocorrência de reprodução assexuada em plantas por meio de diferentes partes, forme grupo com alguns colegas e realizem o experimento abaixo.

Material:

- um dente de alho;
- uma cebola;
- dois recipientes pequenos e transparentes de plástico com terra vegetal misturada com argila;
- régua.

Dentes de alho.

As imagens desta página não estão representadas na mesma proporção.

Procedimentos

1. Separem os dentes do alho e retirem a pele que os reveste.
2. Retirem todas as folhas da cebola e separem o "prato", base ou placa basal da cebola.
3. Plantem o dente de alho num dos recipientes e a base da cebola no outro.
4. Umedeçam os recipientes regularmente.
5. Após três semanas, verifiquem se há ramos e raízes no alho e na cebola e registrem a quantidade e o comprimento deles numa tabela como a seguinte.
   - Não é necessário medir o comprimento de todos os ramos e raízes. Estabeleçam um critério para decidir quais serão medidos (por exemplo, os 3 maiores).

Corte em cebola mostrando a posição de sua placa basal.

Atenção!
Apenas o professor deve usar a faca para cortar a placa basal das cebolas.

	Ramos		Raízes	
	Quantidade	Comprimento	Quantidade	Comprimento
Alho				
Cebola				

Considerando os resultados do experimento, respondam às questões a seguir e depois discutam com a turma.

1. Qual das plantas se reproduziu assexuadamente de maneira mais eficiente: o alho ou a cebola?
2. É mais vantajoso para a planta reproduzir-se de maneira sexuada ou assexuada? Por quê?

Reprodução sexuada

Assim como ocorre com a reprodução assexuada, há também diferentes processos de reprodução sexuada.

A fecundação, como é chamada a união dos gametas, pode ser **interna**, quando o encontro de gametas ocorre dentro do corpo, ou **externa**, quando ocorre fora do corpo e, neste caso, normalmente, num meio aquoso.

Grupos de plantas e animais ancestrais viviam em ambiente aquático e se reproduziam, em sua maioria, por **fecundação externa**, processo em que o encontro de gametas ocorre fora dos organismos que se reproduzem.

A maioria das espécies de peixes se reproduz por fecundação externa. Veja, no esquema, como isso ocorre.

A fêmea libera os óvulos na água.

O macho libera os espermatozoides sobre os óvulos.

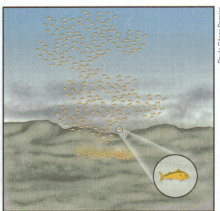
A fecundação dos óvulos, após algum tempo, dará origem aos alevinos (larvas dos peixes).

Reprodução sexuada de peixes com fecundação externa.

As cores e a proporção entre os tamanhos dos seres vivos representados não são as reais.

Glossário

Adaptação: característica relacionada às formas e funções do organismo que favorece a sobrevivência e a reprodução em determinados ambientes.

Ao longo do tempo, determinados grupos de seres vivos conquistaram também os ambientes terrestres. Porém, a dependência de água para a realização de diversas funções biológicas representou uma grande barreira à conquista desses novos ambientes, que foram sendo ocupados gradativamente apenas por alguns grupos de seres vivos.

Os organismos que ocuparam os ambientes terrestres apresentavam **adaptações** biológicas que favoreceram essa conquista, entre as quais a capacidade de se reproduzir sem a necessidade da água. Isso tornou-se possível com o surgimento da **fecundação interna** – quando a fecundação ocorre dentro do corpo –, que evita o ressecamento dos gametas no ambiente, e com o aparecimento de estruturas como a semente e o ovo com casca, que evitavam o ressecamento do embrião, permitindo então o seu desenvolvimento.

Entre as plantas, as fanerógamas foram as primeiras a conquistar efetivamente o ambiente terrestre, enquanto, entre os animais vertebrados, os répteis foram os primeiros a conseguirem esse feito.

Reprodução sexuada nas plantas

Briófitas (musgos) e **pteridófitas** (samambaias) foram as primeiras plantas terrestres e dependem até hoje da água do ambiente para a reprodução. A água é necessária para que o gameta masculino, móvel e flagelado, alcance e fecunde o gameta feminino. Isso limita sua ocupação a ambientes úmidos, como o entorno de cachoeiras, florestas úmidas e locais similares.

Reprodução nas briófitas

Veja, por exemplo, como o processo ocorre nos musgos, que pertencem ao grupo das briófitas. Essas plantas têm alternância de gerações, ou seja, uma geração que se reproduz sexuadamente origina uma nova geração que se reproduz assexuadamente, a qual, por sua vez, gera descendentes que se reproduzem sexuadamente.

No ciclo reprodutivo estão presentes os **esporófitos** – indivíduos produtores de esporos – e os **gametófitos** – indivíduos produtores de gametas. Na fase sexuada, ocorre a produção dos gametas, e, na fase assexuada, a produção de esporos. Esses esporos caem no solo, germinam e formam uma grande quantidade de novas plantas masculinas ou femininas que irão produzir, respectivamente, gametas masculinos e femininos.

Cápsulas de esporófitos de musgo em desenvolvimento.

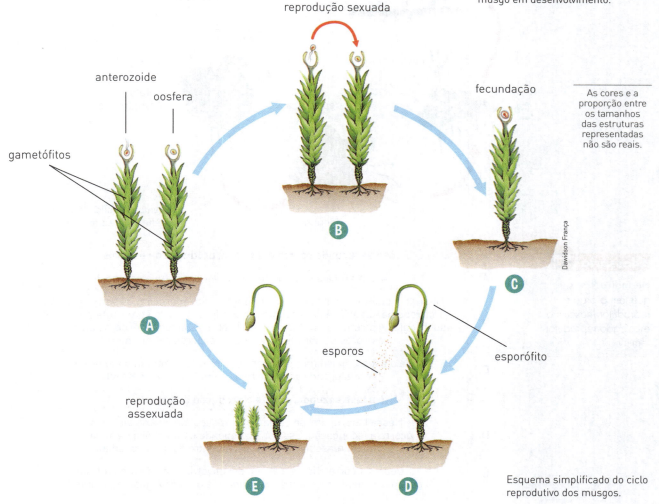

As cores e a proporção entre os tamanhos das estruturas representadas não são reais.

Esquema simplificado do ciclo reprodutivo dos musgos.

Reprodução nas pteridófitas

Assim como as briófitas, as pteridófitas são encontradas geralmente em lugares úmidos e com sombra, pois ainda **dependem da água para a reprodução**. Na fase sexuada da reprodução desses dois grupos de plantas, os gametas masculinos precisam estar na água para se deslocar até o gameta feminino, que é imóvel.

As pteridófitas também se reproduzem com alternância de uma fase **sexuada** e outra **assexuada**.

Veja a seguir o esquema do **ciclo reprodutivo das pteridófitas**, tendo como exemplo a samambaia.

Na parte de trás das folhas das samambaias surgem os soros; dentro deles estão estruturas que produzem os esporos.

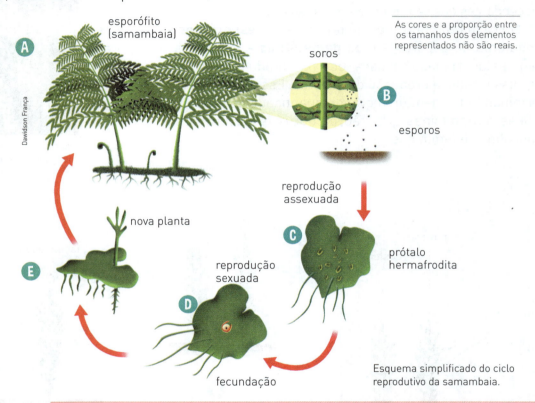

As cores e a proporção entre os tamanhos dos elementos representados não são reais.

Esquema simplificado do ciclo reprodutivo da samambaia.

Glossário

Hermafrodita: ser que tem o órgão reprodutor masculino e o órgão reprodutor feminino.

	A fase assexuada ocorre quando há produção de esporos
A	A samambaia que costumamos ver constitui o esporófito.
B	Quando a planta está no período de reprodução, aparecem os soros, pontinhos marrons na superfície da face inferior das folhas. Cada soro contém inúmeros esporângios, estruturas produtoras de esporos. Quando os esporos amadurecem, os soros se abrem, deixando os esporos caírem no solo.
C	Se o esporo germinar, originará o gametófito, denominado prótalo. O prótalo, onde se formam os gametas, é **hermafrodita**.
	Na fase sexuada, ocorre a produção de gametas
D	Nessa fase, unem-se os gametas masculino e feminino, ou seja, ocorre a fecundação. Essa união depende da presença de água, pois o gameta masculino "nada" ao encontro do gameta feminino.
E	Depois, ocorre a formação e o desenvolvimento de um embrião. O desenvolvimento do embrião dá origem a uma nova planta (samambaia).

Reprodução nas fanerógamas

As **plantas fanerógamas** (gimnospermas e angiospermas) são plantas que têm os órgãos reprodutores visíveis. Elas conquistaram definitivamente o ambiente terrestre há cerca de 280 milhões de anos. Isso foi possível porque, na história da evolução das plantas, surgiram novas estruturas que possibilitaram a reprodução independentemente da existência de água. As principais aquisições evolutivas foram os **grãos de pólen** e as **sementes**.

Os grãos de pólen correspondem aos gametófitos masculinos jovens, que podem ser transportados até o órgão reprodutivo feminino. Nesse local podem crescer e originar o tubo polínico, que representa o gametófito masculino adulto. Este contém as células que farão o papel dos gametas masculinos. Assim, esses gametas ficam protegidos da desidratação e podem ser levados de uma planta para outra pelo vento ou outros agentes. Esse processo de transporte dos grãos de pólen chama-se **polinização**.

Isso facilita a reprodução e a ocupação de novos territórios, pois as plantas capazes de desenvolver tubos polínicos realizam o processo de reprodução independentemente da água do ambiente, porque o gameta masculino está no tubo polínico e chega até o gameta feminino sem necessidade de meio líquido.

Além disso, essas plantas têm o embrião protegido pela semente. A semente é uma estrutura que armazena reservas nutritivas que suportam o desenvolvimento do embrião até se formarem as primeiras raízes e folhas. Essas características favoreceram sua sobrevivência nos diversos ambientes terrestres.

As sementes podem ser protegidas ou não pelos frutos. As **gimnospermas** (*gimnos* = nu; *sperma* = semente) são plantas que têm sementes, mas não apresentam fruto.

Pinhão de araucária, medindo cerca de 5 cm, germinando.

As cores e a proporção entre os tamanhos das estruturas representadas não são reais.

Ciclo reprodutivo das gimnospermas.

As **angiospermas** são plantas com flores e frutos. As flores são estruturas reprodutivas visíveis. Suas cores e odores atraem animais que atuam como agentes polinizadores, isto é, realizam a polinização. Isso favorece a reprodução dessas plantas e, consequentemente, a ocupação do ambiente por elas.

Uma flor pode ter até quatro partes: cálice, corola, androceu e gineceu.

Vejamos como são formadas essas partes.

- **Sépalas** – estruturas, geralmente verdes, que ajudam a manter a umidade e protegem os botões florais de parasitas e animais herbívoros. As sépalas algumas vezes assumem as funções das pétalas. O conjunto de sépalas forma o **cálice**.
- **Pétalas** – folhas modificadas que podem apresentar várias cores e odores e têm grande importância na atração de agentes polinizadores, como insetos, aves e morcegos. O conjunto de pétalas forma a **corola**.
- **Estames** – estruturas que formam o sistema reprodutor masculino. Cada estame é composto de antera e filete. Na antera são produzidos os grãos de pólen. O conjunto de estames forma o **androceu**.
- **Carpelos** – estruturas que constituem o sistema reprodutor feminino. O carpelo é composto do ovário e do estilete, a porção alongada cuja ponta é denominada estigma. O estigma produz uma secreção viscosa que contribui para a fixação do grão de pólen. O conjunto de um ou mais carpelos forma o **gineceu**.

Abelha participa da polinização com seu corpo coberto por pólen.

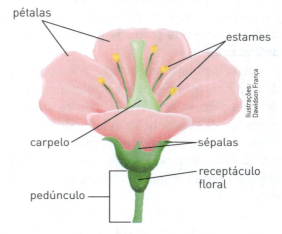

Esquema das partes de uma flor.

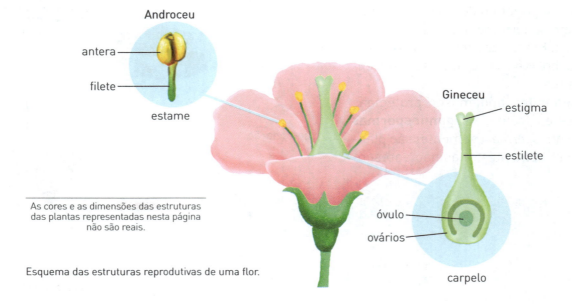

As cores e as dimensões das estruturas das plantas representadas nesta página não são reais.

Esquema das estruturas reprodutivas de uma flor.

As flores podem ser masculinas, femininas ou hermafroditas. As flores masculinas contêm apenas androceu, e as femininas, só o gineceu. Há espécies que apresentam, numa mesma planta, o androceu em uma flor e o gineceu em outra, ou seja, os órgãos reprodutores masculino e feminino estão em flores separadas.

Há outras espécies, como os mamoeiros, que também apresentam o androceu nas flores de uma planta e o gineceu nas flores de outra, além das plantas com flores masculinas e flores femininas.

A flor do mamoeiro-fêmea tem o gineceu.

A flor do mamoeiro-macho tem o androceu.

Muitas espécies de angiospermas têm flores com as duas estruturas – órgão reprodutor masculino e órgão reprodutor feminino. A planta que tem esse tipo de flor é chamada hermafrodita. Nas plantas com flores hermafroditas, a autofecundação (quando a planta fecunda a si mesma) é uma possibilidade que desfavorece a variabilidade genética na geração seguinte. Há, porém, adaptações nessas plantas que impedem ou dificultam a autofecundação, que são:
- o amadurecimento do gineceu em época diferente ao do androceu;
- a localização, na flor, do androceu em posição inferior à do gineceu, dificultando o contato do pólen com o estigma.

Observe, na ilustração a seguir, a representação do ciclo reprodutivo de plantas angiospermas.

Polinização e formação do tubo

Os agentes polinizadores transportam os grãos de pólen de uma flor para outra ou da parte masculina para a parte feminina da mesma flor.

O pólen transforma-se em tubo polínico, percorre o estilete e alcança o gameta feminino.

As cores e a proporção entre os tamanhos das estruturas representadas não são reais.

A união dos gametas masculino e feminino dá origem ao embrião e à semente que irá protegê-lo.

Ocorre o desenvolvimento do ovário da flor, que dará origem ao fruto. Esse fruto protege as sementes e atrai animais que auxiliam na dispersão das mesmas.

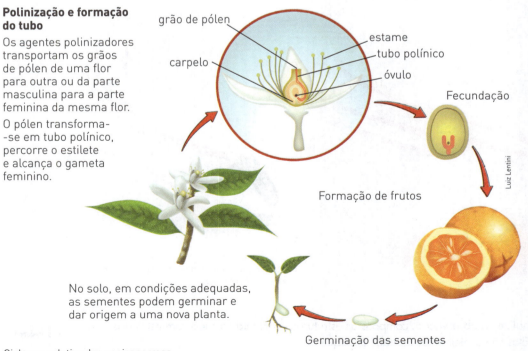

No solo, em condições adequadas, as sementes podem germinar e dar origem a uma nova planta.

Ciclo reprodutivo das angiospermas.

Observar

Observação do androceu e do gineceu da flor de uma planta hermafrodita

Material:

- uma flor hermafrodita inteira, com o pedúnculo (por exemplo, lírio, manacá-da-serra, palma de Santa Rita, hibisco ou papoula);
- estilete (para uso exclusivo do professor);
- lupa (opcional) para ampliar a imagem.

Procedimentos

1. Observe todas as estruturas que formam a flor.
2. Retire todas as pétalas da flor.
3. Identifique o androceu (parte masculina) e o gineceu (parte feminina).
4. Observe o androceu.
    - Identifique os **estames**.
    - Passe levemente o dedo sobre eles. Certamente **grãos de pólen** vão grudar em seu dedo.
5. Observe agora o **gineceu**.
    - Encoste a ponta do dedo no **estigma**. Verifique a presença de uma secreção pegajosa. Ela é capaz de fixar grãos de pólen.
6. Peça ao professor que corte o gineceu da flor ao meio.
    - Com o auxílio da lupa, observe o **ovário** cortado e desenhe a parte interna dele.
7. Ainda com o auxílio da lupa, localize o(s) **óvulo**(s) no interior do ovário da flor cortada. Depois de observá-lo(s) atentamente, registre-o(s) e identifique-o(s) no seu desenho.

> **Atenção!**
> - Antes de iniciar a atividade, verifique com seus responsáveis se você é alérgico a pólen (em caso positivo, utilize uma máscara descartável).
> - Durante esta atividade, não leve a mão à boca ou aos olhos. Se possível, use luvas descartáveis.
> - Após a atividade, lave bem as mãos para evitar reações alérgicas.
> - Não manipule objetos cortantes sem ajuda e orientação de um adulto.

Flor sem pétalas.

Corte longitudinal do gineceu de uma flor com destaque para o ovário.

Fotografias: Dotta

1. Depois de finalizar a observação, compare as estruturas da planta cortada com estas das fotografias. Elas são semelhantes ou não? Explique.

Reprodução sexuada nos animais

Diferentes estruturas e estratégias reprodutivas podem ser identificadas no reino animal.

Já tratamos no início deste capítulo da reprodução de alguns animais (planárias, esponjas). Destacaremos agora aspectos ligados à reprodução de animais mais complexos: os vertebrados.

As fotografias a seguir ilustram parte da diversidade encontrada nesse grupo. Talvez você já tenha observado algumas dessas situações ou visto em filmes e documentários. Se possível, compartilhe com os colegas suas observações.

Nascimento de jacaré-de-papo-amarelo.

Pererecas copulando.

Porca amamentando filhotes.

Aranha segurando a ooteca, conhecida como saco de ovos.

Moscas copulando.

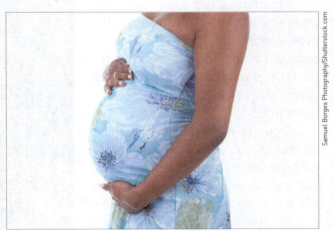
Mulher grávida.

25

A reprodução dos peixes

Na maioria das espécies de **peixes**, a reprodução ocorre por **fecundação externa**, ou seja, os machos lançam seus gametas, os espermatozoides, sobre os óvulos das fêmeas, que compõem sua desova. A fêmea de um peixe solta, de uma só vez, uma quantidade enorme de óvulos. São esses óvulos que, depois de fecundados, se transformam em ovos.

As cores e as proporções entre as dimensões dos animais e das estruturas representadas não são reais.

Durante a corte, a fêmea libera os óvulos na água. Em seguida, o macho libera os espermatozoides sobre eles, fertilizando-os.

Os ovos, sem casca, são protegidos por um tipo de gelatina. Após o desenvolvimento do embrião, esses ovos eclodem, ou seja, abrem, e deles saem larvas chamadas alevinos, que nadam livremente na água.

Algumas espécies de peixes têm um órgão copulador, ou seja, um órgão sexual que possibilita que os espermatozoides sejam colocados no interior do corpo da fêmea. Nessas espécies, ocorre **fecundação interna**, como é o caso dos tubarões.

Embora a maioria dos peixes seja ovípara, isto é, produzem ovos que eclodem fora do corpo materno, há também aqueles cujos ovos são mantidos dentro do corpo materno até o momento da eclosão, e os chamados vivíparos, que se desenvolvem dentro do corpo da mãe e são desprovidos de ovos.

Algumas poucas espécies de peixes cuidam da prole, ou seja, dos ovos e dos filhotes, guardando os ovos em ninhos ou no próprio corpo. O macho do cavalo-marinho, por exemplo, guarda os ovos numa bolsa ventral.

O cavalo-marinho tem um modo de reprodução atípico: a fêmea coloca seus óvulos em uma bolsa incubadora no corpo do macho. Ali, eles são fecundados pelos espermatozoides do macho e então os embriões se desenvolvem.

Acasalamento de cavalos-marinhos.

Os filhotes nascem da barriga do pai.

Conviver

Deixem os peixes se reproduzirem

Leia o texto a seguir.

O que é defeso?

É a paralisação temporária da pesca para a preservação das espécies (Lei nº 11.959, de 29 de junho de 2009). Pode ser definida para uma determinada espécie ou para todo um ambiente [...]. Em geral, se limita a um período fixo anual visando proteger a época de reprodução ou de recrutamento (período em que os juvenis atingem certo tamanho e maturidade reprodutiva, e recrutam ao estoque adulto, sujeito à pesca). [...]

FIPERJ. Pesca/Defesos e Moratórias. Disponível em: <www.fiperj.rj.gov.br/index.php/main/defeso>. Acesso em: 12 jun. 2018.

Cartaz sobre o período de defeso.

Realize as atividades a seguir.

1. Você conhecia essa lei? Sabe por que ela é importante? Discuta com os colegas.

2. Organize com os colegas, sob a orientação do professor, uma entrevista com pessoas de comunidades de pescadores, moradores de regiões ribeirinhas ou com pessoas que costumam pescar ou trabalhem em frigoríficos de pesca ou peixarias.

Anotem os dados pessoais dos entrevistados: nome, idade, há quanto tempo lidam com peixes.

Segue um roteiro de perguntas, mas vocês podem acrescentar outras que considerarem adequadas.

- Onde você costuma ou costumava pescar?
- Nesse local, qual tipo de peixe é mais fácil pescar? Por quê?
- Qual é a melhor época do ano para pescá-lo?
- Qual é o período de acasalamento e o de desova desse tipo de peixe?
- Esse tipo de peixe migra na época da reprodução?
- As pessoas deixam de pescar esse peixe durante o período de reprodução? Por quê?
- Como você aprendeu tudo isso?

Sugestões de perguntas para quem trabalha em frigorífico ou peixaria:

- Que tipos de peixe mais chegam a este estabelecimento nesta época do ano? De onde eles vêm?
- Quando é o período de reprodução desses tipos de peixe?

Com o auxílio dos professores de Ciências, Arte e Língua Portuguesa, organizem e revisem o material obtido. Depois, escolham alguns dos peixes mencionados, selecionem imagens desses peixes da internet e montem um livreto de papel ou um documento virtual para comunicar as informações obtidas a colegas da escola e pessoas de sua casa.

A reprodução dos anfíbios

Os **anfíbios** foram os primeiros animais vertebrados a conquistar o ambiente terrestre.

O lugar para reprodução dos anfíbios varia entre as espécies. Pode ser uma poça transitória, formada após uma chuva, um rio, um lago, um açude ou a água acumulada em plantas como as bromélias. Há também os que procriam na terra, desde que seja bem úmida. No entanto, na maioria dos casos, o acasalamento acontece na água. O coaxar do sapo faz parte do ritual "pré-nupcial". A fêmea, em seu período fértil, é atraída pelo parceiro sexual por meio de seu canto e seu coaxar. Esse canto varia de acordo com a espécie. A maioria das espécies tem dois ou três tipos de vocalização. Além do canto nupcial (que atrai parceiras), há os cantos de advertência, com os quais o macho defende seu território da aproximação de outros machos.

A fêmea, com o corpo cheio de óvulos, é agarrada pelo macho num forte "abraço", que pode durar dias, até que a fêmea lance seus gametas, isto é, seus óvulos na água. Então, o macho lança seus espermatozoides sobre esses óvulos, fecundando-os. Há, portanto, **fecundação externa**.

O desenvolvimento do óvulo fecundado ocorre também na água. Nos numerosos ovos, protegidos por uma grossa camada de substância gelatinosa, que geralmente se prende às plantas aquáticas, as células vão se dividindo e formando embriões. Os ovos fecundados eclodem, e as larvas, denominadas girinos, vivem e crescem na água até realizarem a metamorfose para a forma adulta.

Sapo-boi, um exemplo de anfíbio.

Ampliar

Anfíbios
www.ra-bugio.org.br/anfibios_sobre.php

Apresenta características dos anfíbios e estratégias de reprodução de espécies da Mata Atlântica da região Norte do Estado de Santa Catarina.

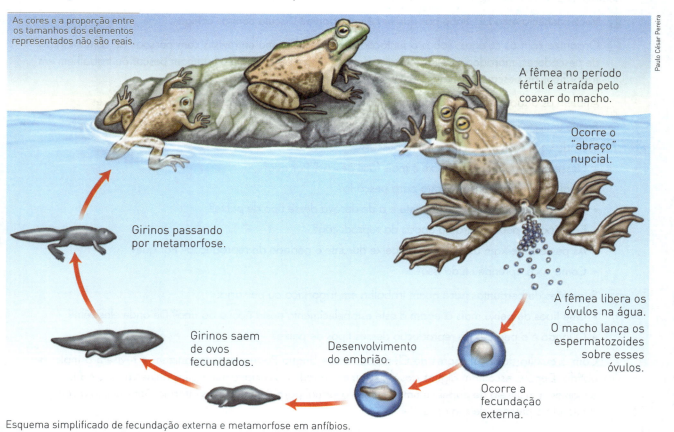

Esquema simplificado de fecundação externa e metamorfose em anfíbios.

As cores e a proporção entre os tamanhos dos elementos representados não são reais.

- A fêmea no período fértil é atraída pelo coaxar do macho.
- Ocorre o "abraço" nupcial.
- A fêmea libera os óvulos na água. O macho lança os espermatozoides sobre esses óvulos.
- Ocorre a fecundação externa.
- Desenvolvimento do embrião.
- Girinos saem de ovos fecundados.
- Girinos passando por metamorfose.

Viver

Preservação das tartarugas marinhas

Muitas pessoas se preocupam com a preservação da biodiversidade. Uma questão fundamental para a manutenção da vida de todas as espécies é a garantia de condições para a reprodução. Assim, muitas entidades públicas, organizações não governamentais (ONGs) e pessoas voluntárias se engajam nessa causa.

Uma dessas iniciativas é o Projeto Tamar. Vamos conhecer um pouco mais sobre ele?

Localize no mapa os locais onde ele está presente até o momento. Pode ser que haja uma unidade perto de sua casa ou de sua escola.

Filhote de tartaruga recém-nascido atravessa a praia a caminho do mar.

Fonte: Projeto Tamar. Disponível em: <www.tamar.org.br/fotos/mapa%20bases.JPG>. Acesso em: 12 jun. 2018.

Organizem-se em grupos e sigam as instruções.

1. Pesquisem esse projeto em jornais e revistas, impressos ou virtuais, e *blogs* de divulgação científica. Vejam algumas sugestões:
   - Projeto Tamar: <www.tamar.org.br>.
   - Associação O Eco: <www.oeco.org.br>.

2. Organizem as informações que conseguirem e elaborem uma apresentação de *slides*. Compartilhem o trabalho com os colegas da turma no dia combinado com o professor.

29

A reprodução dos répteis

Os **répteis** realizam **fecundação interna**: o macho introduz os espermatozoides no corpo da fêmea por meio do órgão copulador.

A fecundação interna e os **ovos com casca** representaram um marco na evolução dos vertebrados, uma vez que impedem a morte dos gametas e embriões por desidratação. Assim, os répteis tornaram-se independentes da água para a reprodução. Vale lembrar que, nas plantas, essa independência se deu evolutivamente com o surgimento do grão de pólen nas gimnospermas.

O ovo dos répteis é rico em vitelo – substância que nutre o embrião – e é capaz de reter a umidade. Na casca há poros, pequenos orifícios que possibilitam a entrada do gás oxigênio do ar e a saída do gás carbônico, ou seja, a troca de gases com o ambiente. Dentro do ovo, essa troca com o embrião é feita pelo cório. Tanto o vitelo quanto a troca de gases são vitais para o embrião desenvolver-se dentro do ovo.

Jabutis copulando.

Filhote de cobra eclodindo de um ovo com comprimento aproximado de 7 cm.

Tartaruga marinha botando ovos. Numa desova, tartarugas marinhas chegam a pôr mais de 200 ovos. Apesar disso, o percentual dos filhotes que conseguem sobreviver é baixo.

Esse grupo de animais foi o primeiro na história evolutiva a ser dotado de uma bolsa de líquido (âmnio), que protege o embrião contra choques mecânicos e ressecamento. O cório é uma membrana que envolve o embrião e as estruturas ligadas a ele. Os resíduos originados do desenvolvimento do embrião ficam alojados no interior de uma vesícula chamada alantoide.

A maioria dos répteis é ovípara, ou seja, a fêmea põe ovos, de onde saem os filhotes. Esses ovos têm casca rígida e consistente. Os ovos se desenvolvem em ambiente de baixa umidade.

A tartaruga marinha e muitos outros répteis aquáticos depositam os ovos em ambiente terrestre. Eles ficam cobertos de areia e são aquecidos pelo calor do Sol.

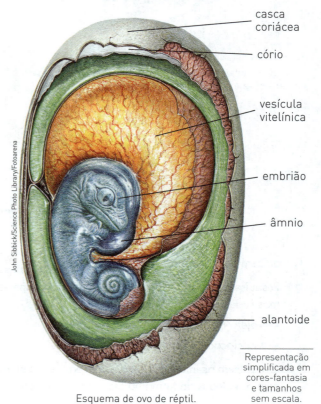

Esquema de ovo de réptil.

Representação simplificada em cores-fantasia e tamanhos sem escala.

A maioria dos répteis não cuida dos seus ovos e filhotes. Quando os filhotes estão formados, eles saem da casca usando os próprios recursos. Contudo, tanto o jacaré quanto o crocodilo têm muito cuidado com os ovos e os filhotes. A fêmea põe os ovos no ninho e fica por perto até o nascimento dos filhotes, que são carregados na boca até a água, onde ficam com ela. Alguns chegam a permanecer com a mãe durante mais de três anos.

Existem também os répteis cujos ovos ficam retidos em um canal no corpo da fêmea enquanto os embriões se desenvolvem, como ocorre com algumas cobras. Quando os ovos saem do corpo da fêmea, os filhotes dentro deles já estão formados. A casca desses ovos é bem fina, como uma membrana, de forma que permite a saída dos filhotes logo após a postura. Há ainda alguns répteis vivíparos, cujos filhotes se desenvolvem sem a presença de ovos, como certas espécies de lagarto.

Tartaruga marinha eclodindo do ovo. Projeto Tamar. Praia do Forte, Mata de São João (BA).

A reprodução das aves

As **aves** também são ovíparas. A fecundação interna acontece mediante o cruzamento, quando os gametas masculinos são depositados no interior do corpo da fêmea.

As fêmeas da maioria das aves têm apenas um ovário, que produz grandes óvulos. O óvulo, também chamado popularmente de gema, quando fecundado pelo espermatozoide masculino, forma o zigoto, embrião do novo ser vivo. Passando por um longo canal, o ovo, já com a clara (formada por proteína) e a casca, sai pela **cloaca**.

Os ovos são chocados pela fêmea, pelo macho ou pelos dois, geralmente em ninhos. O corpo da ave adulta sobre os ovos lhes garante o calor necessário para desenvolver o embrião. O período de incubação dura de 20 a 30 dias. Nos ovos, tal qual ocorre com os répteis, existe o vitelo, que nutre o embrião, e o líquido amniótico, que protege o filhote em formação.

> **Glossário**
> **Cloaca:** cavidade, presente em alguns vertebrados, que se comunica com os sistemas digestório, urinário e genital.

Assim como nos répteis, a casca do ovo é porosa, isto é, apresenta minúsculos orifícios que possibilitam a troca de gases com o meio ambiente, mas não permitem que a água saia, evitando a desidratação do embrião, o que o levaria à morte.

Os machos e as fêmeas de aves geralmente apresentam diferenças na cor das penas, no tamanho do corpo, na forma do bico etc.

Sequência de ilustrações que representa o desenvolvimento do pintinho dentro do ovo desde o estágio de embrião.

As cores e a proporção entre os tamanhos das estruturas representadas não são reais.

A reprodução dos mamíferos

Os **mamíferos** realizam fecundação interna: o macho coloca o esperma (que contém os espermatozoides) dentro do corpo da fêmea, onde ocorre o encontro dos gametas. Inicia-se, então, o desenvolvimento dos embriões.

A maioria dos mamíferos, incluindo a espécie humana, é vivípara. Desse modo, após se formarem no útero da mãe, os filhotes nascem.

Observe a seguir, na representação de algumas etapas de formação dos embriões em algumas espécies animais, como os organismos são semelhantes no início do desenvolvimento e vão se diferenciando durante o processo.

Assim, quase todos os filhotes de mamífero nascem diretamente do corpo da mãe e em estágio avançado de desenvolvimento, ou seja, já nascem com forma semelhante à que terão quando adultos.

Os filhotes mantidos dentro do corpo da fêmea durante um período maior ficam mais protegidos do que os que terminam seu desenvolvimento no interior de ovos (como acontece com aves e répteis), pois diminui, por exemplo, o risco de predação.

Embora a viviparidade limite o número de filhotes por gestação, é um fator que se revelou vantajoso evolutivamente, aumentando as chances de sobrevivência e o sucesso reprodutivo.

Nos mamíferos denominados **placentários**, o filhote que está desenvolvendo-se no útero materno recebe nutrientes e gás oxigênio da **placenta**, pelo cordão umbilical. A placenta é uma estrutura formada por parte do corpo da mãe e parte do corpo do feto. É também por meio dela que o feto elimina os restos produzidos por ele, como excretas e gás carbônico.

Ilustração comparativa do desenvolvimento embrionário de vertebrados (peixe, anfíbio, réptil e ave) com o de dois tipos de mamífero (coelho e ser humano).

pacu   salamandra   tigre-d'água   galinha   coelho   ser humano

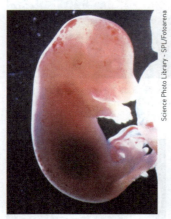

Feto de rato com 17,5 dias de gestação e 1,6 a 2 centímetros de comprimento. Fotografia obtida por microscópio eletrônico.

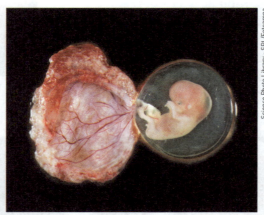

Feto humano com 8 semanas de gestação. Ele está ligado à placenta (à esquerda) pelo seu cordão umbilical. A placenta é um órgão que se desenvolve no útero e fornece nutrientes ao embrião em desenvolvimento, realiza trocas de gases respiratórios e remove resíduos. Nesse estágio de crescimento, o feto tem cerca de 3 a 4 centímetros de comprimento e menos de 10 gramas de massa.

As cores e a proporção entre os tamanhos dos seres vivos representados nesta página não são reais.

zoom: Outros aspectos da reprodução em mamíferos

Marsupiais

O gambá, o canguru e a cuíca carregam seus filhotes numa espécie de bolsa ventral que têm no corpo — o marsúpio.

Nesse grupo de mamíferos, chamados marsupiais, a placenta é "primitiva", reduzida, e o filhote não nasce totalmente "pronto". Assim, ele fica no marsúpio, onde estão as tetas da mãe, mamando até que seu desenvolvimento se complete. Aí então estará apto a sair para o ambiente.

Monotremados

Os monotremados são um grupo de mamíferos que não têm placenta e são ovíparos, ou seja, põem ovos. Os filhotes, após nascerem dos ovos, lambem o leite que escorre das glândulas mamárias da mãe. Nesse grupo estão o ornitorrinco e a equidna. Esses mamíferos, encontrados na Oceania, possuem uma espécie de bico e os ovos saem pela cloaca.

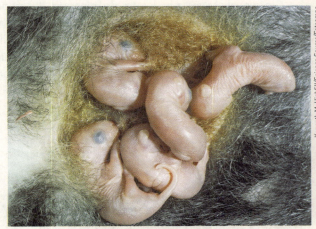
Filhotes de gambá, com aproximadamente 5 cm de comprimento, no interior do marsúpio.

Ornitorrinco.

Os mamíferos podem ter um ou mais filhotes por vez – o número varia dependendo da espécie. Após o nascimento, o filhote alimenta-se do leite materno e recebe os cuidados da mãe – e, às vezes, do pai – na primeira fase da vida. O tempo médio de gestação nos mamíferos também varia entre os diferentes grupos. A gestação das coelhas dura um mês, e a das elefantas pode chegar a 20 meses.

Bebê mamando.

Filhotes de gato em amamentação.

Atividades

1 Observe a tirinha.

Que relação bem-humorada a tirinha estabelece com a forma de reprodução da maioria das bactérias?

2 Várias espécies de seres vivos se reproduzem de forma assexuada quando o ambiente é favorável e estável. Contudo, caso as condições ambientais tornem-se desfavoráveis, esses seres passam a reproduzir-se sexuadamente. Qual é a importância da mudança do tipo de reprodução na sobrevivência dessas espécies?

3 Entre os comportamentos comuns no grupo das aves estão os cuidados com a prole (tanto com os ovos quanto com os filhotes). Veja, por exemplo, algumas observações feitas por pesquisadores acerca dos cuidados da lavadeira-mascarada (*Fluvicola nengeta*) com seus filhotes num ninho encontrado no Parque Municipal do Sabiá, na cidade de Uberlândia (MG):

[...] Os filhotes deixaram o ninho pela primeira vez, dez dias após a eclosão, permanecendo sobre o ninho durante cerca de 4-5 minutos, com a vigília dos pais. Nos dias subsequentes, durante as saídas dos filhotes, os pais os estimularam ao voo e ao forrageamento, permanecendo sempre próximos, inclusive oferecendo alimento. Embora os filhotes ficassem mais expostos aos possíveis predadores, a permanência dos pais neste período de vulnerabilidade da ninhada garantia a segurança dos mesmos. Houve tentativa de predação dos filhotes por *Pitangus sulphuratus* (bem-te-vi), porém os pais foram eficientes na defesa da ninhada, tentando afugentá-lo com vocalizações e voos de ataque contra o potencial predador. Comportamento similar foi observado quando houve aproximação de *Chloroceryle amazona* (martim-pescador), *Gnorimopsar chopi* (pássaro-preto) e *Casmerodius albus* (garça-branca). [...]

Eurípedes Luciano, Paula Arruda Fernandes e Celine de Melo. Cuidado parental de *Fluvicola nengeta* (Tyrannidae, Aves) em ambiente urbano. Disponível em: <www.seb-ecologia.org.br/viiceb/resumos/584a.pdf>. Acesso em: 12 jun. 2018.

Lavadeira-mascarada. Rio de Janeiro (RJ), 2008.

a) Explique por que cuidados parentais são vantajosos para estes animais.

b) Que tipo de potenciais predadores ameaçaram os filhotes de lavadeira-mascarada observados pelos pesquisadores?

4. A professora Marta organizou com os alunos excursões a uma região da Mata Atlântica e a uma região do Cerrado para o reconhecimento e a identificação de plantas.

Observe as fotografias que os alunos selecionaram para o mural da sala de aula.

Mata Atlântica, Parque Estadual da Serra do Mar. Cunha (SP), 2014.

Cerrado, Parque Nacional das Emas. Costa Rica (MS), 2014.

a) Em qual região eles devem ter encontrado maior quantidade de plantas dos grupos das briófitas e das pteridófitas? Que explicação você teria para isso?

b) Lúcia, uma das alunas da professora Marta, observou durante o passeio que os soros de muitas folhas de samambaias estavam abertos. Com uma lupa, ela começou a procurar pelos prótalos. Em que lugar a menina poderia encontrar alguns prótalos?

c) Já Eduarda disse que ficou encantada com os musgos que cobriam um tronco de árvore, parecendo um tapete verde.

A professora aproveitou para perguntar:

– Por que essas plantas formam essa extensa e densa camada rasteira e contínua?

5. No esquema de reprodução de uma gimnosperma, apresentado a seguir, qual etapa está destacada pelo círculo?

As cores e a proporção entre os tamanhos das estruturas representadas não são reais.

6. O gráfico a seguir expressa o que ocorre com uma população de bactérias se houver uma quantidade grande de nutrientes, ambiente sem alterações e espaço ilimitado para o crescimento populacional. Analise o gráfico e responda à questão.

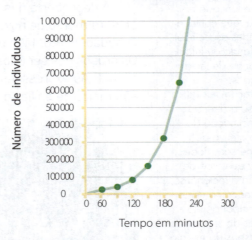

Crescimento de uma população de bactérias

Gráfico elaborado com fins didáticos.

Por que as populações de bactérias crescem rapidamente em número, considerando a forma como se reproduzem?

CAPÍTULO 2
Sexualidade e vida

No capítulo anterior, estudamos aspectos biológicos da reprodução de diferentes seres vivos. Nós, seres humanos, assim como os demais seres vivos, também dependemos da reprodução para a continuidade da espécie. Contudo, a sexualidade humana não pode ser abordada estudando-se apenas o funcionamento do sistema genital.

Nas últimas décadas, tem-se falado muito sobre **sexualidade**. Propuseram-se diversas teorias, realizaram-se vários estudos, e o tema continua sendo explorado em jornais, revistas e programas de televisão, muitas vezes gerando polêmica. Percebe-se que há, frequentemente, uma idealização da vida sexual, dando a falsa impressão de que existe uma fórmula única de viver plenamente a sexualidade, um padrão sexual, um modelo rígido ao qual todas as pessoas devem se adaptar.

Em nossa cultura, por vezes há uma tendência de reduzir a sexualidade à sua função reprodutiva e concentrá-la no aspecto genital, sem levar em conta a importância dos sentimentos e das emoções dos envolvidos. Isso pode gerar preconceito de alguns em relação a quem está fora dos estereótipos sexuais. Cada um pode viver muito bem, e plenamente, de seu jeito e conforme sua **orientação sexual**.

O importante é fazê-lo com responsabilidade e ter direito a informação e espaço para expressar suas opiniões.

Percebendo o outro

Glossário

Hormônio: substância produzida no organismo e lançada no sangue, que controla atividades específicas, estimulando ou inibindo a ação de tecidos ou órgãos.

Orientação sexual: refere-se à direção ou à inclinação do desejo afetivo de cada pessoa. Pode-se afirmar que esse desejo, ao direcionar-se, pode ter como único ou principal objeto pessoas do sexo oposto, pessoas do mesmo sexo ou pessoas de ambos os sexos.

A descoberta da sexualidade vem acompanhada de sensações e emoções diferentes. Os **hormônios** sexuais têm papel fundamental nas mudanças que tornam o corpo apto à reprodução.

A descoberta das "funções" sexuais de nosso corpo acontece paralelamente ao surgimento de novos interesses, sensações e emoções. Biologicamente, a sexualidade é regulada por processos hormonais relacionados ao sistema nervoso. Os órgãos dos sentidos também desempenham papel importante na estimulação sexual. As expressões corporais, isto é, os olhares, os gestos e os movimentos, são meios de enviar mensagens.

Os sentidos, as expressões e as diversas modalidades de comunicação são recursos utilizados não apenas por nossa espécie, mas por outros animais na interação com o ambiente e também ao aproximar-se de algum indivíduo da mesma espécie a fim de "fazer a corte" para o acasalamento. Nas imagens, um casal de pavões, à esquerda, e um de leões-marinhos, à direita, em rituais de acasalamento.

Para a espécie humana, a sexualidade e o ato sexual estão ligados também à emoção e ao prazer. Por isso, é importante considerarmos que, na atração entre parceiros, há – além da produção hormonal – um conjunto de estímulos que afeta ambos.

A procura do parceiro ou da parceira na natureza, sua escolha e aceitação são um complexo processo de reconhecimento de qualidades, em geral físicas ou comportamentais. Esse reconhecimento é a fase inicial do relacionamento sexual.

Viver a sexualidade é um direito de cada indivíduo. A discriminação e o preconceito em nada contribuem para o crescimento pessoal e a convivência na sociedade.

O masculino e o feminino na sociedade

Você, como a maioria dos jovens, já deve ter ouvido frases como estas:

- É normal que os meninos sejam melhores em Matemática.
- Gostar de balé é coisa de meninas.
- Ele sai com todas, é pegador. Ela sai com vários, não se dá ao respeito.
- Veja a roupa dela, é claro que está se oferecendo.
- Rapaz, você precisa ser perfeito no sexo ou ela o trocará por outro.
- Seja homem e comece a beber como homem.

Essas e outras frases semelhantes revelam papéis geralmente atribuídos pela sociedade a homens e mulheres, isto é, trata-se do modo como muitas pessoas acham que homens e mulheres devem agir, vestir-se, falar, viver.

zoom

Será que nos sentimos à vontade em todos os papéis que somos solicitados a desempenhar?

A mulher deve estar preparada para se enquadrar em determinados estereótipos femininos, como os que se referem à passividade, emotividade e vocação para trabalhos domésticos?

E o homem deve ser educado para ser agressivo, calculista e resistente à dor?

Qual é a origem de todos esses estereótipos? Eles sempre existiram?

Almeida Júnior. *Cena de Família de Adolfo Augusto Pinto*, 1891. Óleo sobre tela, 1,06 m × 1,37 m.

Pinacoteca do Estado de São Paulo, São Paulo.

Os papéis sociais

É comum sermos induzidos desde pequenos a assumir vários papéis, inclusive a adotar padrões de comportamento e beleza. No entanto, nem sempre nos adaptamos a isso. O importante é saber que viver em sociedade exige o cumprimento de regras básicas de respeito ao outro; exige solidariedade e a consciência de que somos parte de um grupo.

Em diversos períodos históricos e em várias culturas, homens e mulheres ocuparam papéis diferentes dos que conhecemos hoje. Houve épocas em que, no grupo social, providenciar o alimento – plantar, colher, coletar e preparar – era considerado um papel exclusivamente feminino.

Entre os vários tipos de sociedade, havia as **sociedades matriarcais**, em que as mulheres eram consideradas mais sábias e, por isso, assumiam o papel de líderes e conselheiras em suas comunidades. Ainda hoje encontramos algumas sociedades em que a figura feminina tem esse destaque na vida da comunidade.

Mulheres da etnia *Minangkabau*, nativa do oeste de Sumatra, na Indonésia. A cultura desse povo é matrilinear, ou seja, somente a ascendência materna é considerada para a transmissão do nome, das propriedades e dos privilégios. Assim, a posse dos bens passa de mãe para filha. Batusangkar (Indonésia), 2013.

A família, os amigos, a escola, o grupo religioso e, atualmente, com grande influência, a mídia (televisão, rádio, internet, cinema, revistas etc.) são formadores de opinião, isto é, estabelecem valores e "indicam" o que é certo ou errado, bonito ou feio, bem como os papéis que cada um "deve" desempenhar. Contudo, embora vivamos em sociedade, cada ser humano é singular e tem identidade própria, com ideias, expectativas, sonhos e visões de mundo particulares. Por isso, esses mecanismos de padronização geram conflitos, desconfortos e sofrimentos emocionais.

Assim, é importante buscar informações confiáveis e realizar debates que possibilitem a troca de ideias e estimulem o senso crítico para podermos desempenhar – de maneira consciente – nosso papel na construção da sociedade que desejamos.

Conhecer o próprio corpo e as possibilidades de interação com o mundo, expressar nossas ideias e nossos sentimentos, ter consciência de que interferimos no que acontece ao redor e, ao mesmo tempo, de que somos afetados pelo ambiente sociocultural, contribuirão para desempenharmos satisfatoriamente nossos papéis sociais e desenvolver ao máximo nossas potencialidades.

Nesse processo, é preciso respeitar e valorizar cada pessoa; não apenas aquelas semelhantes a nós, mas também as diferentes. Do mesmo modo, devemos esperar respeito das pessoas quanto às nossas ideias e modo de ser. Afinal, a diversidade humana é uma riqueza do ponto de vista biológico, social e cultural.

> **Ampliar**
>
> **Evolução e sexualidade – O que nos fez humanos,** de Clarinda Mercadante (Moderna).
>
> A autora procura mostrar que a espécie humana apresenta muitas semelhanças com os outros animais, com os quais compartilhamos as necessidades básicas herdadas do mundo biológico.

Conviver

Jogo dos papéis

Com a orientação do professor, junte-se aos colegas e procurem um espaço amplo na escola onde possam se organizar em um grande círculo.

Material:
- bola;
- mural com cartaz ou papel pardo;
- caneta, marcador ou giz.

Procedimentos

1. Após formar o círculo, escolham uma pessoa para registrar as respostas no mural ou papel, à medida que forem sendo dadas. Registrem as respostas sob os cabeçalhos "Mulheres são..." e "Homens são...".
2. O professor ou um aluno será o dinamizador do jogo, colocando-se no centro do círculo com a bola na mão.
3. Essa pessoa iniciará dizendo "As mulheres são..." ou "Os homens são..." e, ao mesmo tempo, atirará a bola para qualquer um dos participantes. Quem apanhar a bola deve completar a frase rapidamente, sem tempo para refletir, dizendo um adjetivo ou característica que, para ele, define "ser mulher" ou "ser homem", de acordo com a afirmativa iniciada pelo dinamizador.
4. Em seguida, devolverá a bola para o dinamizador, que a lançará para outra pessoa, possibilitando que todos os membros participem da atividade pelo menos uma vez. Variem as afirmativas para que haja respostas em igual número referentes aos dois sexos biológicos.

No final, o grupo analisará e debaterá os resultados registrados no quadro.

Propostas de tópicos para debate mediado pelo professor:
- Em que as duas colunas do quadro são semelhantes? Em que elas diferem uma da outra?
- Todos concordam com as características das listas? Por quê?
- Que estereótipos podemos identificar?
- Como as diferentes características, responsabilidades e expectativas podem afetar as opções e os projetos de vida de mulheres e homens?
- Como essas diferenças são vistas em outras sociedades?
- Que características tradicionalmente atribuídas ao homem ou à mulher estão relacionadas a aspectos biológicos (ao corpo) e quais são socialmente construídas (aquelas que "aprendemos" ou sobre as quais ouvimos falar)?
- Pesquisem na internet aspectos relativos aos direitos humanos, aos direitos sociais e às condições de vida de homens e mulheres no Brasil.

 Ampliar

Plataforma UNA
www.u1na.org/ecossistema
Apresenta um mapa interativo e atualizado com iniciativas e as organizações para igualdade de gênero, incluindo empresas, ONGs, núcleos de instituições educativas, governo, coletivos etc.

ONU-Mulheres-Br
www.onumulheres.org.br
O site divulga ações, programas e projetos que buscam promover a equidade entre homens e mulheres.

A adolescência

A adolescência é um período de mudanças que se inicia com a **puberdade**, quando o corpo infantil se transforma em corpo adulto. O começo dessa nova etapa da vida não tem dia nem hora marcados, pois cada pessoa tem seu "tempo" e se desenvolve de maneira individual.

Por que o adolescente sente-se criança em determinados momentos e, em outros, considera-se adulto? Por que as pessoas também o tratam assim? Isso acontece porque a adolescência é, de fato, uma fase de transição entre a infância e a idade adulta.

Esse período de instabilidade e mudanças é cheio de surpresas, expectativas e dúvidas, mas traz experiências marcantes. No entanto, é comum o jovem ficar desanimado ou eufórico sem motivo aparente.

Quantas vezes o próprio adolescente se surpreende tomando uma atitude bastante agressiva em situações que não justificariam tanta raiva? E, ao contrário, quantas vezes acontece uma reação de muito riso ou choro sem se saber por quê?

Glossário

Puberdade: conjunto de transformações nas formas e funções do corpo que ocorrem na passagem da segunda infância para a adolescência. Essa fase inicia-se, em geral, por volta dos 11 anos nas meninas e dos 13 anos nos meninos, mas pode variar de um indivíduo para outro. A adolescência, cujo significado é mais amplo, abrange tanto as mudanças biológicas quanto as psicológicas e emocionais.

Tabu: refere-se a comportamentos, indivíduos, objetos, palavras etc. que recebem restrição ou reprovação da sociedade ou de determinado grupo social.

zoom
Você já percebe algumas mudanças em seu organismo que indiquem o início da adolescência?

Você já ouviu falar em hebiatria? Trata-se de uma área da pediatria em que o médico é especialista em acompanhar e tratar as alterações típicas da adolescência.

Nessa fase, também os medos e os **tabus** parecem mais assustadores. O universo adolescente é povoado de informações vindas de todos os lados: escola, família, meios de comunicação, amigos etc.

A maneira como cada um interpreta essas informações – e com as emoções que a vida provoca – torna os indivíduos diferentes uns dos outros.

Ritos de passagem

Nas sociedades ocidentais, é comum considerar-se que a adolescência dura aproximadamente sete anos, após os quais o indivíduo pode ser considerado adulto. No entanto, há grupos, como alguns povos indígenas do Brasil, em que se passa da infância para a vida adulta sem uma fase intermediária. A transição da infância para a vida adulta é comumente marcada apenas por um rito de passagem, quando já aprenderam as funções dos homens e das mulheres no grupo e estão capacitados a se reproduzir.

No caso da mulher, geralmente há um período de reclusão a partir da primeira menstruação, em que ela confecciona objetos, como se fosse um enxoval, e prepara-se para o casamento. O rito de iniciação do homem envolve provas físicas e emocionais. Após o período de iniciação, homens e mulheres devem estar conscientes de suas funções na aldeia, saber defender as tradições e formar as novas gerações.

Adolescente yanomâmi recém-liberada de seu ritual de passagem para a idade fértil. Barcelos (AM), 2010.

Viver

Leia o texto a seguir e procure no dicionário as palavras cujos significados não saiba.

A transição para o mundo adulto

[...] A formação da pessoa adulta é o foco do processo de socialização e educação; e isto não é exclusividade das sociedades indígenas. Cada sociedade elege o modo e o momento de transformar uma criança em um ser adulto. Em nossa sociedade construímos um padrão de sociabilidade que passou a incluir, em tempos recentes, uma fase intermediária chamada adolescência. Essa etapa da vida não corresponde, necessariamente, a uma fase biológica definida; criamos, na verdade, uma fase psicológica cuja finalidade é adiar a transformação da criança em adulto. Os avós das pessoas adultas de hoje casavam-se com idade entre 13 e 18 anos; muito comum era o casamento entre uma moça de 15 e um rapaz de 18 anos.

A adolescência tem sido cada vez mais ampliada para certas camadas sociais, em nossa sociedade. O retardamento do início das funções produtivas é um dos fatores mais importantes que explicam o fenômeno; quer seja pela falta de empregos, quer pelas exigências de formação profissional cada vez mais especializada, as camadas mais altas da hierarquia social dependem da instituição escolar para alongar a adolescência de seus filhos, deixando-os no limbo da indefinição juvenil, às vezes por mais de dez anos. Por outro lado, nas camadas sociais mais baixas o fenômeno inverte-se, exigindo de crianças de 7, 10 ou 12 anos que abandonem a escola para trabalhar, porque precisam contribuir para o orçamento familiar, mesmo que seja em troca de salários irrisórios. Esses exemplos rápidos mostram que nossa sociedade não possui critérios nítidos para promover a passagem da infância para a idade adulta, porque a adolescência é vivida de maneira diferenciada pelos jovens de classes sociais distintas. Ao que tudo indica, há um padrão psicológico idealizado que faz com que todos os jovens sejam tratados como imaturos, irresponsáveis e em crise constante; mas não há um padrão sociológico comum, que estabeleça obrigações, direitos e atividades típicas dessa fase intermediária.

Existem cerimônias que cumprem funções rituais, mas que, no entanto, não marcam definitivamente a passagem: os jovens passam por diversas formaturas, são calouros e veteranos em duas ou três etapas da trajetória escolar, tiram documentos, votam, prestam exames de habilitações, comemoram os aniversários de 15 e 18 anos, compram ou ganham o primeiro sutiã, a primeira camisinha e, tudo isso, pode ser mais ou menos ritualizado nos contextos familiares e escolares. O fato é que não existe uma referência clara a respeito do marco temporal de passagem. É comum que o jovem clame aos pais que já possui 18 anos e, portanto, pode viajar sozinho; porém, ainda se deixa levar de automóvel até para ir à escola. A indefinição prolonga-se, a dependência desdobra-se por tempo bastante elástico.

Isso mostra que em cada época e em cada lugar há uma maneira específica de marcar o momento de passagem para a idade adulta. O casamento, a procriação e as responsabilidades produtivas, somados a outras características de *status*, obrigações e direitos, definem essa categoria de pessoas que constitui a força maior da reprodução da vida social. O problema é o estabelecimento, por parte da sociedade, do quando e do como se forma um adulto. Em sociedades, como a brasileira, que não consegue firmar com todos os seus membros o contrato social, porque bloqueia a muitos o acesso aos recursos e ao trabalho, dificilmente poderia ter um marco preciso para a promoção do adulto. [...]

Lucia Helena Rangel. Da infância ao amadurecimento: uma reflexão sobre rituais de iniciação. Disponível em: <www.scielo.br/scielo.php?script=sci_arttext&pid=S1414-32831999000200019>. Acesso em: 12 jun. 2018.

Após a leitura, junte-se a um colega, pesquisem as informações necessárias e respondam às questões a seguir. Depois, compartilhem com a turma suas respostas e as informações obtidas.

1. Que idade vocês consideram ser o marco da passagem para a vida adulta? Por quê?
2. Que eventos ou acontecimentos vocês consideram importantes nessa passagem?
3. Essa passagem – na prática – pode variar nas diferentes sociedades? E nas classes sociais?
4. Como é a vida dos adolescentes em diferentes países/sociedades?
5. Informem-se sobre o que diz o Estatuto da Criança e do Adolescente e a legislação brasileira a respeito do trabalho infantil e juvenil. O que mudou no Brasil em relação ao passado?

Sexualidade na mídia

Ao fazer uma busca na internet sobre o que significa ser adolescente, pode-se encontrar frases como as seguintes:

- Ser adolescente é ver seu corpo se modificar, ter vergonha, ter dúvidas, ter sensações de prazer e de desprazer.
- É um tempo de mudanças físicas, sociais e psicológicas marcadas por intensos sentimentos de alegria, dor, angústia e curiosidade.
- É vivenciar novas experiências numa fase de mudanças.
- É atravessar um período difícil de transição pelo qual o corpo e a mente passam.

Façam as atividades a seguir.

1. O comportamento masculino e o feminino, em termos de relações amorosas entre seres humanos, como o namoro, têm se mantido iguais ao longo do tempo? Justifique sua resposta.

2. Com o apoio do professor, organize um debate com a turma no qual você e os colegas analisarão como as novelas e séries da TV abordam os conteúdos relativos à sexualidade humana.

Dawidson França

I. Escolham uma novela ou série de TV adequada à idade de vocês (verifiquem a classificação na programação).
II. Combinem a qual novela assistirão e a quantos capítulos.
III. Determinem quais são os principais itens a serem observados.

Vocês podem considerar as seguintes questões, explicando e dando exemplos:

- As novelas reforçam tabus, estereótipos ou preconceitos ligados à sexualidade? De que modo?
- Que tipos de comportamento são estimulados? Diferem para homens e mulheres?
- Em que tipos de atividade estiveram envolvidos os homens e as mulheres?
- Vocês perceberam alguns padrões nos quais homens e mulheres estivessem representados?
- As diferentes etnias estão representadas?

3. Sigam a mesma estrutura da atividade anterior e agora debatam anúncios e comerciais.

- Que tipos de produto eram anunciados pelas mulheres? E pelos homens?
- Vocês acham que os anúncios são realistas?

As mudanças no corpo

A descoberta do sexo inicia com a descoberta do corpo. Moças e rapazes costumam acompanhar atentamente as mudanças que ocorrem em seus órgãos genitais externos. Essas mudanças são provocadas pela ação do sistema endócrino ou hormonal, que atua de forma integrada ao sistema nervoso coordenando todo o funcionamento do organismo.

As **características sexuais primárias**, definidas como os órgãos genitais internos e externos, são determinadas geneticamente e estão presentes desde o nascimento, tanto no homem como na mulher.

Na puberdade, aumenta a produção de hormônios pela hipófise, chamada de glândula mestra, que se localiza na cabeça. Esses hormônios atuam nos órgãos genitais estimulando, nos homens, a produção do hormônio sexual masculino e a formação de esperma e, nas mulheres, a produção dos hormônios sexuais femininos e a ovulação.

A atuação desses hormônios sexuais determina o surgimento das **características sexuais secundárias** na puberdade. Veja na figura a seguir a localização da hipófise e algumas das mudanças provocadas pela ação desses hormônios.

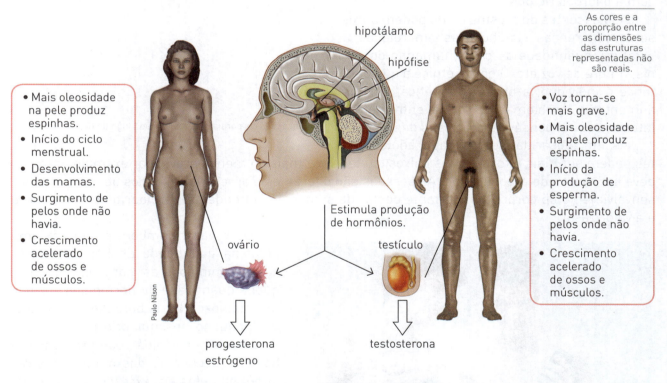

Esquema de características sexuais secundárias em homens e mulheres.

As espinhas

Neste período de mudanças que é a puberdade, algumas glândulas – entre elas, as glândulas sebáceas, localizadas na pele – "funcionam" de modo acelerado. A grande produção de gordura faz com que os poros fiquem obstruídos e infeccionem, aparecendo, então, as espinhas.

Como lidar com as espinhas? Não fira o rosto tentando espremê-las. Você pode agravar o quadro infeccioso e favorecer a formação de cicatrizes profundas. O melhor a fazer é lavar o rosto com um sabão neutro ou receitado pelo médico para tirar o excesso de oleosidade e limpar os poros. Procure um dermatologista. Esse profissional poderá orientá-lo quanto ao tratamento mais indicado ao seu caso.

O corpo masculino

Veja, na figura ao lado, as principais modificações visíveis no corpo masculino ao longo do tempo.

Os testículos, que ficam dentro do saco escrotal, crescem primeiro e, pouco tempo depois, o pênis. Na puberdade, os pelos surgem em diversos locais: no rosto, nas axilas, no peito e nas áreas próximas aos testículos. A voz também sofre mudanças.

Esse conjunto de características que se definem na puberdade, em consequência da ação hormonal, recebe o nome de **características sexuais secundárias**. Estas, porém, não obedecem a padrões rígidos.

Adolescentes de mesma idade podem apresentar diferenças significativas em relação a estatura, quantidade de pelos, tamanho do pênis, timbre de voz etc. O grupo étnico a que pertence o indivíduo, a herança genética, hábitos alimentares, problemas de saúde, entre outros fatores, são responsáveis por essas diferenças.

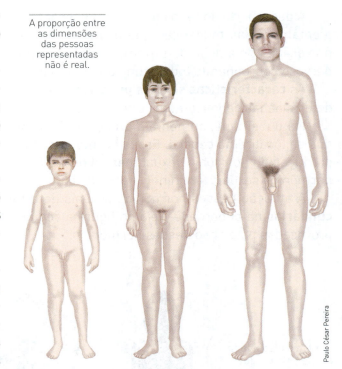

A proporção entre as dimensões das pessoas representadas não é real.

Modificações corporais masculinas ao longo do desenvolvimento.

Assim, apesar da mesma idade, adolescentes podem ser mais altos ou mais baixos, ou ter a voz mais ou menos grave, por exemplo. Isso não deve ser motivo de preocupação. As pessoas são diferentes e apresentam ritmos desiguais de desenvolvimento do corpo. É importante gostar de si mesmo, aprendendo a cuidar do próprio corpo e a valorizá-lo.

Os rapazes também produzem uma pequena quantidade de hormônios sexuais femininos; as garotas, uma pequena quantidade de hormônios sexuais masculinos. Na puberdade, às vezes, um pequeno desequilíbrio na quantidade desses hormônios pode provocar um ligeiro crescimento das mamas nos rapazes ou pelos em excesso nas garotas. Em geral, isso desaparece com o tempo, mas, se persistir, o aconselhável é procurar orientação médica.

Adolescentes da mesma idade podem ter características físicas bastante parecidas, como os rapazes desta fotografia, ou ser bastante diferentes, mais altos ou mais baixos, com mais ou menos pelos pelo corpo, por exemplo.

O corpo masculino por fora

Na região genital masculina encontramos o pênis e o saco escrotal.

Pênis

Tem forma cilíndrica e se localiza acima dos testículos. Na ponta do pênis há a glande (a "cabeça"), que pode estar coberta pelo **prepúcio**.

Na glande há o orifício da uretra, canal que no corpo masculino se comunica tanto com o sistema urinário quanto com o sistema genital.

O tamanho do pênis varia entre os homens e não tem relação biológica com fertilidade nem com potência sexual.

Saco escrotal

Já estudamos quais são as células sexuais animais: o gameta masculino (espermatozoide) e o gameta feminino (óvulo).

Os **espermatozoides** são produzidos nos **testículos**. Os testículos ficam no saco escrotal, que tem aparência flácida e um pouco enrugada. É importante que eles se localizem fora do abdome, pois os espermatozoides são produzidos sob uma temperatura mais baixa que a do restante do corpo.

Os testículos são órgãos bastante sensíveis e qualquer tipo de trauma costuma causar muita dor.

Adolescentes e jovens adultos por vezes sentem incômodo na forma de dor testicular leve sem razão aparente, o que geralmente não é motivo para preocupação. Contudo, dores fortes e persistentes devem ser investigadas com ajuda médica.

Veja, na figura a seguir, os órgãos sexuais externos do corpo masculino.

> **Glossário**
>
> **Prepúcio:** pele que recobre a glande e que pode ser cortada por motivos culturais e religiosos (circuncisão) ou por indicação médica (cirurgia de fimose). Às vezes, podem surgir infecções causadas por acúmulo de sujeira sob o prepúcio. Por isso, deve-se puxá-lo durante o banho para lavar a parte que fica por baixo da pele.

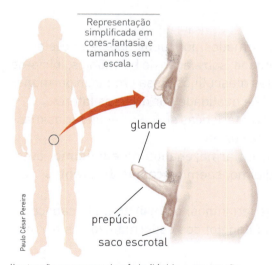

Ilustração comparando pênis flácido e em ereção.

A ejaculação

Quando o rapaz se excita, o pênis fica ereto, rígido, pois apresenta regiões que se enchem de sangue. No auge do prazer sexual – também denominado de orgasmo, gozo ou clímax –, motivado por masturbação ou relação sexual, ocorre a ejaculação, isto é, a saída do esperma pela uretra. Também pode ocorrer a polução noturna, ou seja, ejaculação durante o sono. Esse fenômeno é comum e pode ser desencadeado por sonhos.

Cuidados com o pênis

A higiene do pênis requer cuidados. Sempre que urinar, é preciso enxugá-lo, pois se ele ficar úmido estará sujeito à proliferação de fungos. Recomenda-se lavar as mãos antes de urinar, para não infectar o pênis com bactérias ao segurá-lo, assim como deve-se lavar as mãos também após urinar ou defecar.

Os cuidados com a higiene desse órgão não acabam aí, já que a falta de higiene pode levar a infecções e – em casos extremos – ser causa de câncer no pênis.

No banho, é importante puxar a pele do prepúcio e expor a glande para permitir a limpeza com água e sabonete. Assim, pode-se remover o esmegma, secreção esbranquiçada e de forte odor produzida por glândulas dessa região. Essa secreção favorece a proliferação de fungos e bactérias patogênicas. Após o banho, é preciso secar bem o pênis. Caso haja dificuldade em puxar o prepúcio, é importante procurar o urologista.

O corpo masculino por dentro

Vamos verificar, agora, como são os órgãos sexuais masculinos internos e qual é a importância de cada um. Veja o esquema a seguir:

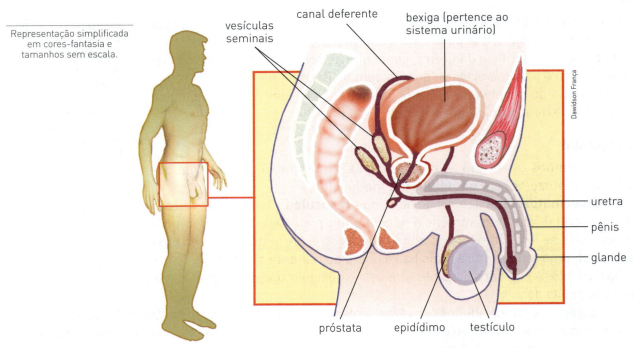

Representação simplificada em cores-fantasia e tamanhos sem escala.

Esquema simplificado do sistema genital masculino em corte longitudinal.
Fonte: Gerard J. Tortora. *Corpo humano: fundamentos de anatomia e fisiologia*. Porto Alegre: Artmed, 2010. p. 524.

Testículos

Os testículos são as glândulas sexuais masculinas. São formados por tubos finos e enovelados, chamados túbulos seminíferos. É nesses órgãos que, na puberdade, sob a ação de hormônios, inicia-se no corpo masculino a produção dos espermatozoides – gametas masculinos. Essa produção permanece por toda a vida, podendo haver alterações na sua quantidade e qualidade por diversos fatores.

O hormônio **testosterona** estimula o aparecimento das características sexuais secundárias masculinas: pelos no rosto e no restante do corpo, modificações na voz etc.

Os espermatozoides que acabaram de ser formados ficam armazenados no **epidídimo**, outro enovelado de túbulos localizado sobre os testículos. Do epidídimo, saem os **canais deferentes**, dois vasos que levam os espermatozoides até a uretra.

Os **espermatozoides** são bem menores que os gametas femininos, os **ovócitos**. Na cabeça do espermatozoide encontra-se o material genético. A cauda (ou flagelo) dos espermatozoides permite que esses gametas se movimentem no líquido seminal.

Glossário

Ovócito: gameta feminino que dá origem ao óvulo. O termo óvulo, embora mais conhecido, só é cientificamente correto imediatamente após a fecundação.

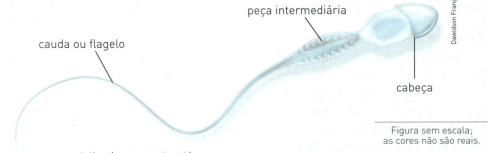

Esquema representativo de espermatozoide.
Fonte: Gerard J. Tortora. *Corpo humano: fundamentos de anatomia e fisiologia*. Porto Alegre: Artmed, 2010. p. 526.

Figura sem escala; as cores não são reais.

Próstata

Localizada sob a bexiga, a próstata produz uma secreção viscosa.

Os espermatozoides e as secreções da próstata e das vesículas seminais juntam-se num canal formando o **sêmen** (ou **esperma**), que desembocará na uretra.

A produção de esperma marca o início da vida fértil do homem. Cada gota de esperma contém milhões de espermatozoides.

Vesículas seminais

São duas glândulas localizadas atrás da bexiga. Nessas glândulas é produzida uma secreção nutritiva para os espermatozoides, que forma a maior parte do esperma.

Uretra

É um canal que, no homem, encontra-se ligado tanto à bexiga, que faz parte do sistema urinário, quanto ao sistema genital. A uretra vai do interior do pênis até a ponta da glande, na qual há uma abertura. Contudo, por ela não saem ao mesmo tempo o esperma e a urina.

Saúde em foco

Câncer de testículo: a importância do exame

O câncer de testículo, apesar de ser pouco divulgado, representa 5% dos cânceres masculinos e é o tumor mais comum dos 15 aos 35 anos de idade.

Como todo câncer, o diagnóstico no estágio inicial facilita a cura. Pode-se colaborar na prevenção: uma vez por mês, deve-se fazer um autoexame, tocando cada um dos testículos com as pontas dos dedos, e ficar atento ao aparecimento de nódulos (caroços) duros e indolores. Deve-se procurar um médico se for notada alguma anormalidade.

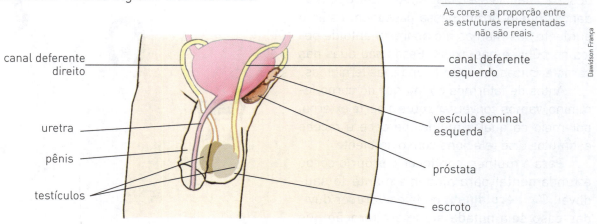

As cores e a proporção entre as estruturas representadas não são reais.

Esquema de sistema genital masculino.

Outro tipo de câncer muito comum no sistema genital masculino é o câncer de próstata. Com seus colegas, pesquise sobre a prevenção, os sintomas e o tratamento dessa doença. Tragam as informações obtidas para a sala de aula e montem um cartaz para ser exposto à comunidade escolar, a fim de promover a conscientização sobre esse tipo de câncer.

Uma sugestão para consulta é o *site* do Inca – Instituto Nacional de Câncer: <www2.inca.gov.br/wps/wcm/connect/tiposdecancer/site/home/prostata>.

O que é deferentectomia?

Conhecida antigamente por vasectomia, consiste em uma cirurgia na qual é feito o corte dos canais deferentes. Dessa forma, o líquido expelido durante a ejaculação não conterá mais espermatozoides. Eles então se degradarão nos próprios testículos.

Trata-se de um processo de esterilização masculina, isto é, após esse procedimento o homem não poderá mais engravidar nenhuma mulher. É bom lembrar que esse procedimento não tem nenhuma relação biológica com a potência sexual, mas exige indicação médica e só pode ser realizado em homens com mais de 25 anos ou com pelo menos dois filhos e que já passaram por grupos educativos para conhecer os outros métodos contraceptivos, pois a cirurgia para reversão é cara e pode não ser eficaz.

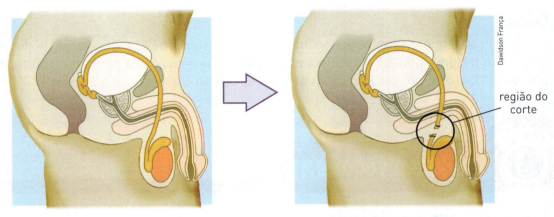

Representação simplificada em cores-fantasia e tamanhos sem escala.

Sistema genital masculino normal...   ... e após a deferentectomia.

O corpo feminino

Observe a ilustração ao lado, que mostra as transformações no corpo de uma mulher desde a infância até a fase adulta. Entre as mudanças que ocorrem nessa passagem estão o aumento das mamas e o aparecimento de pelos no púbis e nas axilas. Essas são duas das características sexuais secundárias femininas.

Antes de falarmos do interior do corpo feminino, vamos conversar sobre a parte externa, por meio da qual a mulher percebe e recebe estímulos e se relaciona com o ambiente.

Para a mulher, conhecer o próprio corpo é fundamental para ajudar a mantê-lo saudável. O **ginecologista** pode esclarecer dúvidas caso seja notada alguma alteração que cause estranheza.

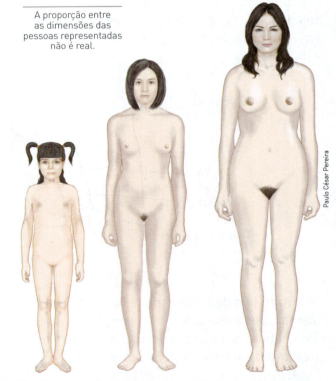

A proporção entre as dimensões das pessoas representadas não é real.

Modificações corporais femininas ao longo do desenvolvimento.

Glossário

Ginecologista: médico especialista em órgãos genitais femininos.

O corpo feminino por fora

Na região genital feminina, encontramos os órgãos sexuais externos. Vamos conhecer um pouco melhor essa região.

Púbis

É a área triangular acima do pudendo feminino, na qual aparecem pelos a partir da puberdade.

Pudendo feminino ou vulva

Nessa região estão os **pequenos** e os **grandes lábios**, que são dobras de pele muito sensíveis.

Entre os pequenos lábios, há o **clitóris**, pequena estrutura do tamanho aproximado de uma ervilha, que, em geral, provoca grande sensação de prazer quando estimulada.

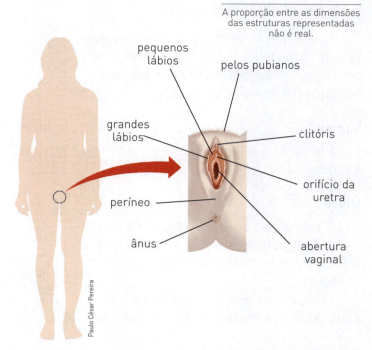

Esquema simplificado do sistema genital feminino em corte longitudinal. Fonte: Gerard J. Tortora. *Corpo humano: fundamentos de anatomia e fisiologia*. Porto Alegre: Artmed, 2010. p. 536.

Abertura da vagina

A abertura da vagina leva aos órgãos sexuais internos. Essa abertura é parcialmente bloqueada, na maioria das garotas virgens, por uma fina membrana chamada hímen, que geralmente é rompida na primeira relação sexual em que haja penetração. O hímen tem uma abertura por onde ocorre a saída da menstruação.

Uretra

O orifício da uretra é por onde sai a urina; no corpo feminino, não conduz a nenhum órgão sexual interno.

Períneo

Entre o ânus e o pudendo feminino, na entrada da vagina, existe uma região chamada períneo.
No homem, o períneo localiza-se entre o saco escrotal e o ânus.

Cuidados com o pudendo (vulva)

Alguns cuidados higiênicos são importantes para a saúde genital feminina:
- Após a defecação, se for possível, deve-se usar ducha ou lavar o pudendo (vulva) com água e sabão. Caso não seja possível, é preciso limpar-se usando papel higiênico com movimentos de frente para trás a fim de evitar a contaminação com fezes na região do pudendo e da uretra.
- Recomenda-se usar calcinhas de algodão e evitar o uso de calças ou bermudas apertadas por muito tempo. Além disso, trocar diariamente as roupas íntimas.
- Deve-se observar a troca de absorventes no período menstrual.
- Somente usar sabonete íntimo se houver recomendação médica.
- Secar bem a região do pudendo após o banho.
- Evitar permanecer muito tempo com roupa de banho molhada, pois isso favorece a proliferação de microrganismos.

O corpo feminino por dentro

Agora que já falamos das partes visíveis do corpo feminino, vamos conhecer um pouco melhor os órgãos sexuais internos.

Observe o esquema ao lado.

Vagina

É o canal que liga o pudendo feminino ao útero.

Útero

É um órgão oco, constituído de tecido muscular, com grande elasticidade, que tem forma e tamanho semelhantes aos de uma pera.

Em caso de gravidez, é no útero que o embrião se desenvolve até o nascimento.

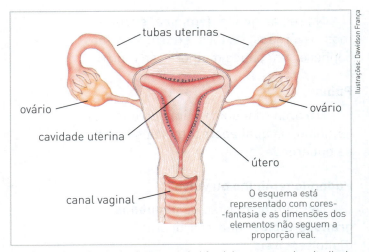

Esquema simplificado do sistema genital feminino em corte longitudinal.
Fonte: Gerard J. Tortora. *Corpo humano: fundamentos de anatomia e fisiologia*. Porto Alegre: Artmed, 2010. p. 532.

Ovários

Os ovários são as **glândulas sexuais femininas**, nas quais – desde o nascimento da menina – ficam armazenadas aproximadamente 400 células precursoras dos gametas femininos, os ovócitos.

Essas células contêm a metade do material genético necessário ao desenvolvimento de um bebê. Os gametas que existem nos ovários das meninas são imaturos. Os **hormônios sexuais** são responsáveis pelo amadurecimento e pela liberação desses gametas.

Tubas uterinas

São dois tubos delgados que ligam os ovários ao útero. Revestindo esses tubos internamente, existem células com cílios que favorecem o deslocamento do óvulo até a cavidade uterina.

Na **laqueadura**, processo cirúrgico de esterilização feminina, é feito um corte e/ou amarração das tubas uterinas. Assim, impede-se que os espermatozoides alcancem o óvulo após a relação sexual, evitando a fecundação e a consequente gravidez.

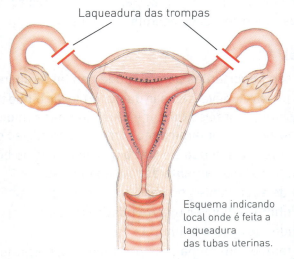

Esquema indicando local onde é feita a laqueadura das tubas uterinas.

Fonte: Gerard J. Tortora. *Corpo humano: fundamentos de anatomia e fisiologia*. Porto Alegre: Artmed, 2010. p. 532.

As mamas: importante estrutura dos mamíferos

As mamas também merecem destaque quando falamos do corpo feminino. O desenvolvimento das mamas ocorre na puberdade, nem sempre de forma idêntica; às vezes, uma mama é ligeiramente maior do que a outra.

O tamanho varia de uma mulher para outra, do mesmo modo que acontece com o nariz, as mãos ou os pés, que não são de tamanho igual em todas as pessoas, nem mesmo no caso de irmãos.

A mama é formada por um tecido gorduroso e por pequenas glândulas chamadas **glândulas mamárias**. Essas glândulas são ligadas ao mamilo (bico) por canais em que o leite passa durante a amamentação. O mamilo, em geral, é muito sensível ao toque.

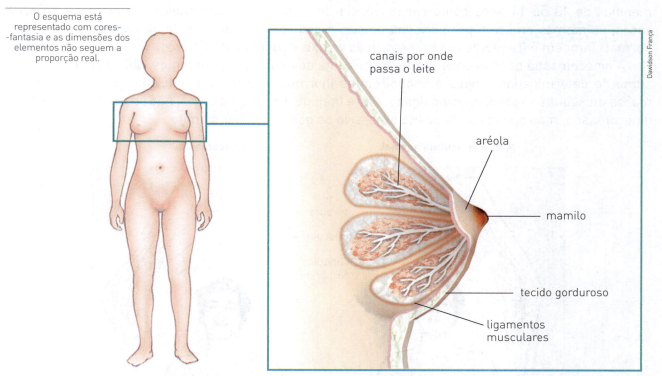

O esquema está representado com cores-fantasia e as dimensões dos elementos não seguem a proporção real.

Esquema simplificado da estrutura de uma mama em perfil, no detalhe.
Fonte: Gerard J. Tortora. *Corpo humano: fundamentos de anatomia e fisiologia*. Porto Alegre: Artmed, 2010. p. 537.

O desenvolvimento das mamas e de outras formas do corpo das meninas, como a cintura mais fina e os quadris arredondados, depende de quando e, principalmente, de quanto hormônio sexual é produzido no corpo pelos ovários. Algumas meninas começam a produzir hormônios sexuais mais cedo do que outras. Por isso, além de menstruarem primeiro, desenvolvem "corpo de mulher" mais precocemente. Outro fator importante a considerar é a hereditariedade – os traços físicos herdados dos pais, avós etc. Ninguém melhor do que um médico para dizer se o desenvolvimento das mamas e dos demais sinais de maturação do corpo está de acordo com o previsto para a idade da garota.

 Ampliar

Sexualidade – um guia de viagem para adolescentes,
de Cristina Vasconcellos (Martins Fontes).
A autora propõe um roteiro de descoberta e exploração do corpo para garotas e garotos.

As Melhores Coisas Do Mundo
Direção: Laís Bodanzky. Brasil, 2010, 105 min.
Inspirado nos livros da série "Mano", de Gilberto Dimenstein e Heloísa Prieto. Trata do universo adolescente sob uma abordagem sensível e contundente sobre o *bullying* e suas nuances, entre outras questões.

Juno
Direção: Jason Reitman. EUA, Paris Filmes, 2007, 96 min.
História de uma adolescente que engravida de seu colega de escola e conhece um casal que está disposto a adotar seu bebê.

Saúde em foco

Os homens têm mamas?

Sim! Até a pré-puberdade, meninos e meninas têm uma pequena quantidade de tecido mamário, que consiste em poucos dutos localizados sob o mamilo e a aréola. Nos meninos, os hormônios produzidos pelos testículos não deixam o tecido mamário se desenvolver muito.

Contudo, cerca de 70% dos adolescentes podem apresentar **ginecomastia**, uma condição masculina resultante da hipertrofia (crescimento exagerado) das glândulas mamárias. Pode surgir em meninos de 13 ou 14 anos como consequência das alterações hormonais da puberdade. Nesses casos, as mamas crescem por períodos de seis meses ou menos, mas depois voltam ao tamanho normal. Também é frequente em homens mais velhos, com mais de 70 anos.

A ginecomastia pode ocorrer também por conta do uso de medicamentos, abuso de álcool, consumo de determinadas drogas e anabolizantes (hormônios artificiais utilizados para aumento de massa muscular) ou problemas no fígado, rins e tireoide. Em alguns casos, não se trata de verdadeira ginecomastia, mas apenas de depósito excessivo de gordura sob o mamilo.

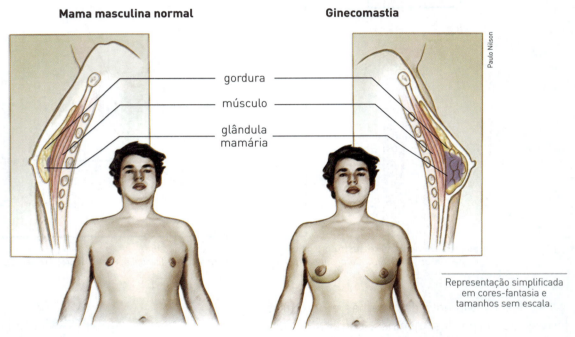

Representação simplificada em cores-fantasia e tamanhos sem escala.

Esquema que mostra a diferença entre mama masculina normal e o caso de ginecomastia.

zoom

O que é masturbação?

Masturbação é a estimulação de partes erógenas do próprio corpo com a finalidade de obter prazer. Pode ser feita por pessoas de ambos os sexos.

A masturbação em si não faz mal à saúde. Só se torna problema quando a pessoa passa a se masturbar compulsivamente (com muita frequência e em qualquer lugar); com isso, acaba prejudicando outros aspectos da vida, como os estudos, as relações com as pessoas ou o trabalho.

A ginecomastia persistente pode ser corrigida com cirurgia, especialmente no caso dos adolescentes, para evitar problemas emocionais. O procedimento, que consiste em remover parte do tecido glandular e da gordura ao redor do mamilo, pode ser realizado na rede pública de saúde. É importante não ter vergonha de conversar sobre o caso nem esconder a situação, mas procurar orientação e, se for necessário, encaminhamento médico.

Prevenção do câncer de mama

O exame preventivo do câncer de mama feminino e de colo do útero deve ser feito desde a puberdade. Deve-se procurar um médico ginecologista para tirar as dúvidas. Conhecendo o próprio corpo, há mais chances de perceber alterações (como caroços e secreções estranhas) e procurar ajuda médica em tempo hábil para tratamento, caso seja diagnosticada alguma doença. No entanto, **o exame das mamas realizado pela própria mulher não substitui o exame físico realizado por profissional de saúde qualificado para esse procedimento.**

O que é o autoexame?

É o exame das mamas feito pela própria garota ou mulher. O autoexame deve ser feito uma vez por mês, logo após a menstruação, o período mais indicado para isso. Para as mulheres que não menstruam mais, o autoexame deve ser feito num mesmo dia de cada mês, por exemplo, todo dia 15.

O que procurar?

Diante do espelho: deformações ou alterações no formato das mamas; caroços ou "afundamentos"; feridas ao redor dos mamilos.

No banho ou deitada: caroços nas mamas ou axilas; secreções expelidas pelos mamilos (líquidos, sangue, pus).

Como examinar suas mamas?

Diante do espelho, realize as atividades ao lado.

É fundamental lembrar que, embora seja mais raro, o câncer de mama também ocorre em homens. O câncer de mama quase sempre se instala numa única mama, ao contrário da ginecomastia, que geralmente afeta as duas mamas.

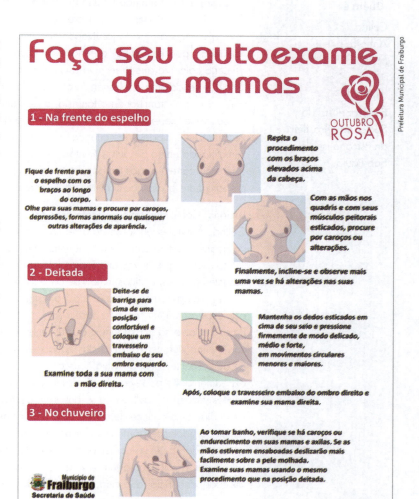

Cartaz da campanha sobre o autoexame das mamas para prevenção do câncer de mama.

Agora responda às questões e, se sentir à vontade, discuta-as com os colegas.

1. Você tem o hábito de fazer o autoexame das mamas ou dos testículos?
2. Por que é importante ficar atento(a) a alterações que surjam no corpo?

Atenção!
Embora ocorra raramente, também há casos de câncer de mama em adolescentes. Caso surja algum sintoma que cause estranheza, não tenha vergonha ou medo de tirar dúvidas. Converse com sua família e procure orientação de profissionais de saúde se necessário.

Com a palavra, a especialista

Quem é
Celina Anhaia Mello

O que faz
É psicanalista da Sociedade Brasileira de Psicanálise de São Paulo.

Luciana: Há quanto tempo é analista de adolescentes?

Celina: Atendo crianças, adolescentes e adultos há mais de trinta anos. Minha clínica não se restringe ao atendimento de adolescentes, mas diria que os temas característicos da problemática adolescente, com todas as suas características de transgressão, busca de identidade, alteridade, aceitação corporal, tem se tornado cada vez mais presente em todas as faixas etárias.

Luciana: O que mudou nessa trajetória e o que permanece imutável?

Celina: Diria que o tempo da adolescência se alargou. Tenho observado crianças por volta dos sete, oito anos de idade já vivendo conflitos e ansiedades inerentes a uma etapa posterior – "pulando", por assim dizer, o período de latência caracterizada por ser uma etapa de preparo, de certa calmaria que prenuncia a turbulência do adolescer. Crianças fora de seu tempo de infância, vivendo uma adolescência antecipada, sendo chamadas a uma participação social que difere da vida infantil onde a fantasia, o pensamento mágico e o lúdico deveriam predominar. Desse modo, se exterioriza uma precocidade do conflito adolescente, provocando, muitas vezes, uma infelicidade nas crianças por não terem estrutura para responder a esses conflitos, mimetizando então o adulto. A infância, como período necessário de treino para o viver, tende a se esgarçar em nossos tempos. Por outro lado, e talvez até como consequência desse salto sem preparo para o viver, os conflitos adolescentes perduram, se alongam, invadindo a vida adulta.

Luciana: Como descrever a adolescência?

Celina: A adolescência se caracteriza por ser este momento de passagem, de perda de um corpo infantil, de busca de uma identidade, de escolha sexual, de inserção em um mundo que se apresenta com novas exigências internas e externas. Um momento de vida turbulento e de características específicas, uma fase caótica de comportamentos estranhos que beiram muitas vezes a patologia, uma etapa crucial na história da estruturação da mente. Podemos considerar o adolescer como um segundo nascimento.

Para efetuar essa passagem o adolescente, que ainda não conta com a possibilidade de resolver simbolicamente muitas das equações vitais necessárias, recorre à experiência do fazer. O adolescente, quando atua, busca conhecer, aprender com a experiência. Privar-se dessa experimentação pode causar sérias inibições na vida adulta, ou na vida adulta buscará fazê-la. Muitas vezes, os adultos que se privaram dessas vivências se sentem desamparados e buscam na análise uma chance de reviver as experiências perdidas. Enfrentar e viver esses desafios, inerentes ao adolescer, torna essa etapa de vida tão assustadora para os jovens e para os adultos ao seu redor. É nesse momento, de busca de um novo sentido para a vida, que podem ocorrer problemas e esta passagem reverter-se em graves patologias, tais como depressão, suicídio, toxicodependência, anorexia, bulimia, dentre outros.

A adolescência é uma fase de grande inserção social e de busca de identidade, favorecendo a formação de grupos.

Luciana: No que as meninas diferem dos meninos?

Celina: Os aspectos biológicos obviamente os diferenciam, por exemplo, as meninas têm de enfrentar o surgimento dos ciclos menstruais, que representam a possibilidade de um vir a ser mãe, enquanto que os meninos se deparam com o aspecto muscular, a força, a potência, onde a primazia do fazer emerge fortemente. Como consequência dessas mudanças corporais, as meninas se deparam mais com a interioridade e os meninos com o mundo externo. Em ambos, a vivência é de um corpo que se transforma, tornando-se constantemente desconhecido e incômodo. Ambos terão de encontrar formas de aceitação do próprio corpo, da sexualidade e identidade, criando um espaço mental que dê sentido a esse corpo emergente. Nos dias de hoje, a ênfase colocada na aparência corporal, o culto ao corpo, tomou tamanha proporção que torna esse processo ainda mais penoso e passível de surgimento de sérios transtornos.

Luciana: Poderia nos contar por quais dramas, tragédias e comédias seus pacientes adolescentes passam?

Celina: São inúmeras as histórias que surgem na sala de análise, muitas divertidas, muitas assustadoras, que nos colocam em uma posição complicada, onde, tal como os adolescentes, temos de nos inventar a todo instante e construir uma maneira própria e original de abordagem, buscando ser continente com firmeza e apontando os riscos sem nos apavorar. Nesta tarefa de construir a si mesmos, estão sempre às voltas com angústias profundas em relação ao binômio potência-impotência, ilusão-desilusão, identificação sexual, assunção da realidade. Os dramas relativos à aparência física, aos envolvimentos amorosos, ser BV, BVL (virgem de beijo e de beijo de língua), aceitação no grupo, fazer parte dos "populares", as experimentações com álcool, drogas, mentiras inventadas para os pais, enfim, inúmeras situações curiosas que, por razões de sigilo, não posso relatar.

O sono intenso e a necessidade de se refugiar no quarto em busca de um espaço de privacidade possível foram definidos com perfeição por um menino que atendo: "Vou pedir minha cama em casamento".

Luciana: Qual é a melhor posição, se é que existe, para os pais de adolescentes?

Celina: Saber que essa etapa é necessária e crucial para o desenvolvimento de seus filhos e que precisa ser vivida em sua plenitude pode ajudar a enfrentar a ansiedade e o desconforto dos pais.

Os adolescentes vão desempenhar seu papel contestador e de rebeldia, enquanto aos pais caberá colocar seus limites e estabelecer as regras, buscando flexibilidade e negociação dentro do que for possível. Ambos, pais e filhos, terão de enfrentar esse embate inevitável que, tanto melhor, se vivido num clima de compreensão.

Luciana Saddi. A adolescência hoje – Entrevista. Disponível em: <http://falecomigo.blogfolha.uol.com.br/2013/01/28/a-adolescencia-hoje-entrevista>. Acesso em: 12 jun. 2018.

Depois de ler o texto, reúna-se com um ou mais colegas para discutirem sobre ele.

a) Foi difícil compreender determinados trechos ou palavras? Se foi, leiam o texto novamente, agora em conjunto; o colega que entendeu poderá ajudar os demais. Se preciso, recorram a um dicionário impresso ou *on-line*.

b) Como foi sua infância? Você "curtia" brincar com as demais crianças? Tinha pressa em "crescer"?

c) Lembra-se de uma preferência ou ideia sobre o mundo interessante que tinha há dois ou três anos. Compartilhe com o grupo.

d) Hoje, já adolescentes, costumam observar o próprio corpo? Expliquem de que modo.

e) Como se sentiram nessa fase de transição, em que mudam tanto o corpo como os sentimentos e o comportamento?

f) Vocês acham que todo adolescente gosta de ser sociável? Por que alguns preferem ficar sozinhos?

g) Sentiram algum constrangimento ou inibição durante o período em que vocês incorporaram as características sexuais secundárias? Expliquem o motivo.

h) Releiam uma parte da entrevista de que gostaram.

Adolescentes costumam desenvolver relações afetivas profundas, que podem se tornar grandes amizades.

Viver

O que é *bullying*?

O termo *bullying* não tem tradução para o português. Origina-se da palavra inglesa *bully*, que significa "valentão". É usado para denominar situações de opressão, intimidação e humilhação que envolvam agressões intencionais, verbais ou físicas, feitas de maneira repetitiva.

Existem casos de *bullying* praticados por pessoas de ambos os sexos, de diferentes idades e condições sociais, e em diferentes ambientes que não só a escola. Envolvem desde comportamentos explícitos, como gritos, xingamentos e empurrões, até outras formas de agressão mais veladas, mas não menos perversas, como risadas, caretas, fofocas, boatos, trocas de olhares, sussurros e exclusão.

Com a expansão das tecnologias da comunicação, tem aumentado o número de casos de *bullying* virtual ou *cyberbullying*, com mensagens, vídeos e fotografias difamatórios ou ameaçadores circulando em *e-mails*, *sites*, redes sociais e aplicativos de celulares.

Bullying não é brincadeira. Grande parte das vítimas apresenta problemas de relacionamento, baixa autoestima, depressão, e não são raros casos extremos que resultam em suicídio.

Cartaz de campanha de combate ao *bullying*.

Reflita sobre o que você leu. Colabore para eliminar o *bullying* em nossas escolas e outros espaços sociais, sejam eles reais ou virtuais. Que tal uma campanha de sensibilização na escola e na comunidade com *slogans* e imagens que expressem mensagens de reflexão e alerta para o problema? Ou a elaboração de folhetos ou cartilhas? Além de não praticar *bullying*, não devemos tolerá-lo nem ser cúmplices dele. Lembre-se de que mesmo o espectador passivo contribui para essa violência.

Agora, ajude a organizar e a realizar as atividades a seguir.

1. Organize, com o professor e os colegas, algumas entrevistas com alunos da escola para identificar o que eles sabem a respeito de *bullying* e sobre o tema. Perguntem o que pensam de situações de *bullying*.
2. Depois, organizem em sala de aula as informações recebidas nas entrevistas, a fim de que elas sirvam de subsídio para a realização de um debate entre os alunos da turma. Um encontro desse tipo mediado por profissionais convidados também seria interessante.
3. Por fim, programem uma palestra sobre o tema, convidando profissionais como psicólogos e professores.

Se possível, convidem para esses eventos os alunos, profissionais e outras pessoas da comunidade.

1. Que nome recebe o período que marca o início da adolescência? Como você definiria esse período, usando suas palavras e conforme sua experiência pessoal?

2. Conhecer o corpo humano é importante para viver a adolescência com maior tranquilidade? Justifique.

3. Na puberdade, começam a se definir as características sexuais secundárias. Que hormônio estimula o aparecimento dessas características no rapaz? Onde ele é produzido?

4. Cite um exemplo de característica sexual secundária feminina e outra masculina.

5. Que mudanças, além das corporais, ocorrem na adolescência? Compare sua resposta com a dos colegas e, auxiliados pelo professor, organizem um mural com produções que expressem suas percepções acerca dessa fase da vida.

6. Observe o esquema em corte do sistema genital feminino humano.

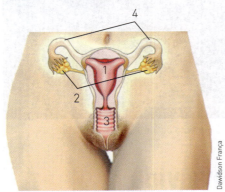

Fonte: Gerard J. Tortora. *Corpo humano: fundamentos de anatomia e fisiologia*. Porto Alegre: Artmed, 2010. p. 532.

Indique o número e nomeie os órgãos ou as estruturas a que se referem cada informação a seguir.

a) Produção de gametas.
b) Canal que liga o útero ao pudendo feminino.
c) Estrutura por onde o ovócito se desloca, após a ovulação, rumo ao útero.
d) Onde o bebê se desenvolve durante a gravidez.

7. O que a ejaculação libera? Por qual órgão?

8. Do que é formado o esperma ou sêmen?

9. A ejaculação é considerada a evidência do amadurecimento sexual masculino. Por quê?

10. Os gametas são as células reprodutivas. Quais são os gametas humanos e em que parte do corpo eles são produzidos?

11. Esquematize os gametas humanos masculino e feminino atentando para a proporção existente entre suas dimensões. Inclua uma legenda indicando as partes.

12. Observe um esquema em corte longitudinal (em perfil) do sistema genital masculino humano.

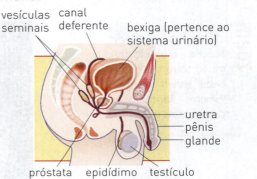

Fonte: Gerard J. Tortora. *Corpo humano: fundamentos de anatomia e fisiologia*. Porto Alegre: Artmed, 2010. p. 524.

Com base nesse esquema e no que você estudou, escreva a que se refere cada item a seguir.

a) Glândulas sexuais masculinas que ficam dentro do saco escrotal.
b) É onde os espermatozoides que acabaram de ser formados ficam armazenados.
c) Localiza-se sob a bexiga e produz uma secreção viscosa, que é um dos componentes do esperma.
d) São duas glândulas localizadas atrás da bexiga, que produzem uma secreção nutritiva para os espermatozoides e formam a maior parte do esperma.
e) É o canal que, no homem, encontra-se ligado tanto ao sistema urinário quanto ao sistema genital.
f) É o órgão que fica ereto quando o homem se excita e por onde sai o esperma na ejaculação.

13. Você costuma ficar atento a sinais, sintomas e outras alterações nas mamas, testículos e no corpo em geral? Comente.

CAPÍTULO 3
Da concepção ao nascimento

Você sabia que todos nós já fomos uma única célula? Olhando para seu corpo agora, é difícil acreditar, mas todos nós já fomos um zigoto, uma célula-ovo.

Neste capítulo, vamos estudar o encontro capaz de originar o zigoto e como este se modifica até formar um bebê apto a viver fora do útero materno. Vamos falar da perpetuação de nossa espécie, enfim, falar de nossa vida!

zoom Que tipo de modificações o zigoto humano sofre até que o bebê esteja completamente formado e pronto para nascer?

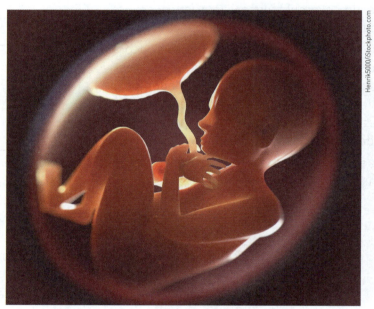

Ilustração que representa feto humano de 7 meses de gestação.

O ato sexual e o início de uma nova vida

Na relação sexual consensual, a atração provocada pelos estímulos e pelas reações hormonais faz com que os toques e as sensações táteis sejam muito prazerosos. Os jogos amorosos, as carícias, a ternura, o contato dos lábios e de outras partes do corpo, a excitação, tudo isso compõe o ritual de preparação do ato sexual, que é o ápice do encontro entre os parceiros sexuais.

Com a excitação, o pênis aumenta e fica rígido, ereto, e a vagina libera uma secreção que a lubrifica. Tudo isso facilita a penetração do pênis na vagina, quando acontece o **coito** ou o **ato sexual**, que geralmente provoca uma sensação bastante prazerosa em ambos os parceiros.

No ato sexual vaginal completo, o homem ejacula, isto é, o esperma sai do pênis e é liberado na vagina, desde que não se use preservativo masculino ou feminino. O esperma ou sêmen contém espermatozoides produzidos nos testículos. Dos milhões de espermatozoides depositados na vagina, apenas centenas deles alcançam o ovócito, e somente um espermatozoide irá fecundá-lo. Essa é a oportunidade de surgir uma nova vida, de ocorrer a concepção. Vamos falar a seguir dos processos biológicos envolvidos nesse fenômeno.

A ovulação

A **ovulação** é a liberação de um **ovócito**, vulgarmente chamado de óvulo, por um dos ovários, por volta do 14º dia do ciclo menstrual, contado a partir do 1º dia de menstruação. Ocorre também a formação do **corpo lúteo** ou **amarelo** – uma estrutura amarelada que passa a produzir o estrogênio e, principalmente, grandes quantidades de **progesterona**. Esses hormônios atuam juntamente: o primeiro é responsável pelo aparecimento das características sexuais femininas secundárias; e o segundo, pelo preparo do útero para manter uma possível gravidez.

O **ovócito** liberado é "captado" por uma das tubas uterinas que ligam os ovários ao útero. Revestindo essas tubas internamente existem células com cílios que favorecem o deslocamento do ovócito ou do **óvulo** fecundado até a cavidade do útero. Veja o esquema ao lado.

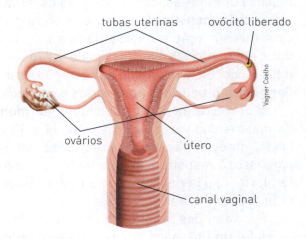

O esquema está representado com cores-fantasia e as dimensões dos elementos não seguem a proporção real.

Esquema que indica a liberação de ovócito do ovário e sua captação pela tuba uterina.
Fonte: Gerard J. Tortora. *Corpo humano: fundamentos de anatomia e fisiologia*. Porto Alegre: Artmed, 2010. p. 532.

A fecundação

A mulher pode ficar grávida se o ovócito, na tuba uterina, for fecundado por um espermatozoide liberado pelo parceiro durante a relação sexual. Quando o espermatozoide entra no ovócito, este se transforma em óvulo e os dois núcleos se unem no processo chamado **fecundação**, concepção ou fertilização.

Aproximadamente 300 milhões de espermatozoides estão contidos no esperma, e cerca de 200 atingem a tuba uterina; destes, apenas um penetra no ovócito.

A entrada do espermatozoide provoca uma reação no gameta feminino, ao redor do qual forma-se uma membrana que impede a passagem de outros espermatozoides. Caso outros entrem, eles são degradados.

De modo geral, a fecundação envolve contato e reconhecimento entre ovócito e espermatozoide, procedimento de entrada de um espermatozoide no ovócito, a fusão do material genético do ovócito e do espermatozoide e, por fim, a ativação do metabolismo da célula-ovo ou zigoto e início do desenvolvimento de um novo ser, que levará cerca de 40 semanas.

Espermatozoide humano ao fecundar um óvulo. Fotografia obtida por microscópio eletrônico colorida artificialmente. Ampliação de 530 vezes.

A menstruação

A **menstruação** ocorre quando não há fecundação. O sangue e o material resultante da descamação da mucosa uterina são eliminados pelo canal vaginal.

O **ciclo menstrual** é o período entre o início de uma menstruação e o início de outra. Esse período dura, em média, 28 dias, mas pode ser mais curto ou mais longo. Ele é resultado da secreção alternada de hormônios produzidos nos ovários e na hipófise.

A primeira menstruação chama-se **menarca** e, na maioria das vezes, ocorre entre 11 e 13 anos de idade, embora não exista uma idade determinada para isso. A menstruação representa o início da vida fértil, isto é, o período em que a mulher pode engravidar, se não houver problemas.

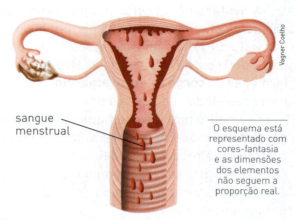

O esquema está representado com cores-fantasia e as dimensões dos elementos não seguem a proporção real.

Esquema que representa o útero com sangramento menstrual.

Por volta dos 50 anos, o "estoque" de células precursoras de óvulos se esgota, pois alguns deles foram liberados nas ovulações e outros se degeneraram. Nesse momento, a mulher deixa de ser fértil e cessam as menstruações. Nessa fase, denominada **menopausa**, grande parte das mulheres sente desconforto por causa da redução da produção de hormônios. Esse desconforto é marcado principalmente por aumento na sensação de calor corporal e pode ser diminuído com tratamento médico.

A menstruação pode vir acompanhada de cólicas. Se as dores forem leves, atividades físicas orientadas e técnicas de relaxamento podem ser de grande ajuda. Caso as cólicas sejam intensas, é recomendado procurar um ginecologista, que pode ajudar a solucionar o problema.

As mulheres podem, alguns dias antes da menstruação, perceber que as mamas estão inchadas e doloridas, sentir-se irritadas, com vontade de chorar. Quando isso ocorre, elas podem estar com **tensão pré-menstrual (TPM)**, nome dado a um conjunto de várias sensações desagradáveis que acometem algumas mulheres e, segundo estudos, estão relacionadas às variações dos níveis hormonais. Nesse caso, recomenda-se procurar um médico, que vai aconselhar o que fazer para diminuir ou eliminar os sintomas da TPM.

Absorventes femininos externo e interno.

Durante a menstruação é comum o uso de absorventes higiênicos, que podem ser internos ou externos, e são vendidos em farmácias e mercados. Como o nome já diz, eles absorvem o sangue eliminado, possibilitando a execução normal de todas as atividades cotidianas da mulher, como ir à escola, ao trabalho, andar e praticar atividades físicas. Os absorventes devem ser trocados ao longo do dia.

É bom lembrar que os primeiros ciclos menstruais não costumam ser regulares. Além disso, preocupações, ansiedade e má alimentação algumas vezes atrasam ou até suspendem a menstruação. A ausência de menstruação também é um dos primeiros sinais de gravidez.

O desenvolvimento do novo ser

Quando os gametas se unem ocorre a fecundação e forma-se a **célula-ovo** (ou zigoto). Essa primeira célula de um novo ser sofre divisões durante seu trajeto pela tuba uterina até o útero.

O sexo biológico desse novo ser humano – ou seja, o sexo do bebê – é definido na fecundação e está relacionado ao tipo de material genético que o espermatozoide trouxe.

O embrião, parecido com uma "bolinha" de células, chega ao útero. Lá ele se implanta, isto é, fixa-se na mucosa uterina, aproximadamente oito dias após a fecundação. Essa fixação na mucosa uterina chama-se **nidação**. O pequeno embrião, formado a partir do zigoto, poderá desenvolver-se no útero, protegido por membranas e pelo líquido amniótico, que impede sua desidratação e o protege de choques mecânicos. Após 8 semanas de desenvolvimento, o embrião humano passa a ser chamado de feto.

Ao final do 3º mês de gestação, a placenta está totalmente formada.

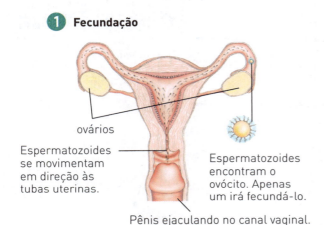

1 Fecundação

ovários
Espermatozoides se movimentam em direção às tubas uterinas.
Espermatozoides encontram o ovócito. Apenas um irá fecundá-lo.
Pênis ejaculando no canal vaginal.

Esquemas que representam os eventos de fecundação e nidação.

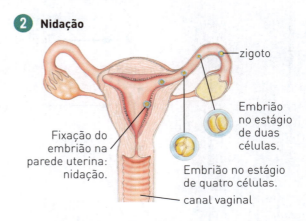

2 Nidação

zigoto
Fixação do embrião na parede uterina: nidação.
Embrião no estágio de duas células.
Embrião no estágio de quatro células.
canal vaginal

Ilustrações: Dawidson França

A proporção entre as dimensões das estruturas representadas nesta página e as cores utilizadas não são reais.

A importância da placenta

A **placenta** é uma estrutura formada por tecidos do embrião e do útero materno e é típica do organismo feminino da maioria dos animais mamíferos. Ela liga-se ao embrião pelo **cordão umbilical**, que tem uma veia, por onde circula o sangue com o oxigênio e os nutrientes que passarão da mãe para o feto, e duas artérias, que carregam o sangue com o gás carbônico e os restos dos nutrientes não utilizados que passarão do feto para a mãe.

Durante toda a gravidez, o feto cresce e fica protegido dentro do útero materno. O umbigo marca o lugar por onde a criança esteve ligada à mãe por meio do cordão umbilical.

Nas 12 primeiras semanas, é formada a maioria dos órgãos, entre os quais o coração, os pulmões e os rins. Depois ocorre o crescimento e o fortalecimento do feto, tornando-o apto à vida no ambiente externo ao útero. Em geral, com nove meses (cerca de 40 semanas) o bebê humano está pronto para nascer.

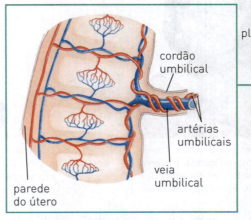

cordão umbilical
artérias umbilicais
veia umbilical
parede do útero

Fragmento de placenta. Ela produz hormônios que mantêm a gravidez e preparam as mamas para a amamentação.

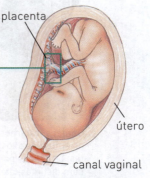

placenta
útero
canal vaginal

O bebê em desenvolvimento recebe oxigênio e os nutrientes por meio da placenta da mãe.

Formação de gêmeos

Os gêmeos podem ser bivitelinos ou univitelinos.

Os bebês chamados de gêmeos bivitelinos ou fraternos nascem de dois ovócitos, de um ou dois ovários, que foram liberados no período fértil da mulher, geralmente no mesmo mês. Cada óvulo fecundado por um espermatozoide origina um zigoto e, portanto, irmãos diferentes geneticamente, que podem até mesmo ter sexos biológicos distintos.

Os gêmeos univitelinos correspondem a outro caso de gêmeos, quando, ocasionalmente, um zigoto, resultante de um óvulo fecundado por um espermatozoide, divide-se em dois, e cada novo zigoto resultante da divisão dá origem a um embrião. Neste caso, ambos têm o mesmo material genético e são idênticos, tendo obrigatoriamente o mesmo sexo biológico.

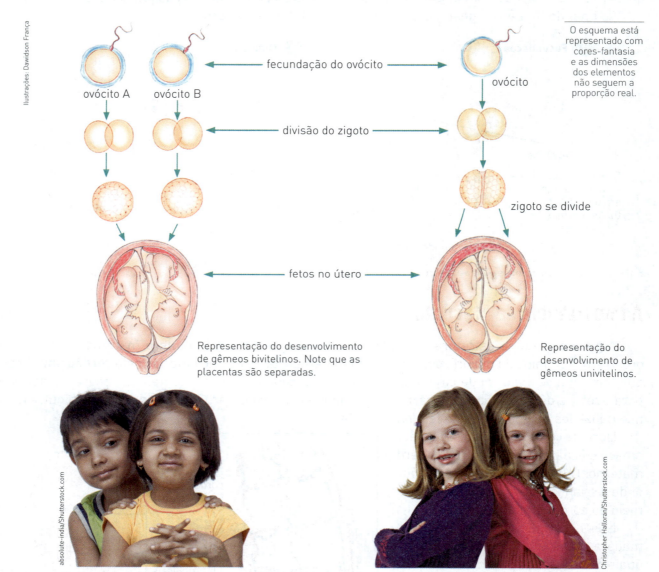

O esquema está representado com cores-fantasia e as dimensões dos elementos não seguem a proporção real.

Representação do desenvolvimento de gêmeos bivitelinos. Note que as placentas são separadas.

Representação do desenvolvimento de gêmeos univitelinos.

Gêmeos fraternos ou bivitelinos. Como os embriões são geneticamente diferentes, os irmãos podem ter características bem distintas, até mesmo ser de sexos diferentes.

Gêmeos univitelinos. Os gêmeos assim formados podem ter a mesma placenta ou não, dependendo do momento em que ocorreu a separação das massas de células originadas a partir do zigoto. Esses gêmeos idênticos apresentam características genéticas iguais e por isso têm o mesmo sexo.

Repare que em nenhum dos casos viáveis de formação de gêmeos ocorre fecundação de um ovócito por mais de um espermatozoide.

A gestação

Nos três primeiros meses, temos a formação do feto, período em que ocorre a diferenciação da cabeça, do tronco e dos membros, a formação do sistema nervoso e dos órgãos internos e o início da definição dos órgãos sexuais. No final do terceiro mês de gestação, o feto já mede cerca de 10 cm e pesa 25 g, aproximadamente. Nessa fase, a barriga da mãe começa a aumentar e a se tornar visível; esse é o sinal externo mais evidente da gravidez.

A altura e o peso do bebê fornecidos aqui para cada mês de gestação referem-se a valores médios. Variações nessas medidas são normais e dependem de diversos fatores.

No quarto mês, o feto ganha peso e começa o crescimento de cílios e sobrancelhas. Ele tem nessa fase cerca de 18 cm e 150 g.

Acompanhe, nas ilustrações a seguir, algumas mudanças que ocorrem no desenvolvimento do feto até o nascimento.

O esquema está representado com cores-fantasia e as dimensões dos elementos não seguem a proporção real.

No quinto mês, o esqueleto torna-se mais rígido e os órgãos sexuais já são aparentes, sendo possível saber o sexo. O feto tem agora cerca de 30 cm e 400 g.

No sexto mês, o peso do feto duplica e chega a 800 g, enquanto a altura alcança 32 cm.

No sétimo mês, os pulmões já estão formados e aptos a funcionar, o que aumenta as chances de sobrevivência caso ocorra o nascimento prematuro. O bebê mede cerca de 35 a 40 cm e pesa 1,5 kg.

No oitavo mês, o bebê está totalmente formado e ganhando peso. Nessa fase, ele mede aproximadamente 40 a 45 cm e pesa por volta de 2,5 kg. Seus movimentos dentro do útero aumentam e podem ser vistos e sentidos por outras pessoas ao observarem e tocarem a barriga da mãe.

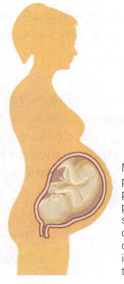

No nono mês, o bebê está pronto para nascer e encaixa a cabeça na pélvis da mãe, possibilitando que o parto normal ocorra. Nas últimas semanas, o corpo da mãe dá sinais de que o parto está aproximando-se: o útero se contrai ritmicamente, em intervalos regulares. Agora o bebê tem, em média, 45 a 50 cm e 3,0 kg.

O parto

Depois de aproximadamente nove meses, cerca de 40 semanas após o ato da fecundação, o feto deve estar desenvolvido e pronto para viver no ambiente externo ao útero materno, que não tem mais condições de mantê-lo e protegê-lo. Está na hora de nascer.

Parto "normal" ou natural

O trabalho de parto geralmente inicia-se quando o desenvolvimento do feto está completo. Determinados hormônios da mãe estimulam o útero a se contrair, até expulsar o bebê.

Essas contrações provocam a dilatação do colo do útero. O colo do útero, ou colo uterino, é a parte do útero que se comunica com a vagina; localiza-se no fundo do canal vaginal. No momento do parto, é essa porção que se dilata, dando passagem para o feto. Por isso, a vagina também é chamada de canal do parto.

De um modo simplificado, pode-se dizer que o trabalho de parto normal compreende três fases, representadas a seguir.

Na primeira fase, as contrações uterinas acontecem com intervalos de tempo regulares. Nessas contrações musculares involuntárias, o colo do útero alarga-se ainda mais, começando a dilatação.

Na segunda fase, o colo uterino atinge o máximo de sua largura. A mãe pode ajudar a empurrar o bebê para fora do corpo fazendo força. Os ossos do bebê são um pouco flexíveis, o que facilita o parto.

O esquema está representado com cores-fantasia e as dimensões dos elementos não seguem a proporção real.

A terceira fase começa após o nascimento do bebê. Ele começa a respirar e a chorar. A placenta é expelida; o cordão umbilical precisa ser cortado e atado com um nó.

O parto normal ou natural, no qual o bebê nasce pela abertura vaginal, pode ser rápido e durar poucas horas; ou demorado, levando um dia ou mais.

Cesariana

A cesariana é um procedimento cirúrgico, com anestesia, em que se faz uma incisão (corte) horizontal na barriga da mãe, bem abaixo do umbigo. Por meio dela, retiram-se o bebê e a placenta.

A cesariana é indicada sobretudo quando o bebê não está em posição favorável ou quando não há dilatação suficiente do colo do útero, por exemplo.

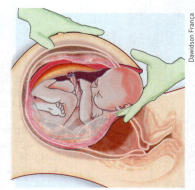

Imagem representativa de cesariana. Repare que o bebê está sendo retirado pelo corte na barriga, e não pelo canal vaginal.

Representação simplificada em cores-fantasia e tamanhos sem escala.

Parto prematuro

Há casos em que os bebês nascem mais cedo do que o esperado. São os chamados **bebês prematuros** (pré significa "antes"; neste caso, "antes de estar maduro").

Os órgãos são formados nas primeiras fases da gravidez. Assim, se o parto prematuro ocorrer por volta da 28ª semana, isto é, no sétimo mês de gravidez, o bebê terá maiores possibilidades de sobreviver.

Além de nascerem com pouco peso, geralmente os prematuros desse período não conseguem respirar sozinhos e precisam do auxílio de um equipamento que os ajude a respirar.

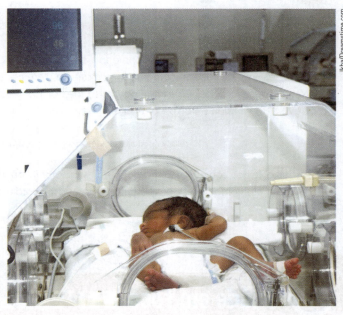

O bebê prematuro fica na incubadora do hospital, que é um tipo de berço especial, onde fica mais protegido de infecções, até alcançar condições físicas adequadas.

As imagens desta página não estão representadas na mesma proporção.

Amamentação

Como em qualquer mamífero, com relação à questão biológica, o principal papel das mamas das fêmeas é amamentar os filhotes. Reveja no Capítulo 2 como é a estrutura da mama humana.

Na puberdade, no início da adolescência, certos hormônios agem no corpo da mulher "preparando-o" para que ela possa tornar-se mãe e levam à "formação" das mamas, uma das características sexuais secundárias femininas. Cada mama tem cerca de 20 glândulas que produzem leite quando o bebê nasce. Nas primeiras semanas de gravidez, o corpo da mulher inicia a produção de **hormônios mamários**. Esses hormônios ajudam a aumentar o volume das mamas, preparando-as para produzir leite.

Nos primeiros dias depois do parto, as mamas secretam o **colostro**. O colostro é amarelo e mais grosso que o leite maduro e é secretado apenas em pequenas quantidades. Mas é suficiente para uma criança saudável e é exatamente aquilo de que ela precisa nos primeiros dias. Contém mais anticorpos que o leite maduro e representa a primeira imunização, protegendo a criança contra a maior parte das bactérias e dos vírus. O leite materno fornece todos os nutrientes necessários para o desenvolvimento do bebê durante os primeiros meses de vida e é fonte de anticorpos que irão protegê-lo de doenças nesse período, além de estabelecer as bases do vínculo afetivo.

Mãe amamenta o bebê.

> **Ampliar**
>
> **Adolescência**, de Guila Azevedo (Scipione).
> O livro discute questões do universo adolescente, incluindo a possibilidade de uma gravidez inesperada.

# Viver

Aleitamento materno

O Ministério da Saúde recomenda a amamentação até os dois anos de idade ou mais, e que nos primeiros 6 meses o bebê receba somente leite materno, sem necessidade de sucos, chás, água e outros alimentos. Quanto mais tempo o bebê mamar no peito, melhor para ele e para a mãe. Depois dos 6 meses, a amamentação deve ser complementada com outros alimentos saudáveis e de hábitos da família.[...]

Aleitamento materno. Ministério da Saúde. Disponível em: <http://portalms.saude.gov.br/saude-para-voce/saude-da-crianca/aleitamento-materno>. Acesso em: 21 ago. 2018.

Após ler o texto, converse com alguém de sua família ou com uma pessoa conhecida que já tenha amamentado. Pergunte a ela como foi essa experiência. Compartilhe com os colegas o que aprendeu. **atividade oral**

# Saúde em foco

Amamentação é um direito

Para a maioria das mulheres, a maternidade é um período de transformações no corpo, nos hábitos e no dia a dia. As mudanças prevalecem mesmo depois do nascimento do bebê. Após a licença-maternidade, a mãe que trabalha fora precisa ajustar a rotina para continuar amamentando, mas sem deixar de lado o trabalho. Diferentemente de anos atrás, hoje a maioria das mulheres está no mercado de trabalho e muitas delas são as únicas responsáveis pela criação dos filhos e pela renda familiar.

Amamentar é uma parte fundamental do cuidado com o bebê. O leite materno é o melhor alimento para a criança, além de proporcionar contato físico, carinho, estímulo e proteção contra doenças. Mas conseguir amamentar e, ao mesmo tempo, trabalhar fora de casa pode ser difícil.

No Brasil, desde a Constituição Federal de 1988, mulher empregada com contrato de trabalho formal (carteira assinada) tem direito a alguns benefícios previstos em lei que podem ajudar nesse período. Além disso, cada relação de trabalho – quer seja mediante a Consolidação das Leis do Trabalho (CLT), quer seja pelo funcionalismo público, como profissional autônoma ou como empregada doméstica – pode ter benefícios próprios. Para que as mulheres trabalhadoras consigam seguir a recomendação da Organização Mundial da Saúde (OMS) e do Ministério da Saúde de amamentar por dois anos ou mais, sendo exclusivamente no peito nos seis primeiros meses, é fundamental que, após a licença-maternidade, elas tenham o apoio dos empregadores.

Blog da Saúde. Direitos da mãe trabalhadora que amamenta. Disponível em: <www.blog.saude.gov.br/index.php/promocao-da-saude/50069-direitos-da-mae-trabalhadora-que-amamenta>. Acesso em: 12 jun. 2018.

O direito ao aleitamento materno torna-se ainda mais prejudicado no caso daquelas trabalhadoras que não têm seus direitos trabalhistas garantidos, como ocorre com muitas imigrantes de países da América Latina que atualmente vêm ao Brasil em busca de trabalho, originárias sobretudo da Bolívia e do Peru.

1. Faça uma pesquisa com os colegas sobre leis de proteção ao período da maternidade no caso das mães estudantes, das mães adotivas, das mulheres privadas de liberdade e das trabalhadoras rurais.

O que é aborto?

Aborto é a interrupção provocada ou espontânea da gravidez.

A interrupção provocada pode se dar por meio da administração de medicamentos ou da introdução de instrumentos no útero. A interrupção espontânea é aquela em que o próprio organismo, por várias razões (malformação do feto, problemas de saúde da mãe etc.), elimina o feto.

A legislação brasileira só autoriza o aborto em casos especiais: quando a gravidez é decorrente de estupro ou se a gestação colocar a vida da mãe em risco. Em 2012, o Supremo Tribunal Federal aprovou também a legalização de abortos de anencéfalos (fetos sem desenvolvimento cerebral).

Quando o aborto não é realizado por médicos competentes e em ambiente adequado, os riscos para a mulher aumentam muito, podendo provocar a esterilidade e a morte.

Desmontando tabus

1. Muitos mitos, tabus e preconceitos relativos ao corpo e à sexualidade têm suas raízes na desinformação. Cientes desse problema, Pedro e Manoela, alunos do 8º ano, entrevistaram colegas e outros adolescentes da comunidade escolar e listaram algumas ideias comuns entre eles.
Em grupo, analise cada uma das ideias e, com base no que estudaram e na pesquisa em fontes confiáveis, identifique as que expressam algum erro ou equívoco, corrigindo-as e copiando-as no caderno.

   a) Sexualidade é sinônimo de reprodução.
   b) Quanto maior o pé, maior o tamanho do pênis.
   c) Se o homem ficar muito tempo sem ejacular, o esperma vai para o cérebro.
   d) O homem elimina a urina com o esperma.
   e) Se a mulher urinar depois de ter relação sexual, mata os espermatozoides no canal vaginal.
   f) A ejaculação durante o sono não é doença e pode ser provocada por sonhos.
   g) Tanto homens quanto mulheres devem cuidar da saúde dos órgãos genitais desde cedo.
   h) Masturbação faz mal à saúde.

Ampliar

O corpo das garotas,
de Jairo Bouer (Panda Books).
Aborda as ocorrências no corpo durante a puberdade e a compreensão do que significam os pelos, os cravos, as espinhas, o desenvolvimento das mamas e a menstruação, para que esse período seja vivido de modo natural.

O corpo dos garotos,
de Jairo Bouer (Panda Books).
O livro fala das grandes transformações pelas quais o corpo dos meninos passa durante a puberdade (pelos, espinhas, alteração na voz) e como eles podem encará-las de modo natural.

67

Atividades

1. O que representa o fenômeno da fecundação? Onde ocorre?
2. Ao fim de cada ciclo menstrual ocorre o sangramento conhecido por menstruação. Qual é a origem desse sangue?
3. Por que a ausência de menstruação pode ser um dos primeiros sinais de gravidez?
4. O que representa a nidação?
5. Só mamíferos têm placenta verdadeira. Qual é a importância dela na gravidez?
6. Quanto tempo dura a gestação humana? Quando um bebê é considerado prematuro?
7. Diferencie parto natural de cesariana no que se refere ao local de saída do bebê.
8. Marta e Márcio são gêmeos. Eles podem ser chamados de univitelinos? Por quê?
9. Com base no que aprendeu neste capítulo, explique como seriam gerados trigêmeos univitelinos e trivitelinos, como os da foto abaixo.

Trigêmeos trivitelinos.

10. Reescreva no caderno a frase a seguir substituindo cada lacuna por um dos termos do quadro, de modo que a afirmação fique correta do ponto de vista científico.

| fecundação | nidação | relação sexual | tubas uterinas | vagina |
| ovócito | útero | ejaculação | ereção | espermatozoides |

Os estímulos sensoriais provocam no homem a _____ do pênis, que aumenta em termos de tamanho e rigidez, ficando assim preparado para o coito. Na mulher, esses mesmos estímulos prazerosos levam à produção de fluidos que lubrificam a vagina.

Na _____ dá-se a _____, durante a qual o esperma é lançado na _____ da mulher. A seguir, os _____ percorrem um longo caminho, subindo pelo _____ até chegarem às _____, onde poderão, ou não, encontrar um _____. Se o encontrarem, poderá haver a união entre os gametas, processo chamado de _____. A fixação do embrião, que se forma a partir do zigoto, no útero, corresponde ao fenômeno denominado _____.

11. Observe os esquemas a seguir. Redija um pequeno texto no caderno descrevendo o que eles ilustram. Desse texto, devem constar as seguintes palavras:

fecundação – ovulação – nidação – gravidez

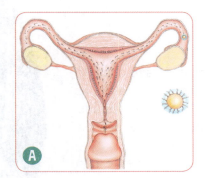 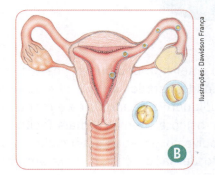

As proporções entre as dimensões das estruturas e as cores representadas nesta página não são as reais.

12. Ao engravidar, o corpo da futura mãe passa por diversas modificações.

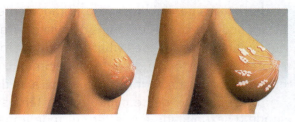

a) Que modificações são representadas na imagem ao lado?

b) Quais são os processos envolvidos para que ocorra o que está representado na imagem à direita?

13. A figura ao lado mostra um esquema do útero humano e algumas de suas estruturas:

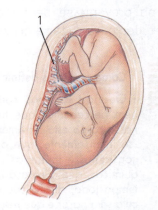

Em relação a esse esquema, responda:

a) Que nome recebe a estrutura indicada pelo número 1?

b) Quais são os grupos de vertebrados que têm essa estrutura?

14. Em várias culturas a menstruação é abordada no conhecimento popular e até religioso. Com os colegas, entrevistem algumas pessoas que vocês conheçam e perguntem a elas:

- Você já ouviu falar que, durante a mestruação, há atividades que as mulheres não podem fazer? Quais são elas?
- Existe algo que as pessoas recomendam para as mulheres fazerem durante a mestruação?
- Como você recebeu essas informações?

A partir do registro da entrevista, compartilhem com os colegas o que descobriram e comentem suas opiniões. Considerem que o objetivo da atividade não é analisar se as ideias estão de acordo com o conhecimento científico, mas conhecer mitos e saberes culturais.

15. Reúna-se com um colega, reproduzam o texto abaixo no caderno e completem-no com palavras selecionadas do quadro abaixo.

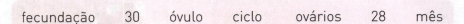

fecundação   30   óvulo   ciclo   ovários   28   mês

A menstruação, eliminada do corpo da mulher geralmente em ciclos de ///////// dias, ocorre quando não há ///////// do ovócito liberado por um dos ///////// .

69

CAPÍTULO 4

Saúde e sexualidade

É comum o ser humano buscar, para si e as pessoas de seu convívio, prazer e felicidade, estados de vida que devemos conquistar com atitudes que não prejudiquem a saúde física e mental do organismo. Esse estado de bem-estar físico e mental é mais facilmente alcançado se a pessoa conhece o próprio corpo, suas potencialidades e seus limites.

O conceito de saúde é bem mais amplo do que simplesmente não estar doente. Em relação à sexualidade, estar saudável vai além da prevenção de infecções sexualmente transmissíveis e de tratamento médico do sistema genital. Para isso, é importante conhecer o próprio corpo e assim poder reconhecer sinais de alerta para o que pode ser uma ameaça ao equilíbrio das funções vitais. Isso também vale para a vida sexual, o que reforça a importância do autoconhecimento do corpo e sua intimidade, do diálogo e da busca de informações para as dúvidas que surgirem.

Discutiremos neste capítulo dois temas diretamente ligados à saúde e sexualidade e que têm grande impacto na vida humana: como prevenir-se de infecções sexualmente transmissíveis e métodos para evitar a gravidez.

zoom

Como podemos definir saúde?

Quando estamos saudáveis nem percebemos que tudo em nosso corpo está movimentando-se intensamente, que ocorrem constantes e inúmeras reações químicas, que o coração bate o tempo todo, que o sangue circula sem parar e que respiramos fazendo a troca de gases. Sentimos apetite, alegria, disposição para estudar, trabalhar e praticar esportes.

Que atitudes contribuem para uma pessoa ter saúde e valorizar a própria vida?

Escultura nigeriana de madeira do século XIX alusiva à fertilidade. Constitui um exemplo de como as culturas ancestrais davam importância a ícones que manifestavam a fertilidade. A mãe, em tamanho aumentado e com os seios fartos, representa a saúde necessária para a procriação.

Cuidados com a saúde de todo o corpo

Você cuida de sua saúde bucal?
O que faz para manter seus cabelos saudáveis?
O que é, em sua opinião, uma pele bem cuidada e saudável?

Da mesma maneira que é necessário consultar um dentista periodicamente, as mulheres devem ir ao ginecologista; e os homens, ao **urologista**, para tratar dos órgãos genitais. Além de cuidar da saúde, esses profissionais podem orientá-los na prevenção da gravidez.

Glossário

Urologista: médico especialista nos sistemas urinário e renal de homens e mulheres e nos órgãos genitais masculinos.

A consulta ao ginecologista é, também, uma oportunidade para tirar dúvidas sobre o corpo, a saúde e a sexualidade.

Ampliar

Coisas que toda garota deve saber, de Samantha Rugen (Melhoramentos).

Coisas que todo garoto deve saber, de Antônio Carlos Vilela (Melhoramentos).

Essa coleção traz textos bem-humorados, ilustrações divertidas e informações sobre vários temas comuns à adolescência.

Ir ao ginecologista

A consulta ao ginecologista costuma gerar um tipo de medo comum entre adolescentes. De fato, o exame ginecológico pode causar algum desconforto, assim como outros tantos exames médicos, mas é perfeitamente suportável. Ele ajuda a prevenir e a curar muitas doenças.

O toque vaginal e o uso do espéculo (aparelho que se coloca na vagina para afastar suas paredes) são métodos que o médico usa para examinar o interior do órgão genital. Nas garotas virgens, o procedimento é um pouco diferente.

É importante reconhecer que os órgãos genitais são parte de nosso corpo, que fazem parte de nossa vida, assim como todos os outros órgãos. Desse modo, devemos conhecê-los e tratá-los para que estejam sempre saudáveis.

Ir ao urologista

Os rapazes devem procurar orientação médica sempre que houver alguma dúvida ou sintoma estranho. O urologista deve ser consultado caso surja ardência ao urinar ou apareçam caroços, secreções diferentes e coceira no saco escrotal ou no pênis.

Esse profissional também pode tirar dúvidas em relação à forma correta de usar a camisinha.

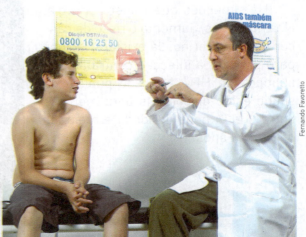

O urologista pode esclarecer dúvidas sobre saúde e sexualidade.

71

Conhecer para evitar: infecções sexualmente transmissíveis (ISTs)

As infecções sexualmente transmissíveis (ISTs) são aquelas que podem ser transmitidas por contato sexual. Estão ligadas, direta ou indiretamente, aos órgãos genitais ou aos hábitos sexuais.

O tratamento médico na fase inicial das infecções é essencial para sua cura ou controle. A automedicação agrava o problema. A vergonha de procurar um médico só atrapalha. Aqui relacionaremos aquelas que ocorrem com mais frequência. Elas podem ser prevenidas com o uso correto da camisinha nas relações sexuais.

Herpes genital

Causada por vírus, essa infecção forma pequenas bolhas no pênis ou na vagina que, ao se romperem, viram feridas, provocando ardor, coceira e dor. A herpes genital é transmitida por contato sexual.

Candidíase

A candidíase é causada por fungos normalmente existentes em nosso corpo, mas que proliferam muito em razão de estresse, uso de antibióticos ou de anticoncepcionais e durante a gravidez. Causa coceira e ardência. Essa infecção também pode ser transmitida por roupas íntimas compartilhadas. Se a mãe estiver com candidíase, o bebê poderá ser contaminado ao passar pelo canal vaginal durante o parto. Os fungos podem também atacar a mucosa bucal, quando então popularmente a infecção recebe o nome de "sapinho".

Gonorreia

Essa infecção é causada por bactérias que infeccionam a uretra, provocando dores ao urinar.

Nas mulheres, os sintomas muitas vezes não são percebidos. Essa infecção pode resultar em esterilidade e diversos outros problemas.

Condiloma acuminado

Causada pelo vírus HPV-papiloma, essa infecção é transmitida por contato sexual. Seus sintomas são o aparecimento de verrugas, muitas vezes microscópicas, no pênis, no canal vaginal e no ânus.

Há situações que exigem cirurgia. Nas mulheres, aumenta o risco de câncer de colo uterino. Já existem vacinas para prevenir a infecção contra alguns subtipos de HPV. Na rede pública de saúde estão disponíveis para meninas entre 9 e 14 anos de idade e meninos de 11 a 14 anos.

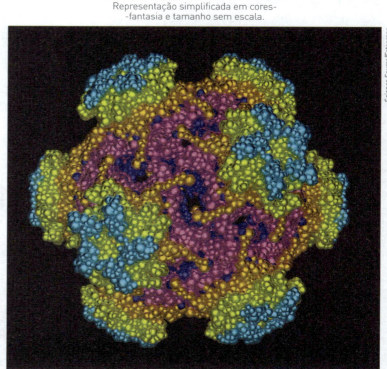

Representação simplificada em cores-
-fantasia e tamanho sem escala.

Vírus HPV em representação computadorizada.

Clamídia

É causada por bactéria. Na mulher, os sintomas podem ser sangramento entre os ciclos menstruais, dor durante o ato sexual, secreções vaginais, dor abdominal e febre. O homem infectado pode apresentar uma secreção uretral transparente ao acordar (gota matinal), dor ao urinar, queimação e coceira ao redor da abertura do pênis. Um dos perigos dessa infecção é o fato de muitas mulheres (cerca de 75%) e homens (50%) afetados não apresentarem sintomas. Sem tratamento, podem ocorrer complicações sérias com danos irreversíveis, incluindo infertilidade.

Sífilis

Causada por bactéria, seu primeiro sintoma é uma ferida (cancro) dura e indolor no pênis ou na vagina; na fase secundária, surgem manchas no corpo. Às vezes, os sintomas desaparecem espontaneamente, mas a infecção continua ativa.

Essa infecção é grave, pode causar cegueira, paralisia, distúrbios cardíacos e neurológicos e até mesmo a morte. Na mulher grávida, a sífilis pode provocar grandes danos ao feto.

Também é transmitida por sangue contaminado. Durante a gravidez, a mãe contaminada pode passar a bactéria para o filho.

Hepatite B

Essa infecção é causada por um vírus que ataca o fígado. O indivíduo contaminado pode recuperar-se da infecção ou tornar-se portador crônico, desenvolvendo graves doenças, como cirrose ou câncer no fígado.

O contágio também ocorre pelo contato com sangue contaminado. A prevenção é feita com vacina, além do uso de camisinha nas relações sexuais.

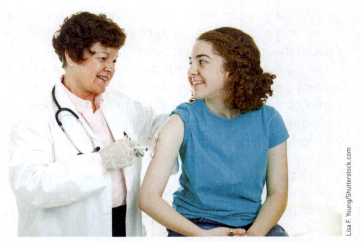
Adolescente sendo vacinada.

Aids ou síndrome de imunodeficiência adquirida (Sida)

A síndrome de imunodeficiência adquirida é provocada pelo vírus HIV, que ataca os linfócitos – células sanguíneas especializadas na produção de anticorpos, que são responsáveis pela defesa do organismo.

A palavra **síndrome** tem origem grega (*syndromé* = reunião). Em medicina esse termo é usado para descrever determinado conjunto de sinais e sintomas clínicos que podem ter causas diversas.

Quando surgiram os primeiros casos de aids não se sabia ainda a causa da infecção (o vírus HIV) e, por conta da baixa imunidade, as pessoas contaminadas apresentavam sintomas de doenças variadas. Os cientistas, então, nomearam a infecção como uma síndrome.

> **Ampliar**
>
> **Geração saúde - Vida positiva**
> **Direção:** Daniela Cucchiarelli e Renata Oliveira. Brasil, TV Escola, 2010, 25min44s.
>
> Capítulo da série Geração Saúde 2 que retrata a adaptação da jovem Rita, que é HIV positivo, a uma vida normal, com visitas periódicas ao médico, trabalho novo e início de um relacionamento.
> <https://tvescola.org.br/tve/video/geracao-saude-2-vida-positiva>. Acesso em: 21 ago. 2018.

zoom

A desinformação sobre doenças e outras questões relativas à saúde acaba por reforçar mitos, tabus, preconceitos, provocando atitudes de discriminação. Muitas pessoas deixam de procurar ajuda médica por medo e vergonha, o que só agrava o quadro. Em tempos de uso intenso e globalizado de redes sociais e de tecnologias da informação e comunicação, essas condutas equivocadas são alimentadas por notícias falsas e publicações fantasiosas, que não expressam fatos verdadeiros, disseminando medo na população. Você já deve ter ouvido o termo em inglês para esse tipo de conteúdo: *fake news*. Recentemente a vacinação foi foco desse tipo de ação nefasta, comprometendo a eficácia de ações do Ministério Público e a imunização de milhões de pessoas, incluindo crianças.

Não colabore com esse tipo de comportamento. Não compartilhe conteúdo antes de checar sua veracidade. E reflita sobre nosso papel na busca de melhor qualidade de vida e saúde, individual e coletiva.

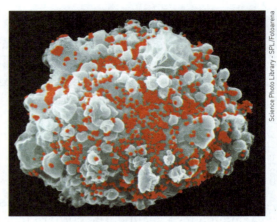

Vírus HIV (em vermelho) ataca linfócito T (cinza). Fotografia obtida por microscópio eletrônico e colorizada artificialmente. Ampliação aproximada de 5000 vezes.

O indivíduo com aids fica desprotegido, com baixas defesas orgânicas, isto é, sem imunidade contra os vários tipos de vírus, bactérias e fungos. Assim, para quem está com aids, qualquer doença, como pneumonia ou candidíase, pode ter consequências muito sérias, até mesmo levar à morte.

As pesquisas mostram que, no caso da aids, não há grupos de risco, e sim comportamentos de risco, que podem envolver pessoas de qualquer sexo, idade ou orientação sexual. Podemos citar como comportamentos de risco relações sexuais sem uso de camisinha e o uso compartilhado de seringas e objetos cortantes ou perfurantes (como alicates de cutícula, lâminas de barbear etc.).

As formas possíveis de contágio são várias:
- nas relações sexuais sem preservativo com pessoas que têm o vírus;
- em uma transfusão de sangue (se receber sangue infectado, o que atualmente é raro graças ao controle rígido em bancos de sangue);
- durante a gestação da mulher portadora do vírus, antes do nascimento ou no parto (de mãe para filho);
- na amamentação por mãe portadora do vírus, que, por meio do leite, pode contaminar o bebê;
- por agulhas, seringas ou outros objetos perfurantes ou cortantes que tenham tido contato com os líquidos que contêm o vírus.

É prudente evitar sempre o contato com o sangue de outras pessoas, pois, além do grande risco de contrair aids, o sangue pode transmitir outras doenças, como hepatite e doença de Chagas.

Os indivíduos soropositivos, isto é, aqueles em cujo exame de sangue foi detectada a infecção pelo vírus HIV, podem viver muitos anos até que a doença se manifeste. Porém, eles podem transmitir o vírus. O vírus da aids pode ficar durante vários anos no organismo de uma pessoa, sem se manifestar, até começar a multiplicar-se e atacar o sistema imunológico, destruindo os linfócitos. A pessoa pode morrer em consequência de outras doenças, chamadas, por isso, de oportunistas.

Quem tem o HIV trabalha, estuda e convive com família e amigos, pode namorar, beijar na boca e se relacionar sexualmente. No entanto, como ele pode transmitir o vírus a outros, é importante usar sempre camisinha nas relações sexuais. O controle do sangue e de seus derivados nas transfusões e o uso de seringas e agulhas descartáveis, por exemplo, são formas de proteção contra a aids e diversas outras infecções. No caso de gestante soropositiva, é importante também manter os cuidados necessários e o acompanhamento médico durante a gravidez e a amamentação, para evitar o contágio do bebê.

 Ampliar

Depois daquela viagem: diário de bordo de uma jovem que aprendeu a viver com aids, de Valéria Piassa Polizzi (Ática).

Relato de uma jovem que contraiu aids com o primeiro namorado.

Conviver

Dia Mundial de Luta contra a Aids

O Dia Mundial de Luta contra a Aids, 1º de dezembro, foi instituído em 1988 pela Organização Mundial da Saúde (OMS) como uma data simbólica para conscientizar todos os povos sobre a pandemia dessa doença. As atividades desenvolvidas nesse dia visam divulgar mensagens de esperança, solidariedade e prevenção, além de incentivar novos compromissos com essa luta. A cada ano, a OMS identifica a população/grupo social que apresenta a maior incidência de casos de aids e define estratégias para uma campanha com ações de impacto e sensibilização.

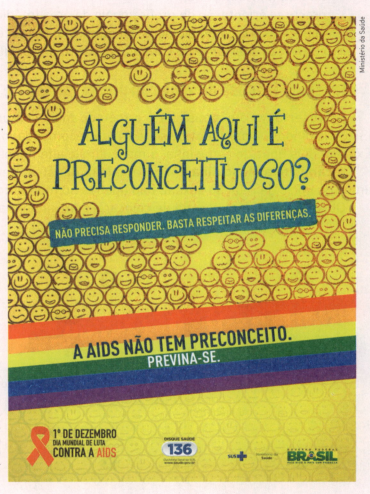

Cartaz usado em campanha de combate ao preconceito contra os portadores do HIV ou doentes de aids. Ainda não há vacina contra essa infecção, mas já é possível ser soropositivo e viver com qualidade de vida, desde que tome os medicamentos indicados e siga corretamente as recomendações médicas. O ideal é, contudo, seguir a recomendação do Ministério da Saúde de usar sempre preservativo e fazer o exame que detecta o HIV toda vez que passar por alguma situação de risco.

em grupo

1. Mobilize-se e, com os colegas, promova um evento sobre o tema em sua escola, se possível no Dia Mundial de Luta contra a Aids. Pode ser um debate, uma exibição de vídeo, uma mostra de cartazes ou ainda uma visita ou campanha de apoio e solidariedade a uma instituição que trabalhe com soropositivos ou doentes de aids.

2. Juntos, procurem envolver diferentes pessoas e grupos da comunidade, colaborando assim com o movimento mundial contra a aids. Lembrem-se de que é fundamental participar da luta contra o preconceito e a discriminação.

3. Pesquisem na internet ou em postos de saúde exemplos de cartazes utilizados em campanhas de saúde. Analisem o texto e as imagens desse material. Observação importante: entre os especialistas, costuma-se diferenciar propaganda e publicidade. A primeira seria sem fins lucrativos, como as dos órgãos públicos, que visam sobretudo divulgar informações ou desenvolver campanhas; já a publicidade procura divulgar produtos ou serviços com fins lucrativos.

Formas de prevenção das ISTs em geral

Há várias atitudes que colaboram para a prevenção das infecções sexualmente transmissíveis. De modo geral, são medidas de prevenção:
- usar preservativos (camisinha) em todas as relações sexuais;
- ter hábitos de higiene;
- procurar orientação de profissionais da área (médicos etc.), de pessoas confiáveis e de outros especialistas, como biólogos, bioquímicos, farmacêuticos etc.;
- conversar abertamente com o(a) parceiro(a) sexual sobre o tema.

A camisinha (camisa de vênus ou preservativo)

O preservativo ou camisinha é o método mais comum, acessível e eficaz para a prevenção de ISTs, incluindo a aids. Além disso, é muito recomendado e seguro para evitar gravidez indesejada. Existem dois tipos de camisinha: a masculina e a feminina.

A **camisinha masculina** em geral é feita de látex. Deve ser colocada com o pênis já ereto, mas antes do início da relação sexual, não apenas no momento da ejaculação.

Observe a maneira correta de colocar a camisinha masculina:

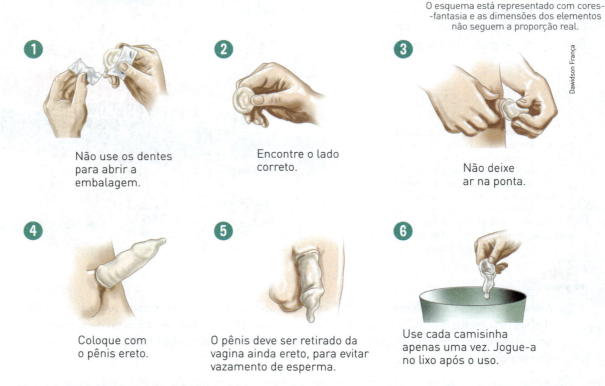

O esquema está representado com cores-fantasia e as dimensões dos elementos não seguem a proporção real.

1. Não use os dentes para abrir a embalagem.
2. Encontre o lado correto.
3. Não deixe ar na ponta.
4. Coloque com o pênis ereto.
5. O pênis deve ser retirado da vagina ainda ereto, para evitar vazamento de esperma.
6. Use cada camisinha apenas uma vez. Jogue-a no lixo após o uso.

Esquema que demonstra a colocação da camisinha masculina.

A **camisinha feminina**, também de látex, tem um anel em cada extremidade. O anel interno é usado para colocar e fixar a camisinha dentro da vagina. O outro fica fora e cobre, parcialmente, a área dos pequenos e grandes lábios. É preciso verificar, assim como na camisinha masculina, o prazo de validade do produto e se a embalagem não foi violada.

A • camisinha feminina
B • Dedo indicador pressionando o anel interno.
C • Dedo ajustando a camisinha feminina no canal vaginal.

anel externo

Esquema que demonstra a colocação da camisinha feminina.

O esquema está representado com cores-fantasia e as dimensões dos elementos não seguem a proporção real.

A camisinha deve ser retirada após a relação sexual. O anel externo deve ser apertado e a camisinha torcida para que o esperma fique dentro da bolsa de látex, enquanto ela é puxada para fora. Após o uso, deve ser descartada.

A camisinha feminina e a masculina são os únicos métodos que previnem ISTs e a gravidez ao mesmo tempo.

Atenção!
Usar duas camisinhas ao mesmo tempo não representa dupla proteção. Ao contrário, aumenta o risco de rompimento da camisinha.

Gravidez: conhecer para evitar

Embora apenas a camisinha ofereça proteção também contra ISTs, há diversos outros métodos para evitar a gravidez. São chamados de métodos **anticoncepcionais** ou **contraceptivos**. Citaremos aqui alguns.

Glossário

Espermicida: substância química capaz de imobilizar e destruir os espermatozoides.

Diafragma

Trata-se de um anel flexível coberto por silicone ou látex que impede a entrada dos espermatozoides no útero. Deve ser colocado dentro da vagina antes da relação sexual e retirado após 12 horas. Para aumentar sua eficácia, é recomendável o uso com um creme **espermicida**. Não é descartável e, após a última relação sexual, deve ser higienizado. O ginecologista é quem pode indicar o tamanho adequado para cada mulher. É contraindicado nos casos de alergia aos materiais ou em caso de infecções no colo do útero ou na vagina.

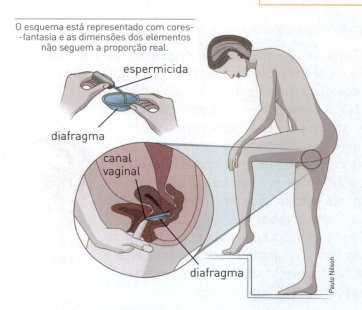

O esquema está representado com cores-fantasia e as dimensões dos elementos não seguem a proporção real.

Esquema que demonstra a colocação do diafragma.

Coito interrompido

Coito é a relação sexual com penetração. O coito interrompido consiste em retirar o pênis da vagina pouco antes da ejaculação. Tem baixíssima eficácia, pois depende totalmente do controle do homem em conter a ejaculação. E, mesmo com o controle, há o risco de engravidar, porque as secreções do pênis na fase de excitação (antes da ejaculação) podem conter espermatozoides vivos, havendo assim possibilidade de fecundação.

Tabelinha

Consiste em evitar relações sexuais (ou usar camisinha) no período fértil, no meio do ciclo, quando o ovócito é liberado pelo ovário e chega às tubas uterinas, podendo ser fecundado. É um pouco menos falho no caso de mulheres com ciclos menstruais regulares; possibilita relações sexuais planejadas e a observação de outras características físicas, como temperatura corporal e espessura do muco cervical.

Cada mulher tem organismo diferenciado e por isso precisa fazer sua própria tabelinha. A imagem a seguir é apenas ilustrativa.

Outubro						
D	S	T	Q	Q	S	S
				①	2	3
4	5	6	7	8	✗	✗
✗	✗	△	✗	✗	✗	17
18	19	20	21	22	23	24
25	26	27	28	㉙	30	31

Novembro						
D	S	T	Q	Q	S	S
1	2	3	4	5	✗	✗
✗	✗	✗	△	✗	✗	14
15	16	17	18	19	20	21
22	23	24	25	㉖	27	28
29	30					

○ 1º dia da menstruação
△ Provável dia da ovulação
✗ Período de maior probabilidade de concepção

Dispositivo intrauterino (DIU)

Trata-se de um pequeno dispositivo de plástico em forma de T, que costuma ser revestido de cobre ou de hormônio progesterona. É implantado no útero da mulher através da vagina pelo médico ginecologista durante uma consulta.

Não havendo contraindicações, após ser implantado pode permanecer no útero por até cinco anos, no caso do DIU hormonal, ou dez anos, no caso do DIU de cobre. Pode ser retirado a qualquer momento pelo médico, caso seja necessário. Oferece mais de 99% de eficácia. Sua ação anticoncepcional se dá de diversas formas, afetando tanto a mobilidade dos espermatozoides quanto inibindo a fecundação e/ou a nidação.

Atenção!
O DIU não dispensa o uso de camisinha porque não previne contra ISTs, apenas evita gravidez.

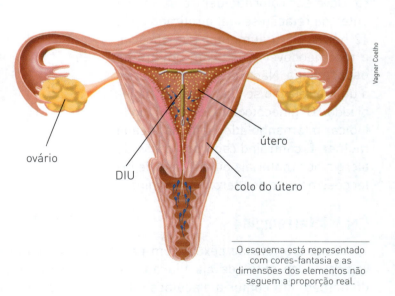

O esquema está representado com cores-fantasia e as dimensões dos elementos não seguem a proporção real.

Representação do funcionamento do DIU dentro do útero.

Pílulas anticoncepcionais

Existem vários tipos de **pílula anticoncepcional** usados pelas mulheres. Essas pílulas (comprimidos) contêm hormônios sintéticos (artificiais) semelhantes aos hormônios femininos que "enganam" o organismo, simulando os níveis hormonais que ocorrem na gravidez. Dessa maneira, a mulher não ovula. É um método eficiente, se for utilizado corretamente. No entanto, nem todas as mulheres podem usá-lo em razão dos efeitos colaterais que ele provoca. Daí a necessidade de recomendação e acompanhamento médico.

Atenção!
A pílula do dia seguinte não deve ser usada como método de rotina! É importante lembrar que essa pílula não é abortiva. Ela não interfere na gravidez já em andamento.

Outros métodos hormonais

- **Injeções mensais ou trimestrais:** liberam doses hormonais com efeito contraceptivo.
- **Implante subdérmico:** microbastão de hormônio que é implantado no antebraço (com anestesia local). Tem efeito por até três anos.
- **Anel vaginal:** colocado na vagina no quinto dia da menstruação. Contém hormônios em seu interior e deve permanecer no local durante três semanas.
- **Adesivo anticoncepcional:** Deve ser colocado na pele no primeiro dia da menstruação e permanecer na mesma posição por sete dias, devendo ser trocado após esse período. Depois de usar três adesivos consecutivos, deve-se fazer um intervalo de sete dias para então colocar um novo adesivo na pele.

A **pílula do dia seguinte** é um método contraceptivo de emergência, ou seja, **só deve ser usada em situações de exceção**, para prevenir uma gravidez não planejada, resultante de uma relação sexual desprotegida, quando nenhum método contraceptivo foi utilizado, quando houve rasgos ou deslizamento da camisinha e em caso de vítimas de abuso sexual.

Contém alto teor de hormônio. Deve ser tomada preferencialmente em dose única, embora exista a possibilidade de ser usada em duas doses, com intervalo de 12 horas, o mais imediatamente possível após a relação sexual desprotegida. A eficácia depende do tempo transcorrido desde a relação sexual até a tomada da pílula, a qual, quando tomada até 24 horas após a relação sexual, é eficaz em 95% dos casos. Os efeitos colaterais mais comuns são náuseas e vômitos. Caso ocorram vômitos até duas horas após sua ingestão, a dose deverá ser repetida.

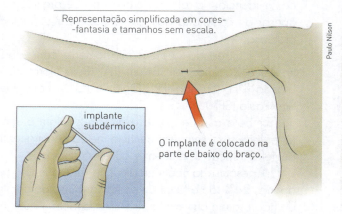

Esquema que demonstra a colocação do implante subdérmico.

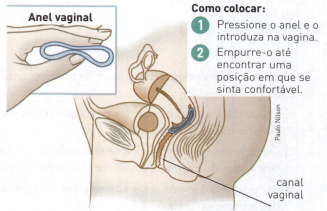

Esquema que demonstra a colocação do anel vaginal.

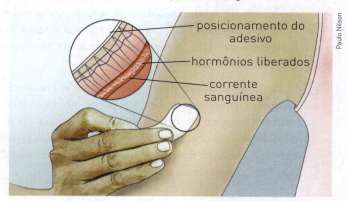

Esquema que demonstra a colocação do adesivo anticoncepcional.

 **Viver**

Jovens sabem prevenir DSTs e gravidez, mas só 31% se protegem

A cada ano, aumentam os números de diagnósticos de DSTs (Doenças Sexualmente Transmissíveis) pela falta do uso de preservativos. Dados do Ministério da Saúde apontam que 40 mil novos casos de DSTs, como HIV, sífilis e hepatites virais, são diagnosticados a cada ano. Além disso, apenas no Brasil, 30% das gestações acontecem sem planejamento, segundo o Instituto Oswaldo Cruz. Os dados evidenciam a falta de prevenção de gravidez e DSTs, apesar de a maioria dos jovens conhecer os métodos de proteção.

[...] O estudo ouviu 2 mil homens, com idades entre 15 e 25 anos, em Belém (PA), Belo Horizonte (MG), Brasília (DF), Curitiba (PR), Goiânia (GO), Porto Alegre (RS), Recife (PE), Salvador (BA), Rio de Janeiro (RJ) e São Paulo (SP).

Camisinhas distribuídas gratuitamente pelo governo.

Embora as doenças e a gravidez sejam preocupação dos brasileiros, 73% dos entrevistados revelaram já ter feito sexo sem usar nenhum método contraceptivo, e isso começa cedo: 53% dos entrevistados tiveram a primeira relação sexual entre 13 e 16 anos.

A pesquisa também mostra que 48% afirmam preferir que suas parceiras tomem pílula anticoncepcional e apenas 24% são a favor de combinar o uso da camisinha com a pílula. Quando questionados sobre os motivos de não usarem camisinha, 16% responderam que "não queriam acabar com a diversão", 12% afirmaram que não tinham camisinha na hora, 11% esqueceram de usar, 10% decidiram arriscar e 9% estavam alcoolizados ou sob uso de drogas. [...]

Disponível em: <https://noticias.r7.com/saude/jovens-sabem-prevenir-dsts-e-gravidez-mas-so-31-se-protegem-27092017>.
Acesso em: 12 jun. 2018.

1. Junte-se com três colegas e registrem no caderno suas opiniões sobre as questões a seguir, para socializar com a turma.
   a) O que pensam sobre os dados do estudo citado no texto? Na opinião de vocês, eles refletem a realidade da maioria dos jovens? Expliquem.
   b) Consideram que recebem informação suficiente sobre a prevenção de gravidez e ISTs? Quais são suas principais fontes de informações referentes a esses temas?
   c) Por que muitos jovens sabem como prevenir-se, mas não adotam medidas adequadas de prevenção à gravidez indesejada ou a ISTs?

2. Com a orientação do professor, organize com a turma uma palestra com a presença de um especialista (médico, agente de saúde, psicólogo, pedagogo ou outro) sobre os temas "Saúde e sexualidade na adolescência" e "Gravidez precoce". Elaborem as perguntas a serem feitas ao palestrante. Dando sequência ao evento, debatam a seguinte questão: "A responsabilidade em relação à prevenção da gravidez deve ser apenas da mulher?". Registrem as conclusões no caderno.

3. O Brasil tem um programa de combate e prevenção à aids que é considerado modelo no mundo inteiro. Procurem conhecer melhor as ações do Ministério da Saúde nesse programa. Se possível, consigam cartazes usados em campanha de prevenção no final dos anos 1980 e mais recentemente (talvez sejam encontrados em postos de saúde ou hospitais da região). Analisem os cartazes e comparem suas mensagens. Elas revelam uma nova maneira de encarar a infecção e sua prevenção? Peçam ajuda ao professor de Língua Portuguesa nesse trabalho.

Atividades

1. Por que a morte de doentes de aids, em geral, é decorrente de doenças infecciosas, como pneumonia?

2. Os casos de aids têm aumentado entre os usuários de drogas injetáveis. Por que isso ocorre?

3. Entre os vários métodos contraceptivos, a camisinha, quando usada corretamente, oferece vantagens em relação à saúde. Por quê?

4. A relação sexual entre um homem e uma mulher é sempre seguida de fecundação? Justifique sua resposta.

5. A tabela a seguir compara a eficiência dos métodos anticoncepcionais mais utilizados.

Método	Nº de casos em que ocorreu gravidez*
1 - Tabela	200
2 - Interrupção do coito antes da ejaculação	160
3 - Camisinha	20
4 - Diafragma com espermicida	20
5 - Ligação das tubas	0,4
6 - Pílula anticoncepcional	0,4
7 - Vasectomia	0,1

(*) Número aproximado de gestações a cada 1 000 mulheres/ano.
Fonte: <www.febrasgo.org.br/media/k2/attachments/15-ANTICONCEPCAO_PARA_ADOLESCENTES.pdf>. Acesso em: 17 out. 2018.

   a) Qual dos métodos da tabela é o menos seguro? Justifique.
   b) Explique em que o método da pílula anticoncepcional diferencia-se dos demais listados na tabela em relação à forma pela qual se evita a gravidez.

6. Foi noticiado:

   Jovens: novos casos de aids caem pela metade em SP

   Há uma década, o número de novos casos de aids em jovens entre 15 e 24 anos na capital paulista era de 13,5 para cada grupo de 100 mil habitantes nessa faixa etária. Em 2008, caiu para 7,3 novos casos para cada grupo de 100 mil. As relações sexuais são responsáveis por 72,6% dos casos de contaminação. [...]

   Disponível em: <http://ultimosegundo.ig.com.br/brasil/sp/jovens-novos-casos-de-aids-caem-pela-metade-em-sp/n1237823440693.html>. Acesso em: 12 jun. 2018.

   Que método contraceptivo também atua na prevenção de ISTs, incluindo a aids?

7. Identifique quais das afirmativas abaixo são corretas e copie-as no caderno. Reescreva as que considerou incorretas, corrigindo-as.
   a) A aids é transmitida apenas por relações sexuais sem uso de preservativo.
   b) A maioria das ISTs pode ser prevenida com o uso de preservativo (camisinha) durante a relação sexual.
   c) As ISTs ocorrem apenas em pessoas que mantêm relações sexuais.
   d) A aids pode ser transmitida pelo contato direto com o portador, como um aperto de mão, ou pelo contato indireto, como o uso dos mesmos pratos, copos e talheres.
   e) A aids é causada pelo vírus HIV, que ataca as células do sistema imunológico, diminuindo a capacidade do organismo de reagir às infecções mais comuns.

Caleidoscópio

O corpo humano – entre o real e o ideal

As representações do nu acompanham toda a história da arte, tanto na escultura quanto na pintura. Mas por que será que a arte grega normalmente nos vem à mente quando o nu artístico é o assunto? Essa nossa referência não ocorre à toa. Na Grécia Antiga, o corpo era o espelho da alma, portanto a arte grega desse período reflete sentimentos e sensações por meio do movimento do corpo representado.

A busca pela perfeição do corpo transpôs, há muito tempo, o campo artístico para fazer parte da sociedade.

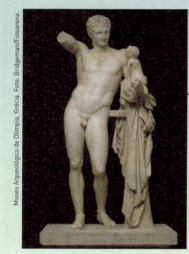

Praxíteles (c.390-c.330 a.C.) *Hermes e o pequeno Dionísio*. Mármore, 2,13 m. Trata-se, provavelmente, de uma cópia do período helenístico (323 a.C.-146 a.C.).

Hermes com o infante Dionísio e **Afrodite de Cnido**, ambas do escultor grego Praxíteles (390-330 a.C.), mostram bem a evolução da representação do corpo humano. O *Hermes* de Praxíteles apresenta a pose em "S", pela qual o escultor foi consagrado. Já com sua *Afrodite* ficou conhecido como o primeiro escultor a retirar o manto que no Período Arcaico envolvia o corpo nu das esculturas femininas.

Há diversas maneiras de cuidar da nossa aparência sem causar danos à saúde, como a prática regular de atividades físicas e a alimentação saudável.

Fontes: International Society of Aesthetic Plastic Surgery (ISAPS). Disponível em: <www.isaps.org/files/html-contents/Downloads/ISAPS%20>. Acesso em: 20 maio 2015; Sociedade Brasileira de Cirurgia Plástica. Disponível em: <www2.cirurgiaplastica.org.br/wp-content/uploads/2012/11/pesquisa2009.pdf>. Acesso em: 6 out. 2018.

Cirurgias plásticas envolvem sérios riscos à saúde. Esses riscos devem ser bem analisados e levados em consideração ao se optar pelo procedimento.

Muitas pessoas buscam o corpo ideal por meio de cirurgias plásticas, que são intervenções delicadas, usadas na reconstrução de partes do corpo humano.

As cirurgias cosméticas mais procuradas no Brasil são as de implante de próteses para o aumento das mamas e a remoção de gordura abdominal por lipoaspiração.

Praxíteles (c.395-c. 330 a.C.). *Afrodite de Cnido*. Mármore, altura de 2,05 m. Cópia romana da escultura original.

1. A busca pela beleza e pelo corpo "ideal" tem acentuado o número de casos de anorexia e bulimia nervosas, distúrbios de autoimagem que provocam alterações comportamentais relacionadas à alimentação (jejum, indução de vômitos, uso de laxantes e moderadores de apetite, excesso de atividades físicas etc.). As vítimas, geralmente mulheres jovens, correm risco de morte.

- Sob a orientação do professor, procure informações sobre esses distúrbios em fontes confiáveis.
- Compartilhe com seus colegas os dados obtidos.
- Debatam o assunto.

Milhares de pessoas no mundo se espelham no padrão de beleza que é exposto exaustivamente em revistas, desfiles de moda e até nas bonecas.

Exercícios moderados e dietas equilibradas são importantes para a saúde do corpo humano. O importante é não exagerar. Afinal, ninguém é (nem precisa ser) perfeito.

Retomar

1 Observe as imagens a seguir.

Elas retratam animais mamíferos e plantas angiospermas. Esses dois grupos de seres vivos têm sucesso adaptativo devido, em parte, a seus mecanismos de reprodução – no caso, a reprodução sexuada.

a) Que vantagens a reprodução sexuada apresenta em relação à reprodução assexuada?
b) Encontramos reprodução assexuada nesses grupos? Explique e exemplifique.
c) Como ocorre a fecundação num mamífero? E numa angiosperma?

2 As alternativas a seguir apresentam exemplos de métodos contraceptivos humanos seguidos do modo como agem. Em qual item a associação está incorreta? Justifique sua resposta.

a) DIU de cobre – inibe a ovulação.
b) Diafragma – impede o encontro de gametas.
c) Camisinha masculina – impede o encontro de gametas.
d) Pílula comum – inibe a ovulação.
e) Anel vaginal – inibe a ovulação.

3 A imagem a seguir retrata um fenômeno importante na natureza.

a) A que fenômeno ela se refere? Ele ocorre da mesma forma em gimnospermas e angiospermas? Explique.
b) Que outros tipos de agente além dos insetos podem realizar esse processo? Pesquise mais informações sobre essa variedade.
c) Qual é sua importância?
d) As características da flor interferem nesse processo? Explique.

4 No período de reprodução das espécies aquáticas estabelece-se o defeso. Durante o defeso, o pescador não pode pescar e, por causa disso, recebe uma ajuda de custo do governo para se manter.

a) Faça uma pesquisa sobre essa situação. Qual é o valor dessa ajuda de custo?
b) Na região onde mora, há pescadores que recebem essa ajuda? Você a considera suficiente para famílias?
c) Quais são os principais peixes e outros "pescados" (moluscos, crustáceos etc.) do Brasil?

5 Os esquemas a seguir representam órgãos do sistema genital humano.

Sistema genital masculino

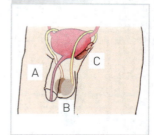

Sistema genital feminino

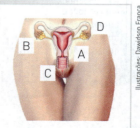

Acerca dos órgãos representados, um estudante fez as observações a seguir.

Sobre o sistema genital masculino
- Em **A**, temos o pênis, por onde sai o esperma na ejaculação.
- Os espermatozoides que acabaram de ser formados ficam armazenados na bexiga.
- **B** indica a abertura da uretra, o canal que, no homem, serve exclusivamente ao sistema urinário.
- Os testículos estão indicados pela letra **C**. Trata-se de glândulas sexuais masculinas que ficam dentro do saco escrotal.

Sobre o sistema genital feminino
- Em **A**, temos o útero, onde o bebê se desenvolve durante a gravidez.
- **B** indica a localização dos ovários, onde ocorre a fecundação.
- Em **C**, temos a vagina, canal que liga o útero ao pudendo feminino.
- Em **D**, indicam-se as tubas uterinas, por onde o ovócito se desloca após a ovulação, rumo ao útero.

Há alguma afirmativa incorreta? Em caso positivo, reescreva-a(s) corrigindo-a(s).

6 O Ministério da Saúde utiliza, no Programa Nacional de Imunizações, um recurso chamado de vacinômetro para monitorar se o público-alvo de determinadas vacinas foi alcançado de forma satisfatória. Cada município/estado lança seus dados e pode compará-los com a média nacional, por exemplo. Esses resultados orientam ações como novas campanhas, propagandas informativas para a população, treinamento de equipes etc.

Veja, na imagem a seguir, o vacinômetro da cidade de Teresina (PI) para a primeira etapa de vacinação contra o HPV, em 2015.

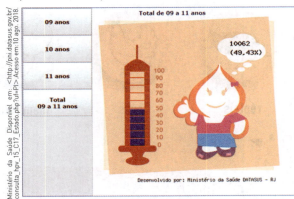

Com base no que estudamos e na pesquisa em outras fontes confiáveis, responda:

a) O que é o HPV? Que doença pode causar no ser humano? Quais são os sintomas?

b) Além da vacinação, como podemos prevenir a contaminação com HPV e suas consequências?

c) Por que até para as meninas/mulheres é importante o fato de meninos também serem vacinados?

d) Consulte o *site* no Ministério da Saúde para ver o vacinômetro de seu estado e município.

7 Forme um grupo com os colegas e, juntos, leiam a notícia a seguir. Depois, façam o que se pede.

Ministério da Saúde promove uso do insumo no Dia Mundial do Preservativo Feminino

[...] a camisinha feminina veio para ficar. "O preservativo feminino é um poderoso insumo de proteção e uma estratégia de prevenção prioritária para o Departamento de DST, Aids e Hepatites Virais do Ministério da Saúde, além de um importante instrumento de fortalecimento da autonomia das mulheres", garante a assessora técnica Elisiane Pasini, da Coordenação de Prevenção e Articulação Social do DDAHV. [...]

O Ministério da Saúde vem distribuindo preservativos femininos desde o ano 2000. Nos últimos anos, a aquisição aumentou de 2 milhões, em 2000, para 50 milhões, em 2014. O preservativo feminino está em todos os serviços de saúde, e é distribuído considerando as necessidades declaradas pelos usuários e pela disponibilidade do insumo nos serviços do Sistema Único de Saúde (SUS). [...]

Ministério da Saúde. Departamento de Ação Básica.
Disponível em: <http://dab.saude.gov.br/portaldab/noticias.php?conteudo=_&cod=2238>. Acesso em: 8 ago. 2018.

a) Pesquisem como foi a distribuição de preservativos nos cinco anos anteriores ao atual e anotem os dados em uma tabela. Com base nela, elaborem um gráfico com título, legenda e fonte das informações.

b) A quantidade distribuída vem aumentando ou diminuindo após 2014?

c) Analisem o gráfico e, com base nas informações do texto, elaborem hipóteses que expliquem os resultados.

Visualização

REPRODUÇÃO

características
- união de gametas
- maior variabilidade genética
- ampla diversidade de organismos

SEXUADA → **Plantas**

 Briófitas

 Pteridófitas

 Gimnospermas

 Angiospermas

Animais
- fecundação externa
- fecundação interna

ser humano

 anfíbios

 peixes ósseos

 peixes cartilaginosos

 répteis

 aves

 mamíferos

Fabio Nienow

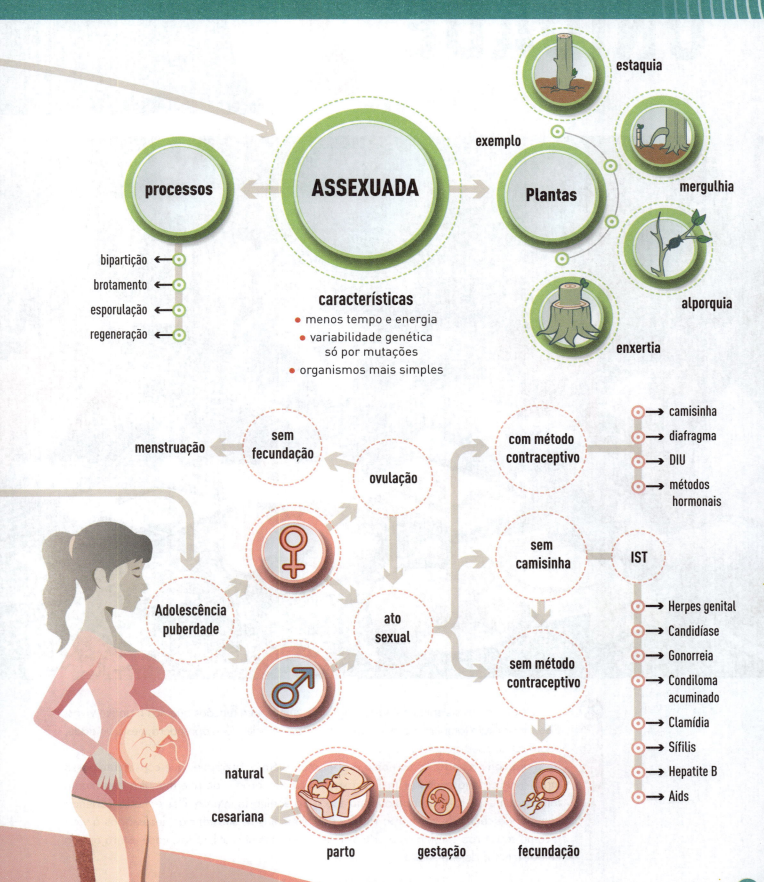

UNIDADE 2

Os alimentos são fonte de energia para nosso corpo.

Antever

Os diferentes sistemas de nosso corpo desempenham funções que nos mantêm vivos. Eles possibilitam também a conservação de nossa espécie. Você aprenderá, nesta unidade, sobre as funções de nutrição.

Para compreender como nosso organismo obtém os nutrientes que conservam nossa vida, é necessário conhecer melhor os sistemas do corpo e de que maneira eles atuam integradamente, favorecendo a manutenção do equilíbrio interno. Desse modo, sabendo como cada célula de seu corpo recebe dos alimentos as substâncias necessárias à vida e como seu corpo elimina os produtos tóxicos e restos não utilizados, você estará apto a cuidar melhor de sua saúde.

Funções de nutrição

1. Como os demais animais, nós, humanos, somos heterótrofos. O que isso significa?

2. Por que os alimentos que ingerimos precisam ser transformados em nosso organismo?

3. Você imagina que relação há entre nutrição, digestão, respiração, circulação sanguínea e excreção?

CAPÍTULO 5

A digestão

Em busca de energia

Obter alimento é certamente uma das primeiras necessidades dos seres vivos e ocupa uma grande parte da vida de todas as espécies.

Com os alimentos, os seres vivos obtêm a matéria-prima e a energia que possibilitam o crescimento, o desenvolvimento e a renovação das células e dos tecidos do organismo.

Só os organismos autótrofos – plantas, algas e algumas bactérias – são capazes de produzir o próprio alimento.

Os animais, entre eles os seres humanos, são organismos heterótrofos, isto é, não produzem o próprio alimento; por isso, dependem de outros seres vivos para se alimentar.

Morcego-beija-flor comendo banana.

zoom — De onde vem a energia para que os músculos e os ossos sustentem o corpo, para você correr, nadar, respirar, sorrir, beijar e estudar Ciências? De onde vem a energia que mantém você vivo?

Besouro-da-batata alimentando-se de folha de batateiro.

Onça-pintada atacando jacaré.

90

Os nutrientes

Os alimentos que ingerimos – feijão, arroz, verdura, ovo, carne etc. – geralmente são constituídos por diversas substâncias: carboidratos, lipídios, proteínas, vitaminas e sais minerais. Essas substâncias – **nutrientes** – são necessárias para **nutrir** o corpo: fornecer a energia que regula suas funções, bem como formar e renovar as células e os tecidos, ou seja, manter o organismo vivo e ativo.

Uma refeição composta de vários tipos de alimentos contém diferentes nutrientes.

Carboidratos

As imagens desta página não estão representadas na mesma proporção.

Exemplos de alimentos que contêm carboidratos.

Os **carboidratos**, ou **glicídios**, são a principal fonte de energia do organismo e são representados pelos **açúcares**.

O **amido**, encontrado em grande parte dos vegetais, como arroz, batata, mandioca, aveia, trigo (e nos alimentos feitos à base de farinhas: pão, bolo, macarrão, biscoitos etc.), entre outros, é formado pela união de muitas moléculas de outro carboidrato – a **glicose**.

Lipídios

Os lipídios são representados pelas gorduras e pelos óleos presentes em várias sementes (do amendoim, do girassol, da soja, do algodão etc.), no coco, na azeitona, no leite integral e seus derivados, no ovo e na gordura da carne. São importantes fontes de energia para o organismo.

Além de reserva energética, as gorduras são constituintes das membranas celulares e, quando acumuladas nas células sob a pele, protegem o corpo de variações térmicas, entre outras funções.

Exemplos de alimentos que contêm lipídios.

Proteínas

Além de desempenharem diversas funções nas células, as proteínas são importantes componentes das estruturas construtivas do organismo, porque participam da composição das membranas celulares, dos mecanismos de movimentos das células e da constituição de unhas, pele, pelos. Formam, ainda:

Exemplos de alimentos ricos em proteínas.

- os anticorpos, que são fundamentais nos mecanismos de defesa do corpo dos seres vivos;
- alguns hormônios, entre eles a insulina, que participa do metabolismo da glicose, regulando sua quantidade no sangue;
- as enzimas, proteínas que atuam acelerando as reações químicas.

As proteínas, ou protídeos, estão presentes, por exemplo, no ovo; nas carnes de boi, porco, aves, peixes; nos derivados do leite; e em vários vegetais, principalmente as leguminosas, como feijão, soja e ervilha, entre outras.

Vitaminas

As vitaminas são substâncias que participam de vários processos no organismo, incluindo os que regulam a liberação de energia que ocorre nas células, bem como várias outras funções no organismo.

Elas são necessárias em quantidades bem menores do que as de proteínas, lipídios e carboidratos.

Uma dieta equilibrada geralmente supre o organismo da quantidade necessária de vitaminas – que é da ordem de miligramas. Suplementos vitamínicos – vitaminas em comprimidos ou cápsulas – são remédios, e como tal devem ser consumidos somente com receita médica. Em excesso, certas vitaminas podem prejudicar o organismo.

No quadro a seguir destacamos algumas vitaminas, suas principais fontes e a importância delas no organismo.

Vitamina	Fontes Alimentares	Importância
A	Leite integral, queijo, manteiga, gema de ovo, pimentão, mamão, abóbora, cenoura e verduras em geral, entre outros alimentos.	É essencial para o crescimento do corpo, auxilia a visão, participa da manutenção do tecido epitelial, que faz parte da pele, e previne infecções.
Complexo B (B1, B2, B6, B12, ácido fólico, entre outras)	Carne vermelha, cereais integrais, leguminosas (feijão, soja, grão-de-bico, lentilha, ervilha etc.), alho, cebola, miúdos (moela, coração etc.), peixes, crustáceos, gema de ovo e leite.	A falta dessas vitaminas pode causar anemia, fraqueza muscular, alterações nos ossos, problemas gastrointestinais, entre outros.
C	Acerola, limão, laranja, abacaxi, caju, mamão, manga, tomate, couve-flor e espinafre.	A falta da vitamina C pode causar alguns distúrbios, como anemia, inflamação das mucosas, enfraquecimento dos vasos capilares sanguíneos, podendo ocorrer sangramento em diversas partes do corpo. Esses são sintomas de uma doença que é denominada **escorbuto**.
D	Óleo de fígado de bacalhau, fígado, leite, manteiga, ovos e peixes.	Possibilita ao organismo a absorção e a utilização do cálcio, importante na composição da estrutura óssea. Atua também no sistema imunológico, no coração, no cérebro. A carência da vitamina D pode causar **raquitismo** – doença caracterizada por fraqueza e má-formação dos ossos.

Por ser essencial na formação da vitamina D, a luz solar das primeiras horas da manhã é recomendada na infância, fase importante na consolidação dos ossos. É também recomendada aos idosos, que geralmente apresentam deficiência de vitamina D.

A vitamina C e todas as do complexo B são solúveis em água. Assim, quando se joga fora a água em que os legumes ou outros vegetais foram cozidos, joga-se fora também parte das vitaminas desses alimentos.

 Ampliar

Alimentos em pratos limpos,
de Egidio Trambaiolli Neto (Scipione).

O autor apresenta, com ilustrações, os alimentos e suas funções nutrientes, relacionando-os diretamente ao dia a dia e aos cuidados com a higiene e a conservação.

Super size me – A dieta do palhaço
EUA, 2004. Direção: Morgan Spurlock, 100 min.

O filme aborda o problema da obesidade nos Estados Unidos de maneira irreverente: o próprio diretor fez uma longa "dieta alimentar" baseada no cardápio de uma rede de *fast-food*.

Sais minerais

Os sais minerais participam de várias estruturas do organismo, constituindo cerca de 4% do peso corporal de uma pessoa adulta. A maior concentração de sais minerais está no esqueleto. Exemplos de sais minerais são o **sódio**, o **potássio**, o **cálcio** e o **ferro**. Eles são encontrados na maioria dos alimentos, como banana, leite e derivados, brócolis, sal (de cozinha) etc.

Cada um deles desempenha importantes funções no organismo, auxiliando nos processos vitais. A falta de ferro (encontrado em feijões, verduras de folhas escuras, carnes etc.) provoca um tipo de anemia. O iodo ajuda a regular a atividade da glândula tireoide. Por determinação do governo, o iodo é adicionado ao sal de cozinha refinado (sal iodado). Já o flúor participa da formação dos dentes e ossos em geral.

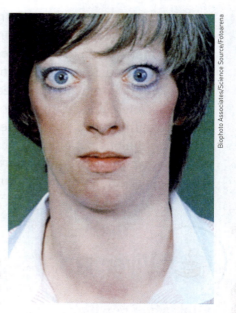

Mulher com início de bócio endêmico (ou "papo", como a doença é popularmente conhecida). A falta de iodo é um dos fatores que provocam essa doença. Outro sinal comum são os olhos saltados, um indício de mau funcionamento da glândula tireoide, que necessita do iodo para normalizar sua atividade.

> Alimentos frescos são mais nutritivos. Verduras, legumes e frutas (e seus sucos) guardados por muito tempo perdem teor nutritivo e a maior parte de suas vitaminas.

As fibras

Fibras são as partes dos vegetais que lhes dão consistência. Estão presentes nas folhas, nos talos e nas camadas externas das sementes, como o trigo e o arroz integral.

Elas não são digeridas nem absorvidas pelo organismo humano, mas contribuem para o bom funcionamento do processo de digestão. Diminuem a absorção de lipídios e os riscos da prisão de ventre e de outras doenças (até mesmo o câncer intestinal), que costumam acometer pessoas que consomem poucas fibras.

Água

A água não é um nutriente. Contudo, ela tem a capacidade de dissolver substâncias nutritivas, desempenhando um papel preponderante na formação, composição e manutenção dos seres vivos.

De fato, ela é a substância mais abundante na composição dos seres vivos, perfazendo mais de 50% do organismo humano adulto. A água faz parte das células e, portanto, dos tecidos, órgãos e sistemas do corpo, além de ser o principal componente do plasma sanguíneo e de outros materiais intercelulares.

Eliminamos a água de nosso corpo pela urina, suor, fezes e respiração (sob a forma de vapor).

Na tabela ao lado, estão indicados os percentuais aproximados de água que compõem o corpo humano nas diferentes etapas da vida.

Porcentagem de água corporal em diferentes fases da vida	
Fase da vida	Quantidade de água
0 a 6 meses	Cerca de 75%
6 meses a 1 ano	Cerca de 60%
1 a 12 anos	Cerca de 60%
12 a 18 anos	Cerca de 58%
19 a 50 anos	Cerca de 55%
Mais de 51 anos	Cerca de 50%

Fonte: Água, Hidratação e Saúde. Sociedade Brasileira de Alimentação e Nutrição, 2016.

Uma classificação para os alimentos

De acordo com o teor de nutrientes que os alimentos contêm, podem ser classificados em:
- **Energéticos:** atuam no fornecimento de energia. São ricos em lipídios e carboidratos.
- **Construtores** (ou **plásticos**): atuam na formação do organismo, ou seja, no crescimento e na reposição de perdas. Exemplos são os alimentos ricos em proteínas.
- **Reguladores:** atuam na regulação das **reações químicas** que acontecem nas células e no material intercelular. Como exemplos, temos os alimentos que são fontes de vitaminas e sais minerais.

Uma alimentação saudável deve fornecer ao organismo, em quantidades necessárias, carboidratos, lipídios, proteínas, vitaminas, sais minerais e água. Além dessa recomendação geral, é necessário ter cuidado com a dieta. Uma forma de garantir alimentação equilibrada é fazer refeições com itens diversificados entre cereais, verduras e carnes, sem comer exageradamente.

Alimentação: o gosto e as necessidades

Embora a ciência tenha acumulado informações significativas sobre nutrição humana, nem sempre os alimentos estão facilmente disponíveis para o consumo em qualidade e quantidade adequadas.

Por isso, é preciso planejar as compras e a conservação dos alimentos, priorizando aqueles necessários para todas as pessoas da casa.

Há o aspecto psicológico. Além de fundamental para o equilíbrio e o cuidado com a saúde, as refeições são um momento de confraternização com a família e o círculo de relacionamentos. Sobre essa relação, leia o texto a seguir.

Alimentação, além do aspecto da saúde

[...]

Uma vez que a alimentação se dá em função do consumo de alimentos e não de nutrientes, uma alimentação saudável deve estar baseada em práticas alimentares que tenham significado social e cultural. Os alimentos têm gosto, cor, forma, aroma e textura e todos esses componentes precisam ser considerados na abordagem nutricional. Os nutrientes são importantes; contudo, os alimentos não podem ser resumidos a veículos deles, pois agregam significações culturais, comportamentais e afetivas singulares que jamais podem ser desprezadas. Portanto, o alimento como fonte de prazer e identidade cultural e familiar também é uma abordagem necessária para a promoção da saúde.

[...]

Jovens fazendo refeição juntos.

Ministério da Saúde. *Guia alimentar para a população brasileira: promovendo a alimentação saudável.* Disponível em: <http://bvsms.saude.gov.br/bvs/publicacoes/guia_alimentar_populacao_brasileira_2008.pdf>. Acesso em: 7 jun. 2018.

Após a leitura, responda às questões a seguir e, depois, compartilhe suas respostas com os colegas.

1. Para decidir o que comer, o que você leva em consideração? Você ajuda a escolher os alimentos comprados em sua casa?
2. Quais de seus hábitos alimentares você considera bons? Por quê?

Saúde em foco

Glúten e doença celíaca

A doença celíaca é uma reação exagerada do sistema imunológico ao glúten, proteína encontrada em cereais como o trigo, o centeio, a cevada e o malte. De origem genética, ela pode causar diarreia, anemia, emagrecimento, osteoporose, câncer e até déficit de crescimento em crianças.

O corpo de quem tem o problema não possui uma enzima responsável por quebrar o glúten. Como a proteína não é processada direito, o sistema imune reage ao acúmulo e ataca a mucosa do intestino delgado. Isso causa lesões e prejudica o funcionamento do órgão. A proporção entre as dimensões das estruturas representadas não é real.

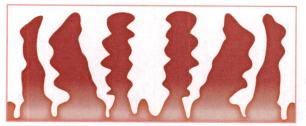
Representação da mucosa do intestino com vilosidades normais.

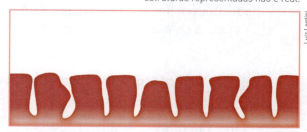
Representação da mucosa do intestino de celíaco.

A doença celíaca costuma dar os primeiros sinais entre o primeiro e o terceiro anos de vida, período em que muitos dos cereais são introduzidos na dieta das crianças. Mas há casos em que o diagnóstico só acontece na fase adulta, quando o indivíduo já apresenta carências nutricionais graves [...].

Sinais e sintomas

Barriga estufada, gases, ânsia de vômito, diarreia, irritabilidade, perda de peso, lesões na pele e queda de cabelo.

Fator de risco

– Predisposição genética: familiares de pacientes celíacos têm maior risco de desenvolver o quadro.

A prevenção

Por ora, não existem maneiras de impedir o aparecimento da doença celíaca. Porém, o histórico familiar pode ajudar no diagnóstico precoce, o que aumenta as chances de adaptar a dieta visando evitar lesões no intestino. [...]

O tratamento

Não existem medicamentos ou procedimentos específicos para tratar a doença celíaca. A única maneira de se livrar dos transtornos e evitar complicações é eliminar todos os produtos com glúten do cardápio. A lista de alimentos que devem ser evitados é extensa. [...]

Um nutricionista ajuda a tirar dúvidas sobre a dieta restritiva e orienta como substituir os itens que não podem entrar na dieta. Farinha de milho, de arroz e de mandioca, por exemplo, estão livres da substância. A lei brasileira ainda obriga que a indústria de alimentos informe no rótulo se aquele produto contém glúten ou não. [...]

Goretti Tenorio e Chloé Pinheiro. *Doença celíaca: sintomas, alimentação, diagnóstico e tratamento*. Disponível em: <https://saude.abril.com.br/medicina/doenca-celiaca-sintomas-alimentacao-diagnostico-e-tratamento>. Acesso em: jun. 2018.

Depois de ler o texto, responda às questões.

1. Por que algumas pessoas desenvolvem a doença celíaca? O que ela causa?
2. O que pode ser feito para controlar a doença celíaca?
3. Pessoas que não têm doença celíaca podem consumir glúten? Explique.

Pontos de vista

Problemas de nutrição: desafios de uma sociedade que sofre com a fome e a obesidade em escala mundial

A fome é uma das principais causadoras de desnutrição no mundo, e ainda hoje é um problema de difícil resolução. Isso nos faz refletir sobre a importância do acesso não só à alimentação como também à alimentação de qualidade. Outros problemas, como a obesidade, podem ser consequência de uma alimentação inadequada.

Leia a seguir duas reportagens sobre o assunto.

[...]

Uns com pouco, outros com sobrepeso

Se de um lado falta comida, do outro sobra. O sobrepeso, segundo os dados divulgados pelo estudo, segue sendo um problema crescente na maioria das regiões do mundo.

Em 2016, se estima que 6% das crianças com menos de 5 anos estavam acima do peso, o que equivale a 41 milhões de crianças. Já em 2005, o número estava em 5,3%.

Mas o problema não é exclusivamente infantil. A obesidade em adultos também segue crescendo em todo o mundo, e representa um importante risco de doenças cardiovasculares, diabetes e alguns tipos de câncer.

A obesidade mundial mais do que dobrou entre 1980 e 2014. Em 2014, 600 milhões a mais de pessoas estavam obesas, o equivalente a 13% da população adulta mundial.

O problema é mais grave na América do Norte, Europa e Oceania, onde 28% dos adultos são obesos, em comparação a 7% na Ásia e 11% na África. Na América Latina e no Caribe, aproximadamente 25% da população adulta é considerada obesa. [...]

Último Segundo. Disponível em: <http://ultimosegundo.ig.com.br/mundo/2017-09-15/fome-no-mundo.html>. Acesso em: 13 jun. 2018.

Má nutrição poderá afetar mais da metade da população mundial até 2030, alerta FAO

Em reunião de ministros dos países do G7, o diretor-geral da Organização das Nações Unidas para a Alimentação e a Agricultura (FAO), José Graziano da Silva, alertou para as múltiplas formas de má nutrição que afetam a população mundial. Atualmente, mais de 2 bilhões de pessoas sofrem de alguma forma de deficiência nutricional e cerca de 1,9 bilhão de indivíduos têm sobrepeso — desses, 600 milhões são obesos.

"Cerca de uma a cada três pessoas no mundo sofre de ao menos uma forma de má nutrição, seja a fome, a carência de **micronutrientes**, o sobrepeso ou a obesidade. A menos que tomemos medidas urgentes e eficazes, mais da metade da população mundial sofrerá no mínimo um tipo de má nutrição até 2030", alertou o dirigente da agência da ONU em encontro com representantes dos Estados Unidos, Canadá, França, Alemanha, Itália, Japão e Reino Unido.

Graziano fez um apelo às lideranças por políticas e investimentos capazes de erradicar os problemas de saúde associados ao consumo inadequado de alimentos.

Transformar os sistemas alimentares para promover dietas saudáveis significa tomar medidas em cada passo da cadeia alimentar, do campo até a mesa. É nossa responsabilidade coletiva garantir que cada habitante desse planeta tenha acesso a alimentos nutritivos, saudáveis e em quantidade suficiente.

A respeito das causas por trás das taxas crescentes de sobrepeso, o dirigente ressaltou o consumo cada vez maior de **comidas processadas**. Para o gestor, governos devem estimular a aquisição e o preparo de alimentos frescos entre os consumidores. 'Felizmente, muitas cidades do mundo têm se tornado cada vez mais conscientes da importância de promover os mercados locais e também os produtos locais frescos', acrescentou".

Organização das Nações Unidas. Disponível em: <https://nacoesunidas.org/ma-nutricao-podera-afetar-mais-da-metade-populacao-mundial-ate-2030-alerta-fao> Acesso em: 11 jun. 2018.

Glossário

Comida processada: alimento modificado industrialmente.

Micronutriente: nutriente necessário para o funcionamento e a manutenção de um organismo.

As imagens desta página não estão representadas na mesma proporção.

Mesmo na correria do dia a dia, é importante que as famílias organizem-se para preparar refeições com alimentos e temperos naturais, que são ricos em nutrientes e garantem uma dieta saudável.

O hábito de comer frequentemente alimentos processados deve mudar. Eles têm alto teor de gordura e açúcar, e baixa variedade de nutrientes, sendo grandes aliados da má nutrição.

Ampliar

O que você precisa saber sobre nutrição, de Alcides Bontempo (Ground).

Em formato de manual, o livro apresenta informações básicas que facilitam a escolha consciente dos alimentos por seu teor nutricional.

Discutam em grupo as questões a seguir.

1. De acordo com o primeiro texto, a obesidade é um problema que pode estar relacionado a diversos problemas de saúde, como doenças vasculares, diabetes e alguns tipos de câncer. Considerando a importância dos nutrientes para o organismo humano, como você acha que o surgimento de doenças pode estar relacionado com problemas de alimentação?

2. Enquanto o primeiro texto inicia contrapondo a fome à obesidade, o segundo aborda essas questões como sendo duas faces do mesmo problema: a má nutrição. Explique por que a obesidade pode ser considerada uma forma de má nutrição. Como é possível combatê-la?

3. O segundo texto chama a atenção para o consumo cada vez maior de alimentos processados (industrializados) pela população. Sabe-se que esses alimentos frequentemente têm pequena variedade de nutrientes, mas são ricos em gordura, açúcar e sal. Um exemplo de alimento processado, muito consumido, são os do tipo *fast-food*.

    Com base em seus conhecimentos e nas informações fornecidas pelos textos, responda:

    Por que, mesmo sendo conhecidos pela baixa variedade de nutrientes, os alimentos processados têm sido cada vez mais consumidos?

97

O sistema digestório

Após uma refeição, os nutrientes dos alimentos devem chegar às células. Entretanto, na maioria das vezes eles não as atingem diretamente: precisam ser transformados para, então, nutrir nosso corpo, pois as células só conseguem absorver moléculas simples. Esse processo de "quebra" das moléculas complexas recebe o nome de **digestão**.

A digestão acontece no **sistema digestório**, formado por um tubo e glândulas anexas.

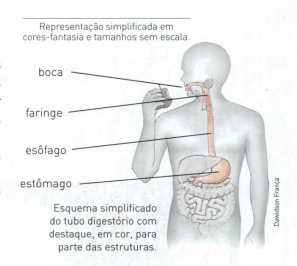

Esquema simplificado do tubo digestório com destaque, em cor, para parte das estruturas.

Tubo digestório

O tubo digestório é composto dos seguintes órgãos: **boca**, **faringe**, **esôfago**, **estômago**, **intestino delgado** e **intestino grosso**.

Boca

A boca é a abertura que conduz os alimentos para dentro do tubo digestório. Nela se encontram a **língua** e os **dentes**, estruturas relacionadas à mistura e à mastigação dos alimentos, respectivamente.

Faringe e esôfago

A **faringe** é uma câmara muscular comum às vias digestórias e às respiratórias, ligando a boca ao esôfago. A faringe empurra o alimento em direção ao esôfago, caracterizando o processo de deglutição.

O **esôfago** é um tubo musculoso que mede cerca de 25 cm, localizado entre a faringe e o estômago. As contrações musculares do esôfago ajudam a empurrar o alimento em direção ao estômago.

Estômago

O estômago é uma dilatação do tubo digestório e tem formato de bolsa. Além de músculos, ele é revestido internamente pela **mucosa**, um tecido que apresenta glândulas produtoras de suco gástrico, composto principalmente de água, muco, enzimas e ácido clorídrico. O ácido clorídrico mantém as condições ideais para a ação das enzimas, além de ajudar a destruir alguns microrganismos dos alimentos.

O estômago comunica-se com o intestino delgado por um orifício musculoso chamado **piloro**.

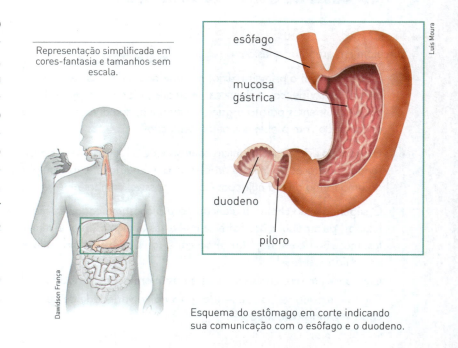

Esquema do estômago em corte indicando sua comunicação com o esôfago e o duodeno.

Intestino delgado

O **intestino delgado** é um tubo com cerca de 2,5 cm de **diâmetro** e 5,5 m de comprimento. Apresenta-se curvado sobre si mesmo, o que lhe possibilita ficar acomodado no **abdome**.

O intestino delgado é composto de três partes:
- o **duodeno**, com cerca de 25 cm de comprimento;
- o **jejuno**, com um pouco mais de 2 m;
- o **íleo**, com aproximadamente 3 m.

Glossário

Diâmetro: parte do segmento de reta interna a um círculo ou esfera, passando por seu centro.

Vilosidade: é uma sinuosidade do tecido que amplia a área de contato.

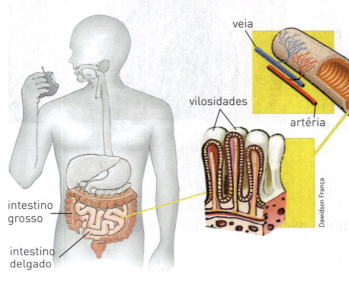

A proporção entre as dimensões das estruturas representadas não é real.

Esquema simplificado do intestino delgado e do intestino grosso que indica em detalhe ampliado as vilosidades do intestino delgado.

Gerard J. Tortora. *Corpo humano: fundamentos de anatomia e fisiologia*. Porto Alegre: Artmed, 2010.

Na parte interna do tubo do intestino delgado, há glândulas que produzem o suco intestinal, ou entérico, assim como minúsculas projeções digitiformes (em forma de dedos) denominadas **vilosidades** intestinais. As vilosidades aumentam a superfície de contato com os nutrientes, favorecendo sua absorção. As células dessas vilosidades também têm outras inúmeras projeções em suas membranas, chamadas microvilosidades.

Modelar

O papel das vilosidades/microvilosidades

Material:
- barbante;
- tesoura com pontas arredondadas;
- régua ou fita métrica.

Procedimentos

1. Utilizando uma tesoura com pontas arredondadas e uma régua ou fita métrica, corte um pedaço de barbante com cerca de 20 cm de comprimento e outro com mais de 1 m.
2. Deixe o primeiro pedaço (o de 20 cm) em linha reta; no segundo pedaço, faça voltas semelhantes à forma das vilosidades/microvilosidades até que ocupe o espaço de 20 cm.

Agora, responda:

1. O que essa atividade demonstra em relação à função das microvilosidades?

Intestino grosso

O **intestino grosso** mede cerca de 1,5 m de comprimento e 6 cm de diâmetro.

Ele é composto de três partes principais:
- **ceco**, que tem a forma de um saco com cerca de 6 cm;
- **colo**, que constitui sua maior parte;
- **reto**, que é o final do intestino grosso; termina com o canal anal, que se comunica com o exterior por meio da abertura denominada **ânus**.

O **esfíncter** é um músculo localizado ao redor do ânus, que controla a passagem das fezes.

O **apêndice** está localizado na primeira porção do intestino grosso. Ele não tem função digestiva. Apresenta, no entanto, tecidos produtores de células que atuam na defesa do organismo.

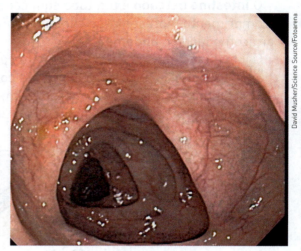

Imagens do intestino grosso (colo) obtidas por meio da colonoscopia, exame que possibilita a visualização da mucosa intestinal.

Glândulas anexas

As glândulas anexas – as **salivares**, o **fígado** e o **pâncreas** –, ligadas ao tubo digestório, produzem substâncias imprescindíveis à digestão.

Glândulas salivares

As glândulas salivares, anexas à boca, produzem a saliva, um líquido composto principalmente de água, além de muco e algumas enzimas. Uma vez produzida, ela é conduzida por canais até a cavidade bucal. Existem três pares de glândulas salivares: **parótidas**, **submandibulares** e **sublinguais**.

Fígado

O fígado, situado na cavidade abdominal, é a maior glândula do corpo humano. Produz a **bile**, que é armazenada na **vesícula biliar** e conduzida ao duodeno por meio de um canal denominado **ducto colédoco**. O fígado também armazena e sintetiza nutrientes e neutraliza substâncias tóxicas ao organismo.

Pâncreas

O pâncreas, da mesma forma que o fígado, situa-se na cavidade abdominal, mais à esquerda do estômago, junto aos intestinos. Ele exerce funções importantes, como a produção do **suco pancreático**, que atua na digestão. O pâncreas produz também hormônios como a insulina, responsável por regular a quantidade de glicose (açúcar) no sangue.

Representação simplificada em cores-fantasia e tamanhos sem escala.

Esquema das glândulas anexas ao tubo digestório.

Digestão

A digestão humana é extracelular, isto é, ocorre fora das células. A transformação dos alimentos realiza-se no interior do tubo digestório por meio de dois tipos de processos: **físicos** (ou **mecânicos**) e **químicos**.

- Durante os processos físicos, ocorrem a trituração e a redução dos alimentos, sem que haja transformação de uma substância em outra. A digestão mecânica é feita por meio da mastigação, da deglutição (o ato de engolir) e pelos movimentos que acontecem no tubo digestório, denominados **peristálticos**.
- Nos processos químicos ocorrem reações, nas quais as **moléculas** dos alimentos são decompostas em outras mais simples ou transformadas. Esse processo é mediado pelas **enzimas** dos sucos digestivos.

Para que possam ser absorvidos pelo organismo, quase todos os tipos de alimento devem passar por uma série de transformações digestivas, ou seja, pelo processo de simplificação de moléculas complexas. Isso é essencial, pois, para serem nutridas, as células só conseguem absorver moléculas bem simples.

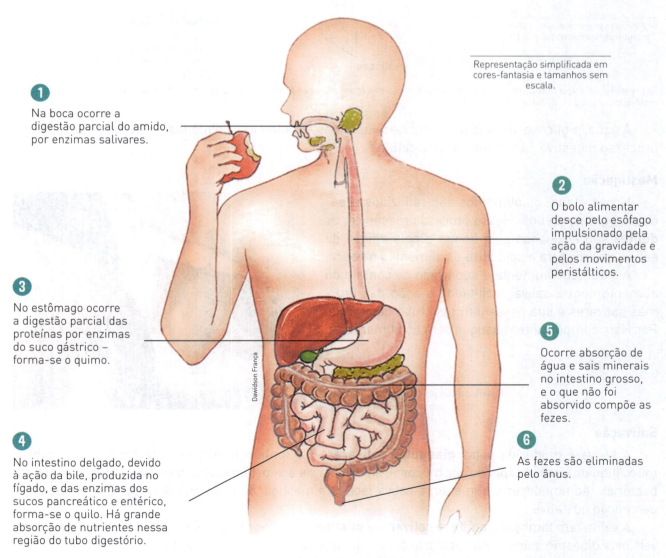

Representação simplificada em cores-fantasia e tamanhos sem escala.

1 Na boca ocorre a digestão parcial do amido, por enzimas salivares.

2 O bolo alimentar desce pelo esôfago impulsionado pela ação da gravidade e pelos movimentos peristálticos.

3 No estômago ocorre a digestão parcial das proteínas por enzimas do suco gástrico – forma-se o quimo.

4 No intestino delgado, devido à ação da bile, produzida no fígado, e das enzimas dos sucos pancreático e entérico, forma-se o quilo. Há grande absorção de nutrientes nessa região do tubo digestório.

5 Ocorre absorção de água e sais minerais no intestino grosso, e o que não foi absorvido compõe as fezes.

6 As fezes são eliminadas pelo ânus.

Esquema simplificado do processo digestivo humano.

Etapas da digestão humana

Digestão na boca

O processo digestivo inicia-se na boca, onde os alimentos são mastigados pelos dentes e sofrem a ação química da saliva.

Observe a seguir um esquema que representa a digestão química, que transforma moléculas complexas em moléculas simples. Por exemplo, o amido é "quebrado" primeiramente em maltose (na boca e no intestino) e depois em glicose (no intestino).

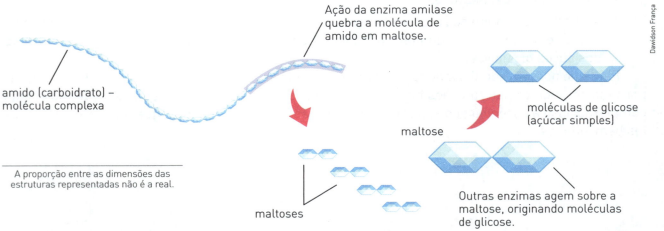

A proporção entre as dimensões das estruturas representadas não é a real.

Representação esquemática do processo de simplificação das moléculas por meio das ações químicas da digestão. Nesse exemplo, uma molécula de amido é decomposta.

A água, a glicose, os sais minerais e as vitaminas – moléculas pequenas – não precisam sofrer o processo digestivo para penetrar nas células.

Mastigação

Nessa etapa, os alimentos são reduzidos a pedaços bem pequenos. Nesse processo mecânico, os **dentes** são auxiliados pela língua e pela adição de saliva, que mistura e solubiliza os alimentos na boca.

A trituração aumenta a superfície de contato do alimento com a saliva, facilitando a ação das enzimas salivares e sua passagem pelo tubo digestório. Por isso, é importante mastigar bem os alimentos.

Nossos dentes participam da mastigação, processo inicial da digestão.

Salivação

A saliva é produzida pelas **glândulas salivares**. Ela contém principalmente água, mas também muco (líquido viscoso expelido por mucosa), sais minerais e substâncias bactericidas, isto é, que matam bactérias. Ao umedecer o alimento, a saliva facilita a mastigação e, ao dissolver parte dele, facilita a percepção gustativa.

A saliva tem também a **amilase salivar**, ou **ptialina**. A amilase salivar é uma das enzimas responsáveis pela digestão química na boca, isto é, ela "quebra" as moléculas do amido, relativamente grandes, transformando-as em moléculas menores. Contudo, ainda não ocorre a digestão total do carboidrato.

Saúde em foco

Saúde dos dentes

Algumas bactérias atuam no açúcar dos restos de alimentos que ficam nos dentes. A decomposição dos resíduos alimentares produz substâncias ácidas. Esse ácido pode corroer o material que forma os dentes, provocando o surgimento de cavidades por onde os microrganismos atacam.

A cárie, quando chega à polpa dentária, atingindo os terminais nervosos, provoca dores intensas e, se não tratada em tempo, pode causar a perda do dente e até complicações maiores.

Se as bactérias estiverem em ambiente propício, ou seja, com muito açúcar, elas se multiplicarão a ponto de formar placas grudadas nos dentes, denominadas **placas bacterianas**.

Para **evitar a cárie dentária**, algumas práticas são fundamentais, como:

- cuidar da higiene dos dentes – escová-los após as refeições e utilizar o fio dental;
- trocar a escova de dentes periodicamente, no mínimo de dois em dois meses, como recomendam os dentistas, pois nela ficam acumulados resíduos e bactérias;
- evitar o consumo de açúcar, isto é, doces, refrigerantes etc. entre as refeições e, se o fizer, escovar os dentes imediatamente;
- consultar o dentista regularmente, no mínimo uma vez ao ano, para fazer uma revisão e uma limpeza mais completa dos dentes, aplicar flúor ou realizar o tratamento que for necessário.

As cáries, quando detectadas na primeira fase, são mais fáceis de remover.

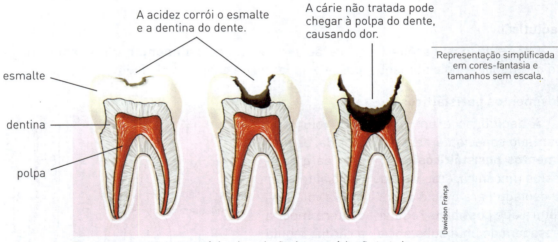

Esquema que representa estágios de evolução de uma cárie não tratada.

Leia o texto e responda: em grupo

1. Pesquisem sobre os terceiros molares permanentes, também conhecidos como dentes de siso. Todos possuem esses dentes? Por que algumas pessoas precisam extraí-los? Explique.

2. Que tal fazer uma maquete de um dente ilustrando suas partes e a evolução de uma cárie? Organizem-se em grupos, usem a criatividade na escolha dos materiais e combinem com o professor como expor os trabalhos produzidos.

3. Obtenham mais informações sobre a saúde bucal e organizem uma cartilha ou folheto com ilustrações feitas por vocês para distribuir na escola e comunidade. Atentem para a clareza e correção na linguagem e conteúdo informativo. Lembrem-se de incluir informações para as diferentes faixas etárias (de crianças a idosos).

Mastigação e salivação

Material:
- 2 biscoitos de amido de milho;
- 2 pires (ou outro recipiente);
- água.

Procedimentos
1. Triture bem somente um biscoito e coloque-o em um pires.
2. Coloque o outro biscoito, inteiro, no outro pires.
3. Derrame igual quantidade de água nos dois pires e observe o que ocorre.

Responda às questões a seguir.

❶ Qual biscoito se dissolveu primeiro? Por quê?

❷ Relacione esse fato com a mastigação e a salivação.

Da boca para o estômago

Deglutição

Depois da mastigação e da salivação, forma-se o **bolo alimentar**, que é, então, deglutido. Após o ato de engolir, o bolo alimentar passa pela faringe e chega ao esôfago.

Movimentos peristálticos

A deglutição é um movimento voluntário realizado conscientemente. A partir daí os **movimentos peristálticos** contribuem para a digestão mecânica, empurrando o bolo alimentar do esôfago para o estômago. Uma válvula (estrutura que possibilita regular ou interromper a passagem de uma substância), a cárdia, regula essa passagem de alimento.

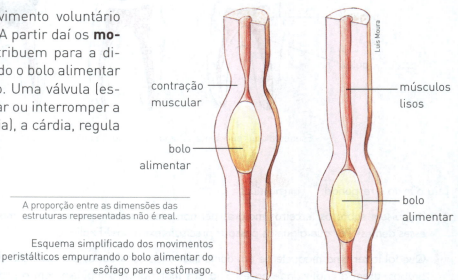

A proporção entre as dimensões das estruturas representadas não é real.

Esquema simplificado dos movimentos peristálticos empurrando o bolo alimentar do esôfago para o estômago.

Os movimentos peristálticos são contrações progressivas dos músculos lisos situados no esôfago, no estômago e nos intestinos (onde são mais intensos) que conduzem o bolo alimentar pelo tubo digestório. Além de empurrar o alimento, também promovem sua mistura com as enzimas digestivas.

Esses movimentos são involuntários, isto é, independem de nossa vontade.

Observar

Movimentos peristálticos

Material:
- meia-calça;
- bolinha de borracha;
- 1 fruta (lavada) pronta para o consumo.

Procedimentos
1. Mastigue e engula um pedaço de fruta.
2. Coloque delicadamente a mão sobre a garganta no momento da deglutição (ao engolir).
3. Depois disso, coloque a bolinha dentro da meia-calça e faça movimentos para que esta vá deslizando e descendo.

Agora, responda: no caderno

1. Que relação podemos fazer entre a bolinha dentro da meia-calça e a fruta após a deglutição em seu tubo digestório?

Digestão no estômago

No estômago, os movimentos peristálticos misturam o bolo alimentar ao suco **gástrico**, produzido pelas glândulas da mucosa. Esse suco contém ácido clorídrico, que mantém a **acidez estomacal**, ativando as enzimas do estômago.

A **pepsina**, principal enzima do estômago, atua na transformação das proteínas, iniciando sua digestão química, que continuará no intestino delgado.

Glossário

Acidez estomacal: estado normal e propício para as atividades do estômago, em função da presença do ácido clorídrico.
Gástrico: relativo ao estômago.
Quimo: palavra de origem grega que significa "suco".

Esquema simplificado que representa a ação específica da pepsina sobre uma proteína.

Representação simplificada em cores-fantasia.

O suco alimentar resultante da digestão gástrica é chamado **quimo**; por isso, ela também é denominada quimificação.

Por meio de outra válvula – o **piloro** – é regulada a passagem do quimo para o intestino.

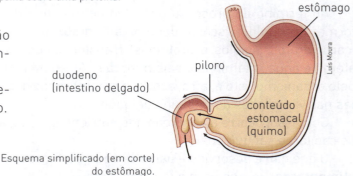

Esquema simplificado (em corte) do estômago.

Digestão no intestino delgado

No intestino delgado acontece a maior parte da digestão dos nutrientes, bem como sua **absorção**, ou seja, a assimilação das substâncias nutritivas.

Nesse processo ocorre a ação das secreções descritas a seguir.

- **Bile** – secreção do fígado armazenada na **vesícula biliar**. Ela é lançada ao duodeno por meio de um canal e não contém enzimas digestivas; mas os sais biliares emulsionam a gordura, isto é, separam as gorduras em partículas microscópicas, funcionando de modo semelhante a um detergente – isso facilita a ação das enzimas pancreáticas sobre os lipídios.
- **Suco pancreático** – é produzido pelo pâncreas. Apresenta várias enzimas que atuam na digestão das proteínas, dos carboidratos e dos lipídios.
- **Suco entérico** – é produzido pela mucosa intestinal. Apresenta enzimas que atuam na transformação, entre outras substâncias, das proteínas e dos carboidratos.

A digestão continua no jejuno e no íleo.

O processo químico da digestão ocorre em vários locais do tubo digestório, pela ação de diversas enzimas. Observe na tabela abaixo as seguintes associações:

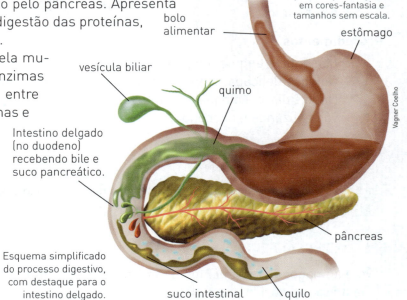

Esquema simplificado do processo digestivo, com destaque para o intestino delgado.

Representação simplificada em cores-fantasia e tamanhos sem escala.

Local de ação	Enzima	Substrato (onde atua)	Classe química
boca	amilase salivar	amido	carboidrato
estômago	pepsina	proteína	proteína
duodeno (intestino delgado)	maltase	maltose	carboidrato
	sacarase	sacarose	carboidrato
	lactase	lactose	carboidrato
	amilase pancreática	amido	carboidrato
	lipase pancreática	lipídios	lipídio
	lipase entérica	lipídios	lipídio

O destino dos alimentos

Ao término do processo digestivo no intestino delgado, o conjunto de substâncias resultantes forma um líquido viscoso, denominado **quilo**, produto da digestão, e constituído pelos nutrientes (carboidratos, lipídios e proteínas) transformados em suas unidades moleculares bem menores, além de água, vitaminas e sais minerais. As substâncias que formam o quilo podem ser absorvidas pelo organismo, isto é, atravessam as membranas das células intestinais (microvilosidades), presentes nas vilosidades do intestino delgado.

Com isso, ocorre a absorção dos nutrientes, ou seja, a passagem das substâncias nutritivas para os capilares sanguíneos.

O que não é absorvido – parte da água e a massa alimentar, formada principalmente pelas **fibras alimentares** – passa para o intestino grosso.

Digestão no intestino grosso

O intestino grosso absorve parte da água e dos sais minerais que ainda restam do quilo, transferindo-os, então, para a circulação sanguínea, para que sejam distribuídos até as células.

Algumas bactérias intestinais realizam **fermentação** utilizando resíduos de alimentos e produzem vitaminas (a vitamina K e algumas vitaminas do complexo B), que são aproveitadas pelo organismo.

Nessas atividades, há liberação de gases – parte deles é absorvida pelas paredes intestinais e outra é eliminada pelo ânus. O material que não foi digerido – as fibras, por exemplo – forma as fezes.

Glossário

Fermentação: obtenção de energia proveniente da transformação química a que são submetidas certas substâncias dentro de microrganismos como fungos e bactérias. Um exemplo de fermentação é a obtenção de energia da quebra do açúcar da cana em álcool.

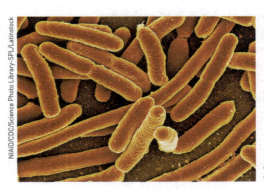

Para diagnóstico, tratamento ou ações preventivas de doenças deve-se consultar um especialista em saúde (médico, dentista etc.). A automedicação pode ser muito perigosa e até fatal.

Escherichia coli (ampliada 7 000 vezes), bactéria que faz parte da microbiota intestinal.

Observar

O papel da bile na digestão

Material:

- 2 copos;
- óleo de cozinha;
- detergente;
- água.

Procedimentos

1. Despeje água nos copos até a metade.
2. Coloque uma colher de sopa de óleo em cada um deles.
3. Em apenas um dos copos acrescente uma colher de sopa de detergente e misture bem.
4. Observe o que ocorre em cada copo e anote no caderno.

Responda às questões a seguir.

1. O que você observa no copo com água e óleo apenas?
2. O que você observa no copo com água, óleo e detergente?
3. Qual foi a ação do detergente na mistura?
4. A ação do detergente nesse experimento pode ser comparada à da bile na digestão? Por quê?

Saúde em foco

Colesterol

Embora muitas pessoas achem o colesterol uma substância maléfica, ele é primordial para o funcionamento do corpo humano. Para isso, no entanto, seus níveis devem estar sempre controlados. Confira, abaixo, 10 coisas que você precisa saber sobre colesterol.

1. **Colesterol é necessário ao organismo** - O colesterol é um tipo de gordura que faz parte da estrutura das células do cérebro, nervos, músculos, pele, fígado, intestinos e coração. Ele é essencial para o funcionamento destas células. É importante para a formação de hormônios de vitamina D e até ácidos biliares, que ajudam na digestão das gorduras da alimentação.

2. **O excesso de colesterol ruim é que causa infarto e AVC (Acidente Vascular Cerebral)** - O colesterol no sangue circula ligado a lipoproteínas chamadas de colesterol bom (HDL) e colesterol ruim (LDL). O excesso de LDL é que está associado às doenças cardíacas. O excesso de colesterol bom (HDL), por outro lado, até protege das doenças cardíacas. Por isso, quando medimos o colesterol total no sangue, precisamos sempre saber o quanto se deve ao colesterol bom e o quanto se deve ao ruim. Só o ruim precisa ser tratado.

3. **O excesso de colesterol ocorre por fatores genéticos e alimentares** - Cerca de 70% do colesterol no sangue vem do fígado e apenas 30% vêm da alimentação. Depois de passar pela circulação sanguínea, o colesterol precisa ser removido novamente pelo fígado para formar bile. Os níveis de colesterol no sangue dependem, portanto, principalmente da capacidade do fígado em removê-lo. Isso varia de pessoa para pessoa.

4. **Pessoas magras podem ter colesterol alto** - É importante saber que ter excesso de peso não significa ter colesterol alto. Pessoas magras também têm colesterol alto. Isso porque os níveis de colesterol no sangue dependem muito mais da taxa de remoção do colesterol pelo fígado, que é genética. Se você tem um parente de primeiro grau (por exemplo: pai, mãe, irmãos) com colesterol alto, sua chance de ter colesterol alto é maior.

5. **O colesterol ruim forma placa de ateroma** - O excesso de LDL (colesterol ruim) causa doenças vasculares porque se deposita, sem dar sintomas, na parede interna das artérias e gradualmente vai formando uma placa chamada ateroma. Estes ateromas vão obstruindo gradualmente as artérias e podem acabar causando Infarto agudo do miocárdio e AVC.

6. **Importante controlar os outros fatores de risco** - [...] Além dos níveis de LDL, é preciso controlar a glicose, a pressão, parar de fumar e reduzir o peso, quando excessivo.

7. **É importante o estilo de vida saudável** - O estilo de vida é muito importante na redução do risco de infarto e AVC. Evitar o sedentarismo, evitar comer alimentos com gordura saturada e evitar fumar são medidas importantes a serem seguidas. Os alimentos que mais aumentam o colesterol são a gema dos ovos, o bacon, a pele das aves, a manteiga, o creme de leite, a nata, as frituras, as salsichas, embutidos e carnes.

8. **Todos acima de 10 anos devem dosar o colesterol** - Todos os adultos e crianças acima de 10 anos devem dosar o colesterol e suas frações pelo menos uma vez. Se elevados, deve-se consultar um endocrinologista para definir o risco cardiovascular individual e planejar um tratamento adequado.

9. **O tratamento é preventivo e permanente** - O tratamento do colesterol deve ser preventivo e para a vida toda. O objetivo é reduzir o risco cardiovascular. [...] Na verdade não se busca uma cura e sim um controle que pode ser feito por medidas de estilo de vida ou medicamentos.

10. **O tratamento reduz mortalidade** - As estatinas são as medicações mais importantes no controle do colesterol. O tratamento adequado reduz a mortalidade. A cada 40 mg/dL de colesterol LDL reduzido, a mortalidade por infarto se reduz em 20%. Portanto, quanto mais alto o colesterol, mais importante é o tratamento.

Sociedade Brasileira de Endocrinologia e Metabologia (Sbem).
Disponível em: <www.endocrino.org.br/10-coisas-que-voce-precisa-saber-sobre-o-colesterol>. Acesso em: jun. 2018.

---

1. Em outras fontes, pesquise informações sobre a importância do controle do colesterol e, com a ajuda do professor:
   - organize um mural com o material obtido pela turma;
   - elabore com os colegas uma cartilha com linguagem acessível para informar a comunidade;
   - convide profissionais da área da saúde para uma entrevista, palestra ou debate na escola;
   - divulgue o resultado no mural ou jornal da escola.

Conviver

Informações nutricionais no rótulo

Rótulo de alimento com as informações nutricionais.

As embalagens de alimentos e bebidas trazem informações nutricionais sobre o produto. Essas informações são obrigatórias e incluem a quantidade de cada nutriente por porção e o quanto isso representa em relação à necessidade diária média de um adulto saudável. Por ser um valor médio, ele varia de acordo com a idade, o sexo biológico, o tipo físico e os hábitos de vida de cada pessoa.

Entre os itens representados nas embalagens estão: valor calórico, carboidratos, proteínas, gordura total, fibras alimentares e sais minerais. Tais dados permitem comparar diferentes produtos e controlar a ingestão de nutrientes.

Reúna-se em grupo com os colegas e façam uma pequena coleção de embalagens de alimentos com as informações nutricionais. Se possível, incluam algumas embalagens da linha dietética.

1. Comparem as informações nutricionais de diversos produtos alimentares.
2. Anotem no caderno o nome dos produtos que apresentam maior quantidade de glicídios, proteínas, lipídios e vitaminas.
3. Sob a orientação do professor, organizem as informações em gráficos ou tabelas.

Com base nos resultados, respondam às questões a seguir.

1. Quais produtos alimentícios devem constar em menor quantidade em uma dieta para emagrecimento? Por quê?
2. E quais devem constar na dieta de quem está em crescimento e precisa "reforçar" os ossos?
3. Façam uma pesquisa sobre anorexia e bulimia. Depois, discutam suas impressões em relação ao tema.

zoom

Para viver, crescer e manter o organismo saudável, precisamos consumir alimentos. Mas o que acontece com a carne, a verdura e a fruta depois que as ingerimos? Como os nutrientes dos alimentos chegam às células de nosso corpo?

 Ampliar

Muito além do peso

Brasil, 2012. Direção: Estela Renner, 84 min.

Parte significativa das crianças brasileiras sofre de obesidade, correndo riscos de apresentar doenças antes restritas aos adultos, como depressão, diabetes e problemas cardiovasculares. O documentário aborda esse tema, principalmente no Brasil, mas também em outros países, entrevistando crianças e seus familiares, representantes das escolas, autoridades governamentais e responsáveis pela publicidade de alimentos.

Atividades

1. Carboidratos ou glicídios são os nutrientes que as células utilizam, preferencialmente, na produção de energia. Como os animais obtêm esse tipo de nutriente?

2. Na lanchonete de um colégio, o movimento é intenso pela manhã. O que mais sai é a oferta do mês.

Analise a refeição da imagem a seguir.

a) Qual é a composição nutritiva básica dessa refeição?

b) Embora atraente para a maioria dos adolescentes, essa refeição não é adequada no que se refere ao valor nutritivo. Você concorda com essa afirmação? Justifique sua resposta.

3. Os médicos recomendam, principalmente para as crianças, a exposição à luz do Sol por cerca de 40 minutos nas primeiras horas da manhã ou à tarde. Por quê?

4. Com o objetivo de apresentar informações nutricionais de forma mais compreensível para a população em geral, o Departamento de Agricultura dos Estados Unidos criou, em 2011, um gráfico alimentar denominado *MyPlate* (em português, MeuPrato). Em um prato, imagem familiar para a maioria das pessoas, estão dispostos os tipos de alimentos que compõem uma dieta saudável, ocupando áreas proporcionais à quantidade recomendada de consumo de cada um deles.

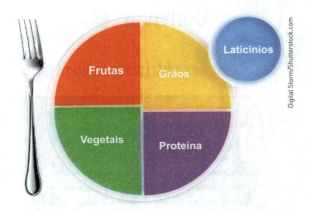

a) O que representa o círculo menor ao lado do prato?

b) Quais alimentos você colocaria na parte que indica os ricos em proteínas?

c) Arrume um prato com alimentos separados nos respectivos grupos de nutrientes, reproduzindo o gráfico *MyPlate*.

5. Para absorvermos os nutrientes necessários ao funcionamento de nosso organismo, os alimentos ingeridos passam pela digestão, mas isso não ocorre com todos os nutrientes. Alguns não precisam da digestão para serem absorvidos, e outros não conseguem ser digeridos pelo organismo. Cite exemplos desses casos e explique a importância desses nutrientes em nossa alimentação.

6. Cite o nome e a importância das glândulas anexas destacadas na imagem.

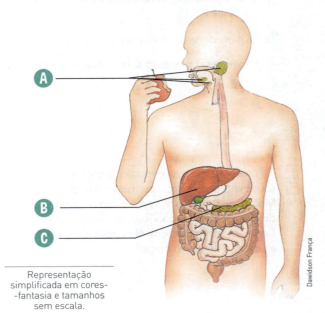

Representação simplificada em cores-fantasia e tamanhos sem escala.

7 Explique porque uma boa mastigação é importante para a digestão adequada dos alimentos.

8 Em linhas gerais, o que ocorre no processo de digestão?

9 Paulo comprou um pacote de biscoito. Na embalagem, constavam as seguintes informações nutricionais:

INFORMAÇÃO NUTRICIONAL		
Porção de 30 g (5 unidades)		
	Quantidade por porção	(*) % VD
Valor energético	156 kcal = 655 kJ	8
Carboidratos	18 g	6
Proteínas	2,0 g	3
Gorduras totais	8,4 g	15
Gorduras saturadas	4,6 g	21
Gordura *trans*	0 g	**
Fibra alimentar	1,0 g	4
Sódio	62 mg	3

(*) % Valores Diários de referência com base em uma dieta de 2.000 kcal ou 8400 kJ. Seus valores diários podem ser maiores ou menores dependendo de suas necessidades energéticas. ** VD não estabelecido.

Dos componentes da lista da tabela nutricional do biscoito, quais deles:

a) precisam passar pelo processo digestivo para serem levados às células?

b) não precisam ser digeridos para entrar nas células?

c) o organismo humano não digere, transformando-os em fezes?

10 A digestão se realiza por dois tipos de processo: o mecânico e o químico. Em que consiste o processo da digestão química?

11 Existem vários tipos de enzimas e cada uma delas tem uma função específica. Qual é a principal enzima produzida no estômago e sobre qual nutriente ela atua?

12 Quais sucos atuam nas transformações dos nutrientes no intestino delgado? E quais órgãos os produzem?

13 A bile, suco produzido no fígado, não apresenta enzima digestiva; todavia, ela é muito importante no processo digestivo. Explique por quê.

14 As células da mucosa intestinal apresentam inúmeras dobras (vilosidades). Que vantagem essas dobras oferecem ao trabalho intestinal?

15 As fibras, encontradas em alimentos como aveia, verduras e frutas, apresentam celulose, um tipo de carboidrato que o organismo não consegue digerir. Então, qual é a importância das fibras no processo digestivo?

16 (Enem 2010) Para explicar a absorção de nutrientes, bem como a função das microvilosidades das membranas das células que revestem as paredes internas do intestino delgado, um estudante realizou o seguinte experimento:

Colocou 200 mL de água em dois recipientes. No primeiro recipiente, mergulhou, por 5 segundos, um pedaço de papel liso, como na FIGURA 1; no segundo recipiente, fez o mesmo com um pedaço de papel com dobras simulando as microvilosidades, conforme FIGURA 2. Os dados obtidos foram: a quantidade de água absorvida pelo papel liso foi de 8 mL, enquanto pelo papel dobrado foi de 12 mL.

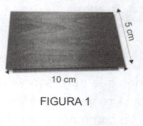

FIGURA 1

FIGURA 2

Com base nos dados obtidos, infere-se que a função das microvilosidades intestinais com relação à absorção de nutrientes pelas células das paredes internas do intestino é a de:

a) manter o volume de absorção.

b) aumentar a superfície de absorção.

c) diminuir a velocidade de absorção.

d) aumentar o tempo da absorção.

e) manter a seletividade na absorção.

CAPÍTULO 6

A respiração

Nós, seres humanos, respiramos o gás oxigênio do ar.

Sabemos que para sobreviver, além dos nutrientes e da água, precisamos do gás oxigênio, que obtemos pela respiração. Mas qual é a função do oxigênio no corpo? Qual é a sua relação com os nutrientes? E como nós o utilizamos?

Sejam plantas, sejam bactérias, sejam animais, todos os seres vivos necessitam da respiração para seu metabolismo, e a maioria utiliza o oxigênio para obter energia. Os mamíferos, como o ser humano e os golfinhos, apresentam respiração pulmonar; os peixes retiram o ar dissolvido na água por meio de brânquias; e a maioria dos anfíbios tem respiração cutânea, além da pulmonar.

Para nós e para outros seres, a respiração é o sinal mais evidente de que estamos vivos. O primeiro choro do bebê, logo após o nascimento, ativa o sistema respiratório para toda a vida. Essa atividade não pode parar; caso isso ocorra por mais de alguns minutos, podemos morrer.

Neste capítulo estudaremos o papel do gás oxigênio em nosso organismo e como esse gás, presente no ar, chega até as células do corpo, onde a energia contida nos nutrientes é liberada.

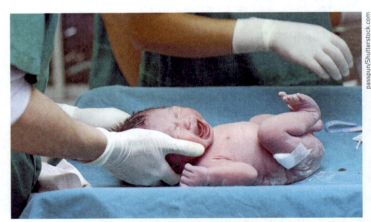

Primeiros momentos após o nascimento de um bebê, quando o sistema respiratório é ativado.

Estruturas do sistema respiratório

O sistema respiratório é formado pelas **vias respiratórias** e pelos **pulmões**.

Por essas estruturas passam os gases atmosféricos, incluindo o gás oxigênio, que é fundamental para a vida dos seres humanos.

Vias respiratórias

O ar entra e sai do corpo pelas vias respiratórias e percorre o seguinte caminho: nariz (pelas cavidades nasais), faringe, laringe, traqueia, brônquios, bronquíolos e alvéolos pulmonares.

No **nariz**, as cavidades nasais são as partes de contato do sistema respiratório com o ambiente. A mucosa nasal, produtora de muco, é revestida por cílios (pequenos filamentos celulares) e pelos (visíveis a olho nu). Os cílios, os pelos e o muco impedem a entrada de partículas de impurezas e microrganismos no interior do sistema respiratório. O muco também umidifica o ar, evitando a perda excessiva de água pela respiração.

A membrana que reveste as cavidades nasais é rica em vasos sanguíneos que aquecem o ar que entra no nariz. Isso é vantajoso porque impede o resfriamento excessivo das demais partes do sistema respiratório. Por isso, devemos respirar pelo nariz e não pela boca, garantindo que o ar chegue mais limpo e aquecido aos pulmões.

A **faringe** é uma câmara que serve de passagem tanto para os alimentos como para o ar. Ela faz parte dos sistemas digestório e respiratório.

Em uma de suas extremidades, a faringe se comunica com as cavidades nasais e com a boca; na outra extremidade, com a laringe (do sistema respiratório) e com o esôfago (do sistema digestório).

O órgão que liga a faringe à traqueia é a **laringe**. Na parte superior da laringe, está a **epiglote**, a válvula que a fecha durante a deglutição, impedindo que os alimentos passem pela traqueia. Aí também se encontram as pregas vocais, produtoras de som.

Da laringe o ar passa para a **traqueia**.

A traqueia é um tubo formado por anéis **cartilaginosos** que a mantêm aberta. Os anéis cartilaginosos da laringe, da traqueia e dos brônquios impedem o fechamento do tubo respiratório, o que dificultaria a passagem do ar. A traqueia também é revestida por muco e cílios, que filtram o ar. Na extremidade inferior, no interior dos pulmões, a traqueia se bifurca em dois **brônquios**: o direito e o esquerdo.

Os brônquios, por sua vez, ramificam-se, subdividindo-se várias vezes e formando a "árvore bronquial". As ramificações mais finas dos brônquios são denominadas **bronquíolos**.

Os bronquíolos terminam em minúsculas bolsas, com paredes muito finas, bastante irrigadas por capilares, que são vasos sanguíneos finíssimos. Essas bolsas são os microscópicos **alvéolos pulmonares**. Há mais de 300 milhões em nossos pulmões.

zoom — Como o gás oxigênio chega às células de nosso organismo?

A proporção entre as dimensões das estruturas representadas não é real.

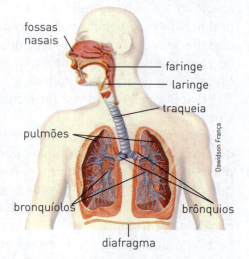

Esquema simplificado do sistema respiratório humano.
Fonte: Arthur C. Guyton e John E. Hall. *Textbook of medical physiology*. Filadélfia: Elsevier Saunders, 2006.

Glossário

Alvéolo: cavidade oca muito pequena, cujo conjunto forma os pulmões; a palavra se origina do termo latino *alveolus*, que significa "leito estreito de um rio".
Muco: líquido viscoso também encontrado na traqueia, nos brônquios e nos bronquíolos.

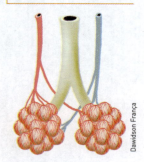

Esquema, em detalhe, de alvéolos.

Pulmões

O sistema respiratório humano tem dois pulmões: o direito e o esquerdo.

Os pulmões são revestidos por membranas muito finas, as **pleuras**.

A pleura interna está aderida à superfície pulmonar e a externa está aderida à parede da caixa torácica. Entre as pleuras há um estreito espaço – a cavidade pleural –, preenchido pelo líquido pleural, o que contribui para que elas permaneçam lubrificadas, deslizando uma sobre a outra e assim facilitando os movimentos respiratórios de expansão e retração dos pulmões.

Os pulmões são formados também pelos bronquíolos e alvéolos.

Eles não apresentam músculos. O conjunto de milhões de alvéolos forma uma extensa superfície, que dá um aspecto esponjoso aos pulmões. É muito vantajoso para o organismo que os pulmões tenham grande superfície de contato, pois isso representa maior capacidade de absorção de gás oxigênio e eliminação de gás carbônico.

Cada pulmão de uma pessoa adulta tem em torno de 25 centímetros a 30 centímetros de comprimento. Eles preenchem a maior parte da cavidade torácica e ficam apoiados em um músculo chamado **diafragma**.

O diafragma, que fica abaixo dos pulmões, separa o tórax do abdome. Fundamental nos movimentos respiratórios, ele só existe nos mamíferos.

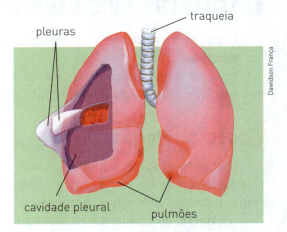

Representação simplificada em cores-fantasia e tamanhos sem escala.

Esquema simplificado da traqueia e dos pulmões, com destaque para as pleuras e a cavidade pleural.

Se fosse possível esticar lado a lado todos os alvéolos dos pulmões de uma pessoa adulta, teríamos uma área com cerca de 100 metros quadrados. Uma superfície equivalente a uma quadra de tênis. Dá para imaginar?

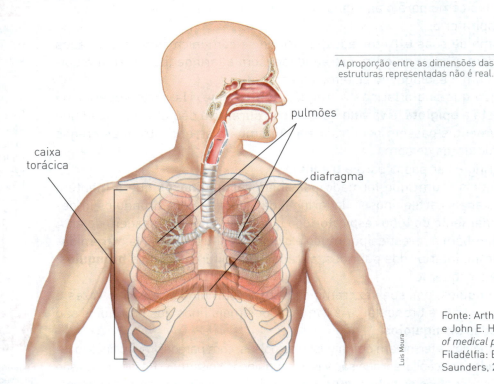

A proporção entre as dimensões das estruturas representadas não é real.

Fonte: Arthur C. Guyton e John E. Hall. *Textbook of medical physiology*. Filadélfia: Elsevier Saunders, 2006.

Pulmões no interior da caixa torácica, formada por pares de costelas.

Os movimentos respiratórios

Respiramos durante todo o tempo de vida, sem parar, mas normalmente não pensamos nisso. Você sabe por quê?

Os movimentos respiratórios não dependem de nossa vontade.

Quando a concentração de gás carbônico no sangue aumenta, o **bulbo**, um órgão do sistema nervoso, envia mensagens para os músculos intercostais e para o diafragma, o que faz com que eles se contraiam e relaxem – provocando os movimentos respiratórios. A cada ciclo respiratório, ocorrem alternadamente dois movimentos, descritos a seguir.

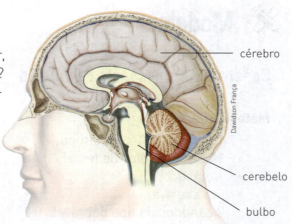

Esquema simplificado do cérebro, em corte, com a localização do bulbo.
Fonte: Gerard J. Tortora. *Corpo humano: fundamentos de anatomia e fisiologia*. Porto Alegre: Artmed, 2010. p. 227.

Representação simplificada em cores-fantasia e tamanhos sem escala.

- **Inspiração** – entrada de ar do ambiente até os pulmões.

Quando inspiramos, os músculos intercostais e o diafragma se contraem, fazendo com que os primeiros se afastem um do outro e o diafragma se abaixe. Nesse instante, há um aumento do volume interno da caixa torácica, e a pressão interna dos pulmões fica inferior à pressão atmosférica, provocando a **entrada do ar nos pulmões**.

- **Expiração** – eliminação de ar dos pulmões para o ambiente.

Quando expiramos, o diafragma e os músculos intercostais relaxam, isto é, o diafragma e os músculos intercostais voltam à posição original. Nesse momento, há uma diminuição do volume interno da caixa torácica, o que aumenta a pressão interna, tornando-a maior que a pressão atmosférica, o que resulta na **saída do ar dos pulmões**.

Portanto, a entrada e a saída de ar dos pulmões ocorrem pela ação conjunta do diafragma e dos músculos intercostais.

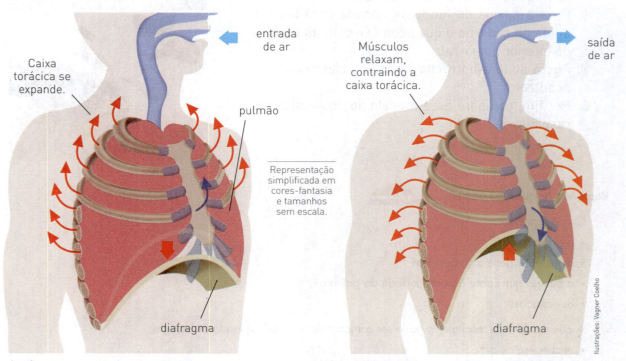

Inspiração: diafragma e músculos intercostais se contraem, expandindo a caixa torácica.

Expiração: diafragma e músculos intercostais relaxam, contraindo a caixa torácica.

Modelar

Construindo um modelo de pulmão

Material:
- 1 garrafa PET com tampa;
- 3 bexigas (bolas de festa);
- 1 elástico;
- fita adesiva;
- 2 canudos do tipo dobrável.

Procedimentos

1. Peça ao professor que corte a garrafa PET. Observe a figura já com a garrafa cortada.
2. Feche o fundo da garrafa com uma bexiga. Para que fique bem fechada, você pode usar um elástico ou passar fita adesiva na bexiga e prendê-la bem na parede da garrafa.
3. Junte os dois canudos e passe fita adesiva para que fiquem bem presos.
4. Prenda uma bexiga na ponta de cada um dos canudos.
5. Peça ao professor que faça um furo na tampa. Passe os canudos pelo furo. Mais uma vez, passe fita adesiva entre o canudo e a tampa para que não fique nenhuma parte aberta.
6. Puxe a bexiga do fundo da garrafa para baixo e anote no caderno o que acontece com as bexigas do interior da garrafa.
7. Agora solte a borracha. Anote no caderno o que acontece.
8. Por fim, compare esse modelo ao nosso sistema respiratório.

Responda às questões a seguir.

1. O que representa:
   - a garrafa PET?
   - as bexigas dentro da garrafa?
   - a bexiga que cobre a parte cortada da garrafa?
   - os canudos?

2. A que movimento respiratório pode ser comparado o modelo quando as bexigas:
   - enchem-se de ar?
   - esvaziam-se?

Troca de gases

O gás oxigênio, captado do ambiente, entra nos pulmões e deles passa para o sangue. O gás carbônico produzido nas células, por sua vez, passa do sangue para os pulmões e deles para fora do corpo. Esse processo é denominado **respiração pulmonar** ou **ventilação pulmonar**.

Ao passar pelos alvéolos pulmonares, o sangue absorve o gás oxigênio inspirado do ar atmosférico. Ao mesmo tempo o sangue libera, no interior dos alvéolos, o gás carbônico produzido nas células.

O sangue oxigenado é transportado para todos os tecidos do corpo. O gás carbônico é expelido do corpo pela expiração. A troca de gás carbônico do sangue pelo gás oxigênio captado do ambiente é denominada **hematose**.

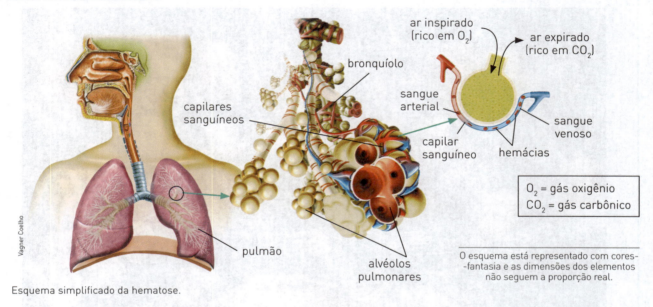

Esquema simplificado da hematose.

O esquema está representado com cores-fantasia e as dimensões dos elementos não seguem a proporção real.

Liberação da energia obtida dos alimentos

Como resultado do processo digestivo, os nutrientes são absorvidos pelo organismo e passam para a corrente sanguínea. O gás oxigênio do ar inspirado no processo respiratório também chega à corrente sanguínea. Dela, ambos chegam até o interior das células, onde ocorre a **respiração celular**, uma série de reações químicas entre o gás oxigênio e a glicose, o carboidrato mais simples resultante da digestão.

Essas reações liberam a energia da glicose, que pode ser utilizada em várias atividades do corpo. Em outras palavras, liberada no processo de respiração celular, a energia é usada em todas as funções vitais do organismo, como atividade muscular, raciocínio, produção de hormônios, crescimento, funcionamento dos órgãos dos sentidos etc.

Nesse processo são também produzidos gás carbônico e água.

O gás carbônico, por sua vez, passa para a corrente sanguínea e percorre o caminho oposto ao do oxigênio, saindo, então, pelos órgãos do sistema respiratório para o ambiente.

Parte da água presente no organismo também é eliminada, na forma de vapor, pelas vias respiratórias.

A respiração celular pode ser representada, de modo simplificado, da seguinte maneira:

glicose + gás oxigênio → energia + gás carbônico + água

À medida que aumenta a atividade do corpo, aumenta a necessidade de gás oxigênio nas células para liberação de energia.

De olho no legado

Anatomia humana

Podemos definir anatomia como a ciência que estuda a forma e a estrutura dos corpos dos seres vivos: animais e plantas. Essa palavra tem origem grega, *anatomé*, que significa "incisão, dissecação". Há mais de quatro séculos, o médico espanhol Miguel Servet (1511-1553) descobriu, possivelmente pela dissecação de cadáveres, que o sangue que chega aos pulmões é proveniente do ventrículo direito do coração – a chamada pequena circulação.

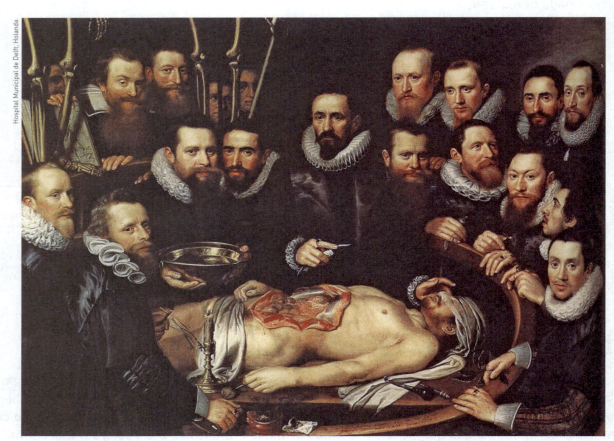

Pieter van Mierevelt. *Aula de Anatomia do Dr. Willem van der Meer in Delft*, século XVII. Óleo sobre tela, 146,5 cm × 202 cm. Até o século XIX, as lições de anatomia seguiam as teorias dos antigos gregos, que descreviam o corpo como um conjunto de sistemas isolados.

Os trabalhos de Servet serviram de base para os estudos anatômicos do médico inglês William Harvey (1578-1657), autor da obra *De moto cordis*, que explica o funcionamento do coração e da circulação sanguínea.

Em 1660, aproximadamente, o médico italiano Marcelo Malpighi (1628-1694) teve acesso ao microscópio, que acabara de ser inventado. Com o auxílio desse instrumento, estudou várias estruturas do corpo, inclusive as artérias, confirmando as teorias de Servet e Harvey sobre a circulação sanguínea.

Como em todas as áreas do conhecimento, a história da anatomia foi escrita por muitos estudiosos. A compreensão de que o corpo humano é composto de diversos órgãos com funções vitais específicas, mas interligadas e em constante transformação teve início no século XIX, com um grande desenvolvimento das ciências biológicas.

O advento do microscópio, em particular, forneceu subsídios para elucidar o micromundo até então desconhecido. A identificação das bactérias e suas ações no corpo humano, por exemplo, propiciou a elaboração das fórmulas dos antibióticos e a constatação da existência dos vírus, o que resultou nas modernas vacinas.

A visão científica rompeu com as teorias que descreviam o corpo como um conjunto de sistemas isolados.

Para essa construção teórica colaboraram o médico francês René Laennaes (1781-1826), com o método de **auscultação**; Claude Bernard (1813-1878), que publicou seus estudos sobre alguns órgãos e as descobertas a respeito do processo digestório e do funcionamento do sistema regulador interno do corpo; Louis Pasteur (1822-1895), cujo nome está ligado à teoria da **biogênese**, à identificação de fungos e bactérias e à vacina; Wilhelm Roentgen (1845-1923), com seu trabalho sobre os raios X, outro grande passo para a compreensão do corpo, que pôde, então, ser internamente "fotografado"; e muitos outros.

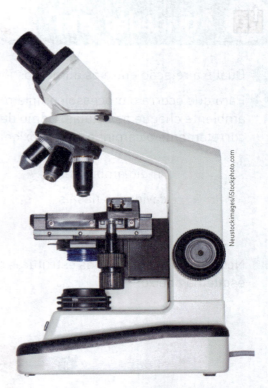

O microscópio é um instrumento composto de um sistema de lentes que fornece uma imagem muito amplificada, possibilitando observar pequenas estruturas.

> **Glossário**
>
> **Auscultação:** exame clínico em que o médico escuta os ruídos da respiração e as batidas do coração.
>
> **Biogênese:** refere-se à ideia de que os novos organismos ou organelas vivas surgem a partir de outros.

A teoria celular de Schwann e Schleiden, no início do século XIX, segundo a qual a célula seria a menor parte viva de qualquer ser, foi uma importante contribuição. No século XX, a ciência apresentou novas ideias sobre a composição e o funcionamento do corpo humano considerando as heranças genéticas como pano de fundo para algumas explicações.

Atualmente, estão em ascensão os estudos, as pesquisas e os debates relativos às células-tronco e à sua aplicação na reestruturação de tecidos e órgãos.

Esses debates vão além dos anais de congressos científicos, ocupando as páginas e telas da mídia internacional.

Em 2008, após uma batalha legal que durou anos e atraiu a atenção do público e da mídia, o Supremo Tribunal Federal liberou a utilização de células-tronco embrionárias para aplicação em pesquisas científicas e terapias. O Brasil tornou-se, assim, o primeiro país da América Latina a permitir as pesquisas e terapias com células-tronco. Contudo, foi autorizado apenas o uso de estoques de embriões resultantes de fertilização *in vitro*, congelados há três anos ou mais, mediante autorização do casal, sendo proibida a comercialização desse material biológico.

1. Com os colegas de turma, sob a orientação do professor, busque na internet mais informações sobre aspectos científicos e éticos relativos à utilização de células-tronco.
2. Organize um mural com o material obtido pela turma.
3. Convide profissionais da área da saúde para uma entrevista, palestra ou debate na escola.
4. Compartilhem e debatam pontos controversos nas informações obtidas.

em grupo

Atividades

1. Qual é a relação entre os alimentos ingeridos por nós e a respiração?

2. Para que ocorra o processo completo da respiração, é necessário que o gás oxigênio captado no ambiente chegue às células. Como devem ser ordenados os termos a seguir para que indiquem corretamente o caminho do gás oxigênio até o sangue, que o transportará até as células?

meio ambiente	alvéolos	laringe
cavidades nasais	traqueia	sangue
brônquios	bronquíolos	faringe

3. No caderno, identifique as estruturas do sistema respiratório que correspondem à numeração do esquema abaixo.

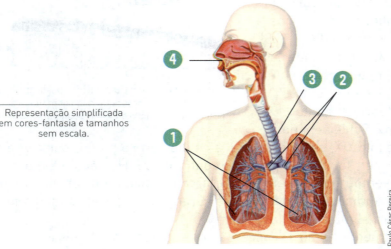

Representação simplificada em cores-fantasia e tamanhos sem escala.

4. Pelo processo respiratório:
   a) o que acontece com o gás oxigênio que chega à corrente sanguínea?
   b) o que acontece com o gás carbônico que chega aos pulmões?

5. Ao processo da troca de gases respiratórios dá-se o nome hematose. Observe o diagrama a seguir.

Escreva no caderno o nome dos gases que participam da hematose e que, substituindo os números 1 e 2, completam corretamente o diagrama.

6. As paredes dos alvéolos pulmonares e dos capilares sanguíneos, que os envolvem, são muito finas. Essa característica proporciona uma vantagem específica ao processo respiratório. Qual?

7 Podemos representar o processo respiratório, no qual o organismo obtém energia necessária às suas funções vitais, com a seguinte equação:

> glicose + gás oxigênio ⟶ energia + gás carbônico e água

Tomando essa representação simplificada como referência, responda às questões a seguir.

a) Onde ocorre esse processo?

b) De onde provém a glicose?

c) O gás carbônico é um dos produtos da respiração celular; depois de lançado ao sangue, que caminho ele percorre?

8 Em um jogo de futebol, foi feita uma substituição de urgência. O jogador Beto saiu do banco de reserva e, imediatamente, começou a correr no campo tentando fazer um gol. Seu ritmo respiratório aumentou, isto é, ele passou a respirar mais depressa. Responda no caderno: Aumentar o ritmo respiratório traz alguma vantagem para o organismo? Se a resposta for positiva, qual é essa vantagem?

9 Leia o texto a seguir:

A equipe carioca de futebol "perdeu o fôlego", no primeiro tempo, jogando em Bogotá. Depois do jogo, o repórter justificou a "falta de fôlego" dos jogadores como problemas respiratórios: a capital colombiana fica a 2 600 metros acima do nível do mar, por isso seu ar é rarefeito, isto é, tem menor quantidade de moléculas de gases do que o ar da cidade do Rio de Janeiro, que se situa ao nível do mar.

> Em cada inspiração "normal" chegam a nossos pulmões, em média, 500 mililitros de ar.

Discuta com os colegas e responda no caderno: Por que as pessoas que não estão adaptadas às regiões de grande altitude sentem dificuldades respiratórias quando se encontram nelas?

10 Observe o gráfico ao lado e compare os dados percentuais relativos aos diversos gases.

Com relação aos gases que compõem o ar atmosférico representados no gráfico acima, responda às questões.

a) Qual deles inspiramos e expiramos em maior quantidade?

b) E em menor quantidade?

c) Qual não é absorvido nem produzido por nosso corpo no processo respiratório? Explique.

d) Qual é consumido na respiração? E em qual porcentagem, considerando o total de ar inspirado?

e) Que gás é produzido no processo respiratório?

11 Descreva o caminho que o ar atmosférico percorre no aparelho respiratório humano, citando seus segmentos anatômicos e explicando a diferença na composição do ar inspirado e expirado.

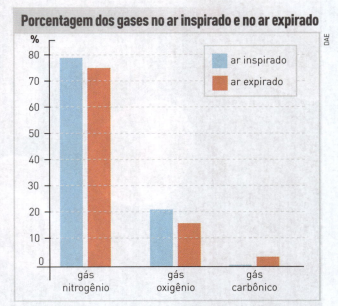

O vapor-d'água (e outros gases que também compõem a atmosfera) não foi considerado.

Fonte: Arthur G. Guyton e John E. Hall. *Textbook of medical physiology*. Filadélfia: Elsevier Saunders, 2006.

CAPÍTULO 7

A circulação

De que forma os nutrientes que absorvemos na digestão e o gás oxigênio que inspiramos chegam às nossas células? Como essas e outras substâncias circulam pelo corpo?

Há dois compostos líquidos que circulam pelas diferentes partes do corpo: o sangue – do sistema cardiovascular – e a linfa – do sistema linfático. Eles transportam os nutrientes obtidos na digestão, o gás oxigênio absorvido do ambiente pela respiração, resíduos como o gás carbônico produzido na respiração celular e outras substâncias provenientes do metabolismo (como a ureia, que posteriormente forma a urina).

As proporções entre as estruturas representadas não são reais.

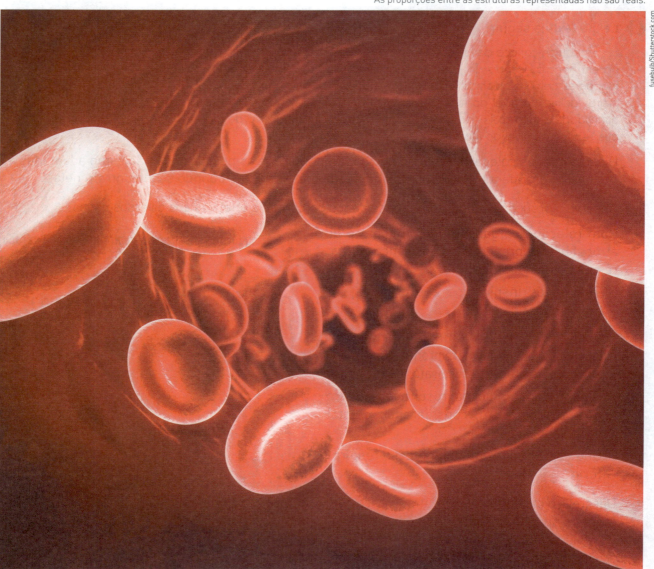

Corrente sanguínea com hemácias em destaque.

Estrutura do sistema cardiovascular

O sistema cardiovascular atua na integração dos sistemas digestório, respiratório e urinário, que, em conjunto, são responsáveis pela nutrição e manutenção do organismo. Ele é constituído de três principais componentes: uma rede de **vasos** sanguíneos, que formam um circuito fechado; uma "bomba" propulsora, o **coração**; e um composto formado por líquido e células, o **sangue**, que circula pelo corpo.

Vasos sanguíneos

Os vasos sanguíneos constituem uma rede de tubos de paredes elásticas que conduzem o sangue. Existem três tipos principais de vasos sanguíneos: as artérias, as veias e os capilares.

Artérias são vasos por onde passa o sangue que sai do coração para as demais partes do corpo.

A **artéria pulmonar**, por exemplo, transporta sangue do coração para o pulmão.

As artérias se ramificam pelo corpo e vão se tornando mais finas, constituindo as arteríolas. Estas, por sua vez, ramificam-se ainda mais, originando os **capilares**.

A musculatura das artérias, coberta por uma camada fibrosa, é grossa e elástica. Essa característica possibilita que a artéria suporte a **pressão do sangue** bombeado do coração, contribuindo para que as paredes contraiam e relaxem a cada batimento cardíaco.

Glossário

Pressão do sangue: é a pressão arterial, ou seja, a pressão que o sangue exerce nas paredes das artérias. Ela depende de vários fatores, como abertura e elasticidade, volume de sangue circulante e outros. A pressão arterial, mais intensa quando o sangue sai do coração, vai diminuindo à medida que o sangue se afasta desse órgão.

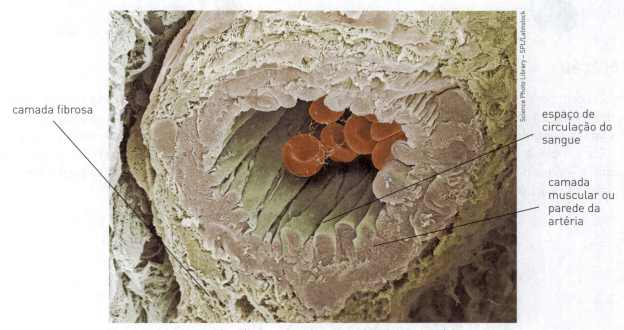

Vaso arterial em corte. Os glóbulos achatados em seu interior são hemácias. Fotografia obtida por microscópio eletrônico. Ampliação aproximada de 2 000 vezes.

Os vasos capilares se reúnem e formam ramos mais grossos, chamados **vênulas**. As vênulas, que recebem o sangue dos vasos capilares, continuam a se juntar, formando as **veias**. Estas transportam o sangue de volta dos tecidos do corpo para o coração. Elas têm diâmetro menor e paredes mais finas do que as artérias.

123

A maior parte das veias (jugular, safena, cerebral e diversas outras) transporta o **sangue venoso**, ou seja, rico em gás carbônico.

Contudo, a **veia pulmonar** transporta o **sangue arterial**, rico em gás oxigênio, dos pulmões para o coração.

A pressão do sangue no interior das veias é baixa, o que dificulta seu retorno ao coração.

Por isso é importante a existência de **válvulas** nesses vasos, as quais fazem com que o sangue se desloque sempre em direção ao coração. A contração da musculatura esquelética também favorece essa ação ao comprimir as veias.

Os **vasos capilares** estabelecem uma rede de comunicação entre as artérias (capilares arteriais) e veias (capilares venosos), formando um sistema fechado.

Os minúsculos vasos capilares, com a espessura de um fio de cabelo, estão situados no interior dos órgãos do corpo. Suas paredes, constituídas por uma camada finíssima de células, apresentam grande permeabilidade. Isso possibilita a passagem das substâncias (por exemplo, nutrientes e gases) do sangue para as células e vice-versa.

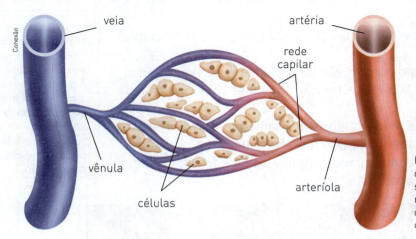

As proporções entre as estruturas representadas não são reais.

Representação esquemática da estrutura de tipos de vasos sanguíneos e, em destaque, rede capilar, formada por vasos de dimensões muito pequenas e com grande permeabilidade.

Coração

O coração é um órgão muscular oco que se localiza na caixa torácica, em uma região entre os pulmões denominada **mediastino**. Ele exerce o importante papel de impulsionar o sangue no interior dos vasos sanguíneos, possibilitando a circulação sanguínea em todos os órgãos e tecidos do corpo.

Ele funciona como uma bomba dupla. O lado esquerdo bombeia sangue arterial – rico em gás oxigênio – para diversas partes do corpo, enquanto o lado direito bombeia sangue venoso – com alto teor de gás carbônico – para os pulmões.

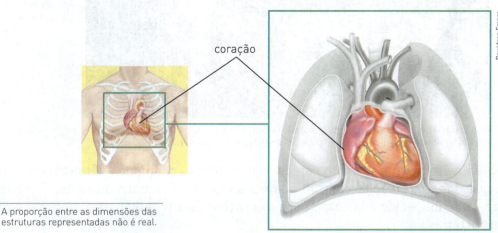

A proporção entre as dimensões das estruturas representadas não é real.

Representação do coração e indicação de sua localização no mediastino.

Estrutura do coração

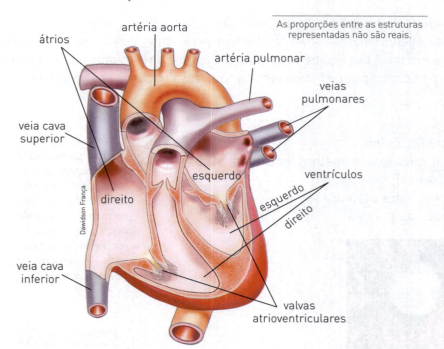

As proporções entre as estruturas representadas não são reais.

Esquema simplificado da estrutura interna do coração humano, em corte longitudinal.
Gerard J. Tortora. *Corpo humano: fundamentos de anatomia e fisiologia*. Porto Alegre: Artmed, 2010.

Algumas características do coração – tamanho: aproximadamente o de um punho fechado; medida: de 12 a 14 cm; massa: cerca de 400 g no adulto; batimentos: cerca de 70 por minuto (em repouso); volume de sangue impulsionado: cerca de 10 L por minuto (em repouso). Quando o corpo faz uma atividade física – por exemplo, correr –, é exigido do coração esforço maior, aumentando, assim, a frequência de batimentos.

O coração é envolvido por uma dupla membrana denominada **pericárdio**. Há também uma fina membrana que reveste internamente as cavidades cardíacas, chamada **endocárdio**.

O **miocárdio** é o músculo situado entre o pericárdio e o endocárdio, responsável pelas contrações do coração – os movimentos vigorosos e involuntários feitos por ele.

O coração humano tem, internamente, quatro cavidades:
- dois átrios, cavidades superiores (menores) por onde o sangue chega ao coração;
- dois ventrículos, cavidades inferiores (maiores) por onde o sangue sai do coração.

Os ventrículos têm paredes mais grossas que os átrios. O átrio direito comunica-se com o ventrículo direito, e o átrio esquerdo, com o ventrículo esquerdo. Não há comunicação entre os dois átrios nem entre os dois ventrículos.

Entre os átrios e os ventrículos existem **valvas** que impedem o refluxo do sangue, isto é, o retorno do sangue dos ventrículos para os átrios. Elas são chamadas **valva atrioventricular direita** e **valva atrioventricular esquerda**.

O barulho que ouvimos dos batimentos cardíacos corresponde aos movimentos das valvas, que acontecem de modo ritmado.

Batimentos cardíacos

O coração funciona impulsionando o sangue por meio de uma sequência de dois movimentos cíclicos automáticos efetuados pelo miocárdio, o músculo cardíaco:
- contrações – denominadas **sístoles**;
- relaxamentos – chamados **diástoles**.

Ampliar

Pelos caminhos do sangue,
de Rogério G. Nigro (Atual).

O livro descreve a história do conhecimento relativo às funções do coração e dos demais órgãos que participam do processo circulatório. O autor trata também das principais doenças relacionadas ao sangue e dos cuidados para preveni-las ou combatê-las.

O sangue

Pelo corpo de uma pessoa adulta circulam, em média, seis litros de sangue, que percorre todo o corpo distribuindo nutrientes, gás oxigênio e hormônios e recolhendo os resíduos, como o gás carbônico, que devem ser eliminados do organismo. É um líquido vermelho que parece uma **mistura homogênea**. No entanto, quando observada em microscópio, podemos verificar que essa mistura é **heterogênea**.

Composição do sangue

O sangue é uma mistura constituída de:
- células sanguíneas como glóbulos vermelhos (ou hemácias) e glóbulos brancos (ou leucócitos);
- fragmentos de células, chamados plaquetas;
- uma parte líquida, chamada de plasma.

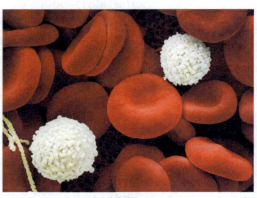

Células sanguíneas: hemácias (em vermelho) e leucócitos (em branco) humanos. Fotografia obtida por microscópio eletrônico. Ampliação aproximada de 3 500 vezes.

> **zoom**
> Paulo correu muito para pegar o ônibus. Seu coração batia tanto que "parecia que ia sair pela boca". Por que o coração de Paulo batia mais intensamente nessa situação?

Tanto os glóbulos vermelhos e brancos como as plaquetas se originam na medula óssea vermelha, tecido do interior dos ossos longos. Alguns tipos de glóbulos brancos podem ser produzidos por outros órgãos (baço, fígado, timo) e pelos gânglios linfáticos.

Células sanguíneas

Os **glóbulos vermelhos**, ou **hemácias**, são as células em maior quantidade no sangue humano. Estão relacionados com a função de transportar o gás oxigênio para as outras células do corpo e o gás carbônico para os pulmões.

As hemácias dos mamíferos (grupo no qual estamos incluídos) não têm núcleo e apresentam a forma de um disco achatado no centro e côncavo em ambos os lados. Esse formato garante uma superfície relativamente grande para captação e distribuição de gases.

As hemácias, ricas em **hemoglobina**, conduzem uma quantidade de gás oxigênio cerca de cem vezes maior que a transportada pelo plasma. Vivem aproximadamente 120 dias e, ao final desse período, são destruídas em órgãos como baço e fígado e substituídas por novas células.

Os **glóbulos brancos**, ou **leucócitos**, são as células de defesa do organismo, que destroem os agentes estranhos, por exemplo, as bactérias, os vírus e as substâncias tóxicas que atacam o corpo, causando infecções ou outras doenças.

Os leucócitos constituem o principal agente do sistema de defesa do organismo, denominado também **sistema imunológico**. No sangue, há vários tipos de leucócitos, de diferentes formatos, tamanhos e formas de núcleo.

Glossário

Hemoglobina: proteína de pigmentação vermelha (que dá cor ao sangue). Ela contém ferro, o que lhe confere a propriedade de transportar o gás oxigênio.
Leucócito: palavra composta de origem grega que significa "célula branca" (*leuco* significa "branco" e *cito*, "célula").
Mistura heterogênea: mistura formada por substâncias que são identificadas visualmente.
Mistura homogênea: aquela em que, ao final do processo de união de duas ou mais substâncias, estas já não podem ser identificadas como no início, pois sofrem dissolução.

Plaquetas

As plaquetas são fragmentos celulares bem menores que as hemácias e os leucócitos. Elas atuam na **coagulação** do sangue.

1. Quando há um ferimento com rompimento do vaso sanguíneo, ocorrem vários eventos que impedem a perda excessiva de sangue.

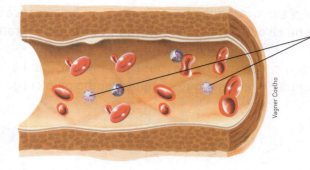

> **Ampliar**
>
> **O sangue,**
> de Lucila Marcondes (Ática).
>
> A autora, em uma linguagem clara, direta e com um estilo moderno e atraente, apresenta um panorama dos conhecimentos sobre o sangue: componentes, funções e cuidados de saúde.

2. As plaquetas intervêm diretamente na formação dos coágulos.

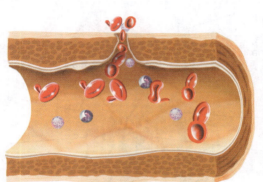

3. A coagulação ocorre quando filamentos de uma proteína do plasma transformados formam uma espécie de rede e impedem a passagem do sangue. À medida que o vaso sanguíneo cicatriza, o coágulo é reabsorvido pelo organismo.

O coágulo evita hemorragia, isto é, grande perda de sangue que pode ocorrer tanto na superfície do corpo – por exemplo, na pele do braço ou da mão – quanto nos órgãos internos, como estômago e intestino.

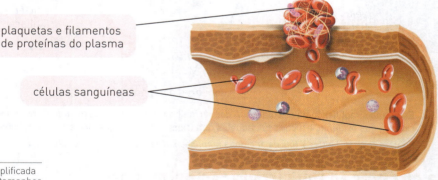

Representação simplificada em cores-fantasia e tamanhos sem escala.

Esquema simplificado de coagulação do sangue.

Plasma

O plasma sanguíneo é um líquido de cor amarelada que corresponde a mais da metade do volume do sangue. É constituído por mais de 90% de água.

No plasma, estão misturados:
- os nutrientes (glicose, lipídios, aminoácidos, proteínas, sais minerais e vitaminas);
- o gás oxigênio e hormônios;
- os resíduos produzidos pelas células, como gás carbônico e outras substâncias – por exemplo, a ureia –, que devem ser eliminados do corpo.

Circulação sanguínea – caminho do sangue

Ao ser bombeado pelo coração, o sangue circula por todas as partes do corpo. O percurso do sangue no organismo humano recebe o nome de **circulação sanguínea**.

Em um circuito completo, o sangue passa duas vezes pelo coração. Denominamos esses trajetos do sangue de **pequena circulação** (ou **circulação pulmonar**) e **grande circulação** (ou **circulação sistêmica**).

Veja o esquema a seguir, que mostra de maneira simplificada a estrutura do sistema cardiovascular – o coração, que impulsiona o sangue, e seu caminho pelo corpo humano.

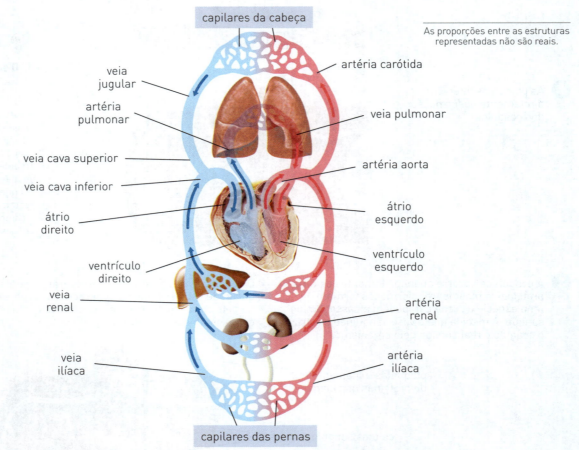

As proporções entre as estruturas representadas não são reais.

Esquema simplificado da circulação. A cor vermelha representa os vasos que transportam o sangue rico em gás oxigênio, e a cor azul, aqueles que transportam sangue rico em gás carbônico.
Fonte: Frank H. Netter. *Atlas de anatomia humana*. Rio de Janeiro: Elsevier, 2011.

Pequena circulação (ou circulação pulmonar)

O caminho que o sangue percorre do coração aos pulmões e vice-versa recebe o nome de **pequena circulação** (ou **circulação pulmonar**).

O sangue venoso, rico em gás carbônico, é bombeado pelo coração do ventrículo direito para a artéria pulmonar. A artéria pulmonar divide-se em duas: uma segue para o pulmão direito e outra para o pulmão esquerdo.

Nos pulmões, o sangue presente nos capilares dos alvéolos libera o gás carbônico e absorve o gás oxigênio (hematose).

O sangue oxigenado, ou arterial, é levado dos pulmões ao coração por meio das veias pulmonares, que se abrem no átrio esquerdo.

Grande circulação (ou circulação sistêmica)

O percurso do sangue que sai do coração até as demais células do corpo e destas para o coração é denominado **grande circulação** (ou **circulação sistêmica**).

No coração, o sangue rico em gás oxigênio, vindo dos pulmões, é bombeado do átrio esquerdo para o ventrículo esquerdo e deste para a artéria aorta. A aorta, por sua vez, transporta esse sangue para os diversos tecidos do corpo.

Quando o sangue oxigenado chega aos tecidos de diversos órgãos, ocorrem trocas de substâncias entre os capilares e as células ao redor. Estas absorvem o gás oxigênio e liberam o gás carbônico; assim o sangue dos capilares torna-se progressivamente venoso.

O sangue venoso retorna ao coração e chega ao átrio direito pelas veias cavas superior e inferior.

Como nos demais mamíferos, a circulação humana é:
- **fechada** – o sangue só circula no interior dos vasos;
- **dupla** – o sangue passa duas vezes pelo coração;
- **completa** – não há mistura de sangue arterial com sangue venoso.

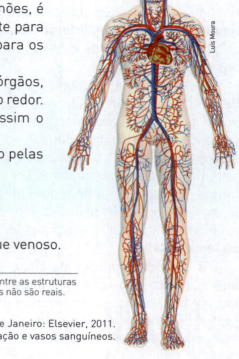

As proporções entre as estruturas representadas não são reais.

Fonte: Frank H. Netter. *Atlas de anatomia humana*. Rio de Janeiro: Elsevier, 2011.
Esquema simplificado do sistema cardiovascular – coração e vasos sanguíneos.

 Experimentar

Alterações na frequência cardíaca durante atividade física

Material:
- cronômetro (que pode ser do relógio ou celular);
- papel e caneta.

Procedimentos

1. Vá com os colegas a um local amplo, por exemplo, a quadra ou o pátio da escola.
2. Escolha um colega para formar uma dupla.
3. Um dos membros da dupla deve usar o cronômetro para marcar o número de batimentos cardíacos do colega em um minuto.
4. Essa medição deve ser feita em dois momentos: antes e depois de fazer alguma atividade física. Registre no papel os valores encontrados.
5. Repita o procedimento invertendo os papéis para que ambos façam a atividade.
6. Comparem os resultados de antes/depois da atividade física e com os das outras duplas.

O que observaram nos resultados? Que explicação pode ser dada com base no que estudamos sobre circulação do sangue?

Sistema linfático

O sistema linfático é composto de linfa, vasos linfáticos e alguns órgãos: o timo, o baço, as tonsilas e os **linfonodos**.

Uma parte do plasma sanguíneo sai dos capilares, formando um material líquido entre as células dos diversos tecidos do corpo, que é chamado **líquido intercelular** ou **intersticial**. Esse líquido leva os nutrientes e o gás oxigênio para as células e delas recebe gás carbônico e resíduos produzidos pelo organismo.

Enquanto uma pequena parte desse líquido intercelular retorna ao sistema cardiovascular transportando gás carbônico e outros resíduos, outra parte atravessa outro sistema de vasos, os capilares linfáticos, constituindo a **linfa** que flui lentamente por meio de um conjunto de vasos e órgãos, denominado **sistema linfático**.

As principais funções da circulação linfática são: absorver substâncias resultantes do processo digestivo, por exemplo, gorduras do intestino, e auxiliar na distribuição delas lançando-as no sangue; ajudar o sistema cardiovascular na remoção de excesso de líquido e de resíduos; participar da defesa do organismo.

Glossário

Linfa: líquido claro e ligeiramente amarelado, formado por parte do plasma sanguíneo, proteínas e os glóbulos brancos. Ele sai dos capilares sanguíneos para o espaço intercelular, sendo recolhido pelos capilares linfáticos.

Linfonodos: pequenos órgãos globulares distribuídos por todo o corpo, principalmente no abdome, peito, pescoço e junto às articulações dos membros locomotores, como joelho, cotovelo, axilas e virilhas.

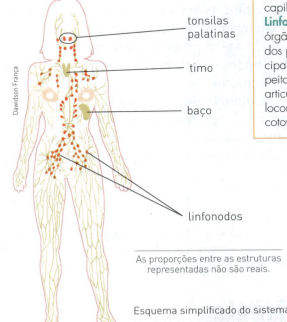

As proporções entre as estruturas representadas não são reais.

Esquema simplificado do sistema linfático.
Frank H. Netter. *Atlas de anatomia humana*. Rio de Janeiro: Elsevier, 2011.

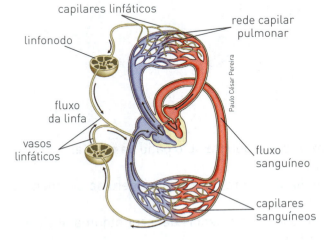

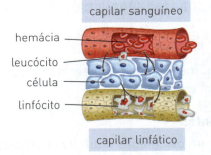

Esquema simplificado que representa a conexão entre os sistemas cardiovascular e linfático. No destaque, o esquema de transferências de substâncias na região entre os capilares sanguíneo e linfático.
Gerard L. Tortora. *Corpo humano: fundamentos de anatomia e fisiologia*. Porto Alegre: Artmed, 2010.

Os linfonodos, por exemplo, têm duas importantes funções. Eles são responsáveis pelo amadurecimento e armazenamento dos linfócitos, além de filtrarem a linfa retendo bactérias, vírus ou outros agentes nocivos ao organismo.

Quando ocorre uma infecção, os linfonodos próximos à área infectada ficam inchados, formando uma **íngua**. Esse inchaço torna possível detectar o início de um processo infeccioso. A íngua da virilha pode indicar, por exemplo, uma infecção urinária.

Saúde em foco

O que é hipertensão

Hipertensão, usualmente chamada de pressão alta, é ter a pressão arterial, sistematicamente, igual ou maior que 14 por 9. A pressão se eleva por vários motivos, mas principalmente porque os vasos nos quais o sangue circula se contraem. O coração e os vasos podem ser comparados a uma torneira aberta ligada a vários esguichos. Se fecharmos a ponta dos esguichos, a pressão lá dentro aumenta. O mesmo ocorre quando o coração bombeia o sangue. Se os vasos são estreitados, a pressão sobe.

Quais são as consequências da pressão alta?

A pressão alta ataca os vasos, coração, rins e cérebro. Os vasos são recobertos internamente por uma camada muito fina e delicada, que é machucada quando o sangue está circulando com pressão elevada. Com isso, os vasos se tornam endurecidos e estreitados, podendo, com o passar dos anos, entupir ou romper. Quando o entupimento de um vaso acontece no coração, causa a angina, que pode ocasionar um infarto. No cérebro, o entupimento ou rompimento de um vaso, leva ao "derrame cerebral" ou AVC. Nos rins podem ocorrer alterações na filtração até a paralisação dos órgãos. Todas essas situações são muito graves e podem ser evitadas com o tratamento adequado, bem conduzido por médicos.

Quem tem pressão alta?

Pressão alta é uma doença "democrática". Ataca homens e mulheres, brancos e negros, ricos e pobres, idosos e crianças, gordos e magros, pessoas calmas e nervosas.

A Hipertensão é muito comum, acomete uma em cada quatro pessoas adultas. Assim, estima-se que atinja em torno de, no mínimo, 25% da população brasileira adulta, chegando a mais de 50% após os 60 anos e está presente em 5% das crianças e adolescentes no Brasil. É responsável por 40% dos infartos, 80% dos derrames e 25% dos casos de insuficiência renal terminal. As graves consequências da pressão alta podem ser evitadas, desde que os hipertensos conheçam sua condição e mantenham-se em tratamento com adequado controle da pressão.

[...]

Sociedade Brasileira de Hipertensão. *O que é hipertensão*. Disponível em: <www.sbh.org.br/geral/oque-e-hipertensao.asp>. Acesso em: jun. 2018.

A pressão arterial pode ser medida utilizando-se o esfigmomanômetro, conhecido por aparelho de pressão.

Pesquise em outras fontes para ampliar as informações sobre as causas e os riscos da hipertensão. Depois, com a ajuda do professor:

- organize um mural com o material obtido pela turma;
- se possível, elabore com os colegas uma cartilha com linguagem acessível para informar a comunidade;
- convide profissionais da área da saúde para uma palestra ou debate na escola;
- entreviste-os e divulgue o resultado no mural ou jornal da escola.

Atividades

1. Observe o esquema simplificado do sistema cardiovascular humano e identifique no caderno as estruturas indicadas por A, B, C, D, E.

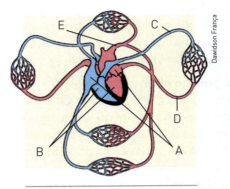

As proporções entre as estruturas representadas não são reais.

2. Observe: o esquema representativo da circulação pulmonar está incompleto.

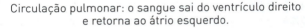

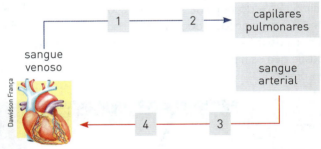

As proporções entre as estruturas representadas não são reais.

Identifique no caderno qual das relações a seguir completa corretamente o esquema.

a) 1 – artéria pulmonar; 2 – vênulas e veias; 3 – artérias e arteríolas; 4 – veias pulmonares.
b) 1 – vênulas e veias; 2 – veias pulmonares; 3 – artérias e arteríolas; 4 – artéria pulmonar.
c) 1 – veias pulmonares; 2 – vênulas e veias; 3 – artérias e arteríolas; 4 – artéria pulmonar.
d) 1 – artéria pulmonar; 2 – artérias e arteríolas; 3 – vênulas e veias; 4 – veias pulmonares.

3. É comum ouvirmos isto em relação aos vasos sanguíneos: "As veias são os vasos sanguíneos que conduzem apenas o sangue venoso, e as artérias apenas o sangue arterial". Essa afirmação está correta? A classificação dos vasos sanguíneos está relacionada ao tipo de sangue que transportam? Explique suas respostas.

4. A circulação humana, como a dos demais mamíferos, é **fechada**, **dupla** e **completa**. Explique o significado de cada um dos termos destacados.

5. O sangue distribui substâncias pelo corpo.
   a) De que é composto o sangue?
   b) Quais são as respectivas funções dos elementos que compõem o sangue?

6 A linfa, formada na região de encontro entre os capilares e os tecidos do corpo, é um líquido amarelado que flui lentamente pelo organismo. Qual é a composição da linfa?

7 O sistema linfático é um importante auxiliar do sistema cardiovascular na remoção de excesso de líquidos do corpo. Reescreva no caderno as frases a seguir, que se referem às funções do sistema linfático, e completem-nas com os termos do boxe.

> capilares sanguíneos – coração –
> células do corpo – linfócitos –
> circulação sanguínea – linfonodos –
> plasma – sangue – sistema linfático –
> glóbulos brancos

a) O excesso do líquido que sai dos //////////// e daquele que banha as //////////// – a linfa – é recolhido pelo ////////////.

b) A linfa é conduzida pelos vasos linfáticos até a ////////////, onde se mistura ao sangue.

c) Diferentemente do ////////////, que circula do coração para os tecidos de todas as partes do corpo e destes para o coração, a linfa – um composto de //////////// e //////////// – flui apenas no sentido dos tecidos para o ////////////.

d) Os pequenos //////////// são órgãos especializados na filtragem da linfa e na produção de linfócitos, um tipo de glóbulo branco.

e) Os //////////// atuam na defesa do organismo.

8 Descreva o caminho de um glóbulo vermelho do sangue humano desde o ventrículo direito até o átrio esquerdo. Indique as partes do percurso em que o sangue é venoso.

9 Durante uma aula de Ciências sobre respiração, a professora entregou aos alunos um texto introdutório sobre o sistema cardiovascular e pediu a eles que lessem o texto e o completassem. João Vítor, que havia ficado doente e por isso faltara em uma aula sobre o assunto, pediu a sua parceira, Sofia, que o ajudasse na atividade e explicasse alguns conteúdos em que ele tinha dúvidas. Leia esse texto, apresentado a seguir, reproduza-o no caderno e complete-o, como se fosse a Sofia.

> "Depois que o ar chega aos alvéolos pulmonares, o gás **I** sai dos alvéolos e vai para o sangue, enquanto o gás **II** sai do sangue e passa para os alvéolos. Esse processo é chamado **III**. Começa, então, uma importante viagem. Para chegar até as células, o gás é transportado por uma proteína, chamada hemoglobina. Lá chegando, o gás passa para a célula e, então, ocorrerá a respiração celular."

Para completar o texto de forma correta, **I**, **II** e **III** devem ser substituídos, respectivamente, por:

a) carbônico, oxigênio, carboidrato.

b) nitrogênio, trocas gasosas, gás oxigênio.

c) oxigênio, carbônico, hematose.

d) oxigênio, glicose, energia.

CAPÍTULO 8

A excreção

Ao estudarmos os sistemas digestório, respiratório e cardiovascular, vimos como as células obtêm o gás oxigênio, a glicose e os demais nutrientes de que necessitam. Das atividades celulares resulta a liberação de energia e substâncias tóxicas.

O que ocorre se essas substâncias se acumulam no corpo? De que forma o nosso corpo as elimina?

O exame de urina pode oferecer informações importantes sobre o estado fisiológico do organismo, a ocorrência e a evolução de muitas doenças, a avaliação de certos tratamentos e o estado nutricional dos rins.

Eliminação de água e excretas

A água de nosso corpo

Nosso corpo é formado por aproximadamente 70% de água, assim distribuída: cerca de 2/3 no interior das células, formando o **líquido intracelular**; e 1/3 fora das células, o **líquido extracelular**, do qual uma parte banha o exterior das células e outra forma o plasma sanguíneo. Para manter esse equilíbrio, ele deve receber por dia, em média, 2,5 litros de água, tanto ao ingeri-la pura como por meio dos alimentos.

Em seu funcionamento normal, o corpo retém a quantidade de água adequada às suas necessidades e elimina o excesso.

A água que bebemos chega ao intestino, de onde ela passa para a corrente sanguínea. Se houver pouca água nas células, ela atravessará as finas paredes dos capilares sanguíneos para o líquido extracelular e deste para as células. Assim se estabelece o equilíbrio entre o líquido intracelular e o extracelular.

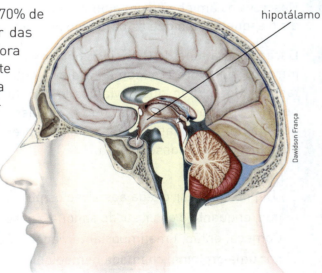

A proporção entre as dimensões das estruturas representadas não é real.

Ilustração representativa do cérebro humano com a localização do hipotálamo.

Se nesse momento ingerirmos mais água, ela tenderá a se acumular no plasma sanguíneo. Por isso, o excesso deve ser eliminado.

O controle da quantidade de água no organismo humano é realizado mediante a ação de um tipo de hormônio, chamado hormônio antidiurético – conhecido pela sigla em inglês ADH –, que atua sobre os rins.

A excreção

O corpo humano, assim como o dos outros seres vivos, produz substâncias durante as atividades celulares. Muitas dessas substâncias não são aproveitadas pelo organismo e, a partir de certa quantidade, podem ser tóxicas. O processo de eliminação desses resíduos pelo corpo é conhecido como excreção.

As excretas são lançadas das células para o líquido que as banha – o **líquido intersticial** – e daí são passadas à linfa e ao sangue. Essas excretas, por exemplo, a ureia, serão eliminadas do corpo. Na excreção, ocorre também a eliminação de parte da água do organismo, além do excesso de sais.

Assim, a excreção é responsável pela manutenção do volume e da composição do líquido extracelular do indivíduo nos limites compatíveis com a vida.

A eliminação do excesso de líquido e de resíduos é feita principalmente pelo sistema urinário.

> A denominação **excreta** é utilizada somente em relação às substâncias que passam pelas células, ou seja, às que são produto da atividade celular, antes de serem eliminadas do corpo. Logo, os resíduos da digestão dos alimentos – as fezes – não são excretas.

Estrutura do sistema urinário

O sistema urinário produz e elimina a urina. Esse sistema é composto de dois **rins**, onde é produzida a urina, e das **vias urinárias**, por onde passa a urina antes de ser eliminada do corpo.

Observe o esquema abaixo.

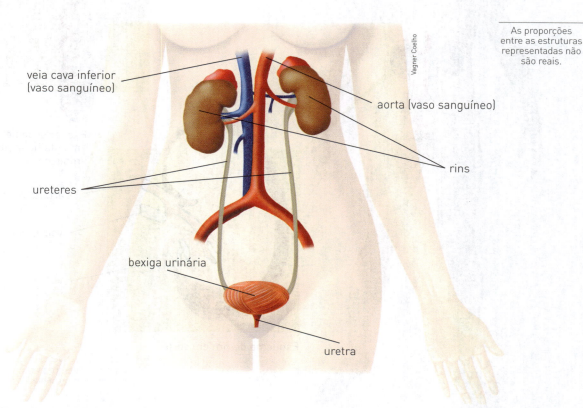

As proporções entre as estruturas representadas não são reais.

Esquema simplificado do sistema urinário, com os vasos (artérias e veias) que abastecem e drenam seu sangue, e sua localização na cavidade abdominal.

Fonte: Arthur C. Guyton e John E. Hall. *Textbook of medical physiology*. Filadélfia: Elsevier Saunders, 2006.

Os rins

Os rins são órgãos que se situam na cavidade abdominal, acima da cintura e mais abaixo do diafragma; há um rim de cada lado da coluna vertebral.

De cor vermelha escura, eles têm o formato semelhante a um grão de feijão, porém bem maiores. Em uma pessoa adulta, cada rim mede cerca de 10 centímetros de comprimento, 5 centímetros de largura e 3 centímetros de espessura.

Os rins se ligam ao sistema cardiovascular por meio da artéria renal e da veia renal; e às vias urinárias, pelos ureteres.

A ilustração abaixo representa, de maneira esquemática, a estrutura dos rins.

Cada rim humano contém aproximadamente um milhão e meio de **néfrons**. Os néfrons são estruturas microscópicas onde o sangue é filtrado, produzindo a urina.

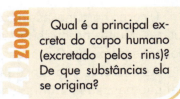

zoom: Qual é a principal excreta do corpo humano (excretado pelos rins)? De que substâncias ela se origina?

Glossário

Néfron: palavra de origem grega que significa "rim".

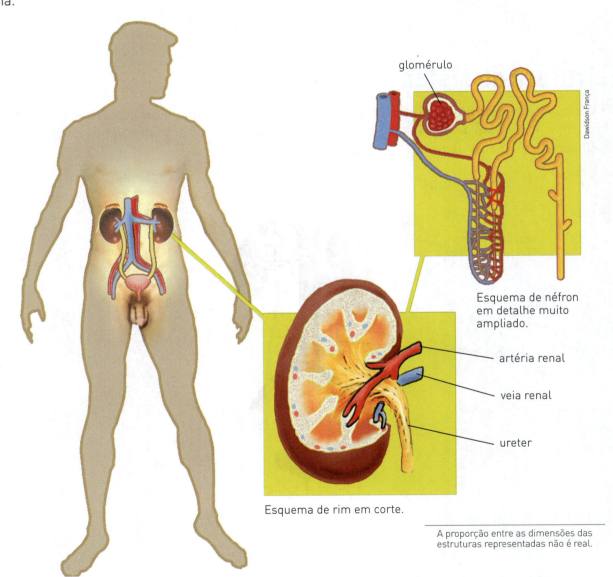

Esquema de néfron em detalhe muito ampliado.

Esquema de rim em corte.

A proporção entre as dimensões das estruturas representadas não é real.

Esquema simplificado do rim em corte, com indicação da estrutura de um néfron.

Fonte: Arthur C. Guyton e John E. Hall. *Textbook of medical physiology*. Filadélfia: Elsevier Saunders, 2006.

Vias urinárias

As vias urinárias compõem-se de dois ureteres, bexiga e uretra.

- **Ureteres** – são dois tubos musculares finos que conectam os rins com a bexiga urinária. No adulto, medem cerca de 30 centímetros de comprimento. Os ureteres recebem a urina produzida nos rins e a transportam até a bexiga.
- **Bexiga urinária** – é um órgão muscular, elástico, com formato de uma bolsa, que está situado na parte inferior do abdome, onde desembocam os ureteres. A bexiga recebe e armazena temporariamente a urina.

Enquanto está armazenando a urina, a bexiga fica relaxada, ao passo que a uretra permanece contraída, retendo a urina.

A micção – ato de urinar – ocorre devido às ações conjuntas do músculo da bexiga e dos esfíncteres urinários.

- **Uretra** – É um tubo muscular que conduz a urina da bexiga para fora do corpo.

A uretra feminina mede cerca de 5 centímetros de comprimento e transporta somente urina. A masculina mede cerca de 20 centímetros e transporta para o exterior do corpo urina e esperma, mas não ao mesmo tempo.

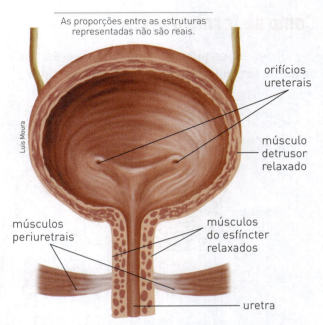

As proporções entre as estruturas representadas não são reais.

Esquema representativo da bexiga urinária humana em corte.

A bexiga urinária reserva, em média, até 300 mL de urina, podendo reter até 800 mL em casos extremos.

O funcionamento dos rins

Os rins funcionam articulados com o sistema cardiovascular.

No processo da circulação sanguínea, aproximadamente 1/4 do sangue arterial – o que sai do coração – penetra nos rins pela **artéria renal**. No interior dos rins, essa artéria se divide em vasos cada vez menores, as arteríolas, e estas em rede de vasos bem menores que formam emaranhados de capilares, denominados **glomérulos**.

Nos glomérulos, uma parte do plasma sanguíneo (a porção líquida do sangue) é filtrada, formando o filtrado glomerular. Cerca de 180 litros de **filtrado glomerular** são formados por dia. Grande parte de água e das substâncias que compõem o filtrado glomerular é reabsorvida e retorna para a rede capilar, passando à circulação sistêmica pelas **veias renais**. A outra parte segue nos rins para formar a urina.

Esse processo ocorre nos **néfrons**, que são filtros eficazes. Os rins são capazes de filtrar uma série de substâncias:

- resíduos do metabolismo celular, como ureia – a principal excreta do corpo humano –, amônia e ácido úrico;
- resíduos de outras substâncias, por exemplo, alguns remédios e outras drogas, presentes em excesso no organismo;
- a água e os sais minerais.

O trabalho dos rins evita que a pressão – tensão arterial –, o volume e a composição química do sangue se alterem, o que poderia colocar em risco a saúde e até mesmo a sobrevivência do organismo.

A produção de suor pelas glândulas sudoríparas presentes na pele está relacionada, principalmente, à regulação da temperatura do organismo, e não à excreção, porque, em comparação ao sistema urinário, o suor elimina pequena quantidade de excretas.

As moléculas grandes, como as proteínas e as células ou glóbulos sanguíneos, não atravessam a membrana do glomérulo, permanecendo na corrente sanguínea.

137

Como se forma a urina

Observe o esquema a seguir, que representa de forma simplificada o funcionamento do néfron.

zoom: Qual é o principal produto resultante do funcionamento dos rins, ou seja, do processo de excreção do corpo humano? Qual é a trajetória, desde sua formação até a eliminação pelo organismo?

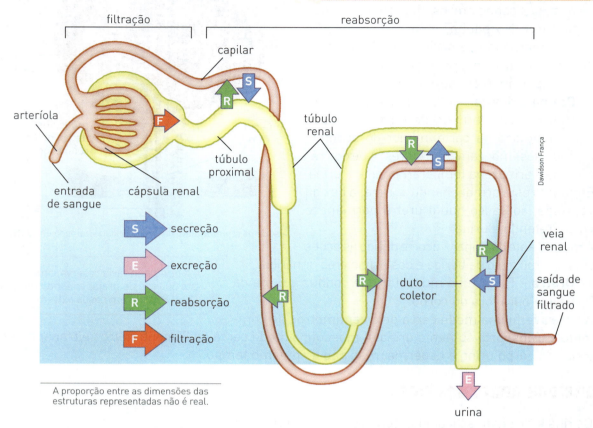

A proporção entre as dimensões das estruturas representadas não é real.

Esquema simplificado de um néfron (a forma foi distorcida para facilitar o entendimento de seu funcionamento).

Fonte: Arthur C. Guyton e John E. Hall. *Textbook of medical physiology*. Filadélfia: Elsevier Saunders, 2006.

A urina é formada nos néfrons, unidade urinária dos rins, em três etapas: filtração do sangue, reabsorção de substâncias úteis e secreção celular.

Na **filtração**, que ocorre nos glomérulos, diversas substâncias – a água, os sais minerais, a glicose, os aminoácidos, algumas vitaminas e a ureia – são filtradas do sangue, entrando nos rins.

A **reabsorção** ocorre quando o líquido filtrado que passou para o túbulo renal é reabsorvido de volta para o plasma dos capilares.

A **secreção** é feita quando substâncias que não foram filtradas passam dos capilares para os túbulos renais.

As substâncias úteis ao organismo que foram filtradas – grande parte da água e dos sais minerais, a glicose, os aminoácidos e as vitaminas – são reabsorvidas e, em seguida, passam para os capilares sanguíneos que envolvem os néfrons, vão para as veias renais e voltam a fluir na corrente sanguínea.

Ao mesmo tempo em que realizam a reabsorção, os vasos sanguíneos que acompanham os tubos renais são capazes de secretar substâncias nesses tubos.

Após a reabsorção, uma parte da água e dos sais minerais, com a ureia e outras substâncias tóxicas ou que estavam em excesso no sangue, passam diretamente para os túbulos renais, compondo a urina com outras substâncias secretadas pelas paredes dos vasos renais. A urina segue pelos ureteres até a bexiga, onde é armazenada. Quando cheia, a bexiga se contrai, empurrando a urina pela uretra para fora do corpo.

Modelar

Elaboração de modelo anatômico do sistema urinário humano

Material:
- massa de modelar de diversas cores;
- cola;
- placa de papelão;
- caneta.

Procedimentos

1. Com massa de modelar, confeccione um modelo do sistema urinário humano tomando por base a figura ao lado.
2. Para facilitar o manuseio, fixe o modelo na placa de papelão.
3. Elabore uma legenda para as estruturas correspondentes.

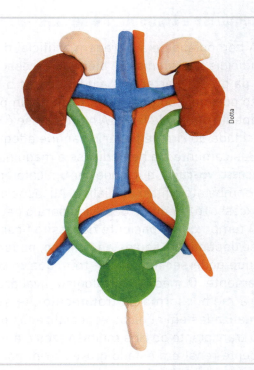

Ampliar

A dinâmica do corpo humano,
de Teresa Leonardi e Cristina Leonardi (Atual).
De modo divertido, o livro faz uma revisão geral do corpo humano, com destaque para a alimentação, o sono, o condicionamento físico etc.

O incrível mundo dos rins
www.ciencias.seed.pr.gov.br/modules/video/showVideo.php?video=8895
Animação feita pela Sociedade Brasileira de Nefrologia que apresenta as diferentes doenças renais e seus sintomas.

Composição da urina

A urina é um produto da filtração do sangue, sendo um líquido ligeiramente ácido, de cor clara, amarelada e transparente. Sua composição é de aproximadamente 95% de água e substâncias como ureia, ácido úrico, sais minerais, entre outras.

O nível dessas substâncias na urina varia de acordo com a dieta alimentar, o uso de medicamentos e diversos outros fatores.

Componentes da urina	
Água	95%
Ureia	2%
Cloreto de sódio	1%
Ácido úrico	0,5%
Outros	1,5%

Em média, uma pessoa adulta elimina cerca de um litro e meio de urina por dia. A produção de maior ou menor quantidade de urina depende de vários fatores, como a quantidade de líquido ingerido, algumas doenças, uso de diuréticos (substâncias que estimulam a produção de urina, como chás, alguns medicamentos etc.), entre outros.

Saúde em foco

Hemodiálise e transplante de rins

A hemodiálise é a filtragem artificial do sangue para a retirada de ureia e outras substâncias prejudiciais ao organismo, além do excesso de sal e de líquidos. Ela também contribui para o controle da pressão arterial e ajuda o corpo a manter o equilíbrio de sódio e potássio. É um procedimento por meio do qual uma máquina limpa e filtra o sangue, ou seja, faz parte do trabalho que o rim doente não pode fazer. A hemodiálise é necessária quando ocorre **insuficiência renal**, perda da capacidade do rim de filtrar o sangue adequadamente.

Basicamente, na hemodiálise a máquina recebe o sangue do paciente por um **acesso vascular**, que pode ser um cateter (tubo), e depois o impulsiona por uma bomba até o filtro de diálise. Ali, após a remoção das toxinas e do líquido em excesso, o sangue é devolvido para o paciente pelo acesso vascular.

O tempo que o paciente necessita ficar na máquina para fazer a hemodiálise depende de seu estado clínico, podendo variar de 3 a 5 horas por sessão, que pode ser feita duas, três, quatro vezes por semana ou até mesmo diariamente. O médico nefrologista avaliará o paciente para que seja escolhida a melhor forma de tratamento. As sessões de hemodiálise em geral são realizadas em clínicas especializadas ou hospitais.

O transplante de rins muitas vezes é a única alternativa para salvar a vida do doente renal em estado grave. O rim para transplante pode ser retirado de um doador vivo, pois uma pessoa é capaz de ter vida normal com apenas um rim. Esse tipo de transplante, que conta atualmente com técnicas avançadas, garante grandes chances de sobrevivência para os transplantados.

Saber desde cedo quais são os fatores de risco da doença renal permite evitar ou tratar esses fatores como forma de prevenção. Alguns dos principais fatores de risco são a hipertensão arterial, diabetes e doenças familiares, mas obesidade, fumo, certos medicamentos também podem comprometer a função renal. De modo geral, cuidar do organismo como um todo ajuda a proteger a saúde do rim.

Glossário

Acesso vascular: procedimento cirúrgico que permite acessar diretamente os vasos sanguíneos e, no caso da hemodiálise, permite maior fluxo de sangue entre o paciente e a máquina.

1. O Dia Mundial do Rim celebra-se na segunda quinta-feira de março. A cada ano, é feita uma campanha com foco específico. Pesquise algumas dessas campanhas e veja como a escola pode ajudar a divulgar as informações sobre cuidados e prevenção de doenças renais na comunidade.

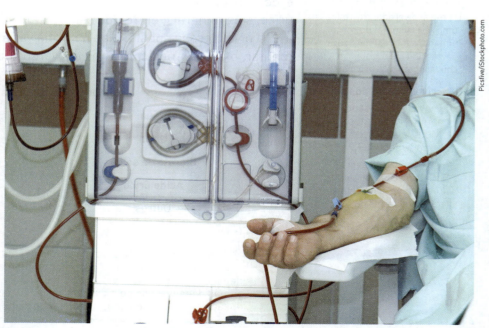

Paciente em hemodiálise, processo em que a máquina executa a atividade dos rins – filtrar o sangue.

Isotônicos [...] devem ser ingeridos sempre com moderação

[...]

Qual a melhor hora para tomar um isotônico [...], quanto é bom beber, quais as indicações e os riscos desses produtos são dúvidas de muitas pessoas.

Segundo o médico do esporte Gustavo Magliocca, o isotônico serve para repor sais minerais (como sódio e potássio) e carboidratos perdidos por atletas em exercícios intensos e/ou que duram mais de uma hora. Também evitam cãibras e a desidratação.

Esse suplemento é recomendado durante e depois da atividade, e deve ser evitado por indivíduos que não praticam exercícios, sofrem de insuficiência cardíaca, hipertensão arterial ou doenças renais. Isso porque os isotônicos contêm muito sódio (entre 50 mg e 160 mg por garrafa, contra 11 mg de um refrigerante, em média).

Magliocca e o cardiologista Daniel Santos também explicaram que os isotônicos não substituem o soro em casos de diarreia [...]. É importante, ainda, ficar atento aos rótulos dos produtos, pois eles contêm calorias – 500 ml têm cerca de 120 kcal.

Crianças só devem consumir isotônicos se forem atletas que participam de competições. O uso indiscriminado, para substituir a ingestão de água ou sucos naturais, deve ser abolido, destacaram os especialistas.

Antes dos exercícios, é indicado ingerir de 200 ml a 400 ml de líquidos. Pode ser suco, água ou isotônico – mas atenção: não beba isotônico antes se você já fez uma refeição com carboidratos, pois a bebida já contém esse nutriente.

[...]

Disponível em: <http://g1.globo.com/bemestar/noticia/2013/07/isotonicos-e-energeticos-devem-ser-ingeridos-sempre-com-moderacao.html>. Acesso em: 12 jun. 2018.

Bebidas isotônicas contêm sais minerais em concentração semelhante à encontrada nos líquidos ou fluidos do corpo humano.

Anvisa é a Agência Nacional de Vigilância Sanitária. Para mais informações, consulte: <http://portal.anvisa.gov.br>.

1 Você já consumiu algum tipo de bebida isotônica? Em que situação?

2 Já conhecia os riscos do consumo inadequado desse produto?

3 Tem o hábito de ler e analisar as informações nutricionais dos produtos que consome?

1. Todos os organismos vivos são compostos, em grande parte, de água. Cerca de 70% do corpo humano é constituído de água.
Observe o infográfico ao lado.

   a) De quais maneiras a água entra no organismo?
   b) Como eliminamos água do organismo?
   c) Em condições normais, quanto de água eliminamos por dia de nosso corpo?
   d) Os médicos recomendam que essa água deve ser reposta. Por quê?
   e) Podemos afirmar que a água é fundamental à manutenção da vida. Por quê?

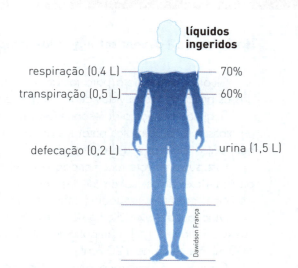

2. O sistema urinário é o principal responsável pela excreção, ou seja, pela eliminação das substâncias tóxicas produzidas nas células. Quais órgãos o compõem?

3. O que são as excretas?

4. A ureia, substância presente em grande quantidade na urina, é produzida no organismo humano. Por que é importante que essa substância seja eliminada do corpo?

5. A produção de urina compreende três etapas: filtração, reabsorção e secreção. Em que consiste cada uma dessas etapas?

6. Analise o resultado hipotético do exame de urina de uma pessoa no quadro a seguir e pesquise em *sites* confiáveis que elementos estão presentes e não deveriam estar. Justifique.

Composição da urina (g/L)*	
Água	930
Proteínas	0
Lipídios	0,5
Glicose	2
Ureia	18
Ácido úrico	0,6

*A unidade de medida "g/L" representa a quantidade de determinada substância em gramas por litro de urina.

Tabela elaborada para fins didáticos

7. Em um exame de urina foi identificado um elemento cancerígeno do fumo em um paciente fumante. Como o fato se explica, visto que a fumaça do cigarro é inalada pelo sistema respiratório e a bexiga é um órgão do sistema urinário?

8. Com um colega, leia e discuta a reportagem a seguir. Depois, façam o que se pede.

   Ídolo afastado dos gramados

   Tonico, o grande ídolo do Zoroastro Futebol Clube, foi suspenso por dois anos dos gramados.
   O exame de urina, solicitado pelo comitê esportivo, comprovou o *doping*, ou seja, uso de substâncias proibidas. Por isso, os adversários contestam na justiça esportiva o resultado do campeonato, alegando que o desempenho do craque deve ser atribuído à droga, o que é considerado fraude.

É possível que o título mude de dono, pois as confederações esportivas estão punindo com rigor o uso de substâncias proibidas pelas normas esportivas internacionais.

a) A reportagem ressalta o teste de urina como definitivo para provar que houve fraude na competição. Por que isso é possível?

b) Pesquisem em jornais, revistas ou na internet notícias de casos de *doping* detectados em atletas da atualidade.

c) Discutam o aspecto ético dessa prática (o *doping*) entre atletas e a validade das punições para coibi-la. Compartilhem com os outros colegas suas opiniões.

9 O esquema ao lado representa o sistema urinário. No caderno, escreva o número e o nome que indicam o órgão a que se refere cada função expressa nos itens a seguir.

a) Vasos pelos quais flui o sangue para os rins.

b) Onde o sangue é filtrado e se forma a urina.

c) Onde a urina é armazenada temporariamente.

d) Por onde a urina é eliminada do organismo.

e) Canais que conduzem a urina dos rins à bexiga.

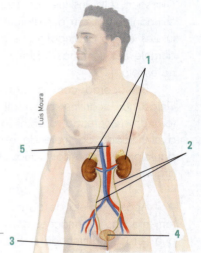

Representação simplificada em cores-
-fantasia e tamanhos sem escala.

10 Observe o esquema simplificado de um néfron, que representa como funciona essa estrutura microscópica dos rins.

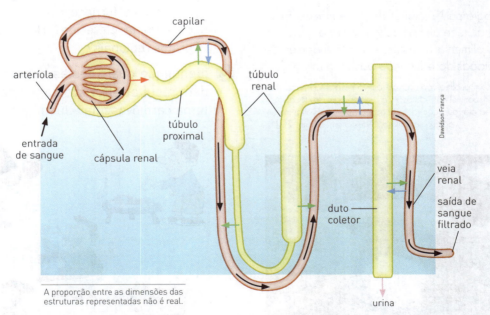

A proporção entre as dimensões das estruturas representadas não é real.

Identifique e escreva no caderno a qual dos processos do quadro abaixo corresponde cada uma das setas coloridas.

percurso dos líquidos – excreção/urina – reabsorção – filtração – secreção

143

Retomar

1. Foi noticiado em 25 de abril de 2018:

   Alunos de 2º ano do Ensino Médio de cinco escolas de Palmas vão poder avaliar a merenda escolar através de um aplicativo desenvolvido pelo Massachusetts Institute of Technology (MIT). Os estudantes baixam a plataforma nos próprios celulares e vão acompanhar e avaliar diariamente, durante três semanas, todas as refeições servidas na escola. [...]
   De acordo com a Controladoria-Geral da União no Tocantins, que realiza o Projeto Monitorando a Merenda, o objetivo da ação é avaliar a efetividade da merenda escolar por meio da participação ativa dos alunos beneficiários do programa.
   [...]
   Após a coleta de dados, a CGU fará o tratamento das informações e vai gerar um relatório que será encaminhado à Secretaria Estadual de Educação, FNDE e ao Conselho Estadual de Alimentação Escolar para que melhorias [sejam] implementadas.
   [...]
   O Programa Nacional de Alimentação Escolar (PNAE) oferece alimentação escolar e ações de educação alimentar e nutricional a estudantes de todas as etapas da educação básica pública. [...]

   Alunos de escola pública vão usar aplicativo para... G1 Tocantins, 25 abr. 2018. Disponível em: <https://g1.globo.com/to/tocantins/noticia/alunos-de-escolas-publicas-vao-usar-aplicativo-para-avaliar-merenda-escolar.ghtml>. Acesso em: 30 jul. 2018.

   Vemos na notícia um exemplo de aplicação de tecnologia digital para a melhoria da alimentação de estudantes.

   Suponha que, em quatro dias de avaliação, o cardápio da merenda servida tenha sido:
   - Dia 1 - arroz com peixe cozido; uma banana.
   - Dia 2 - macarrão com salsicha e molho de tomate; uma fatia de melancia.
   - Dia 3 - angu de fubá com carne moída; uma laranja.
   - Dia 4 - arroz com feijão e ovo; uma fatia de mamão.

   Independentemente do sabor (e do gosto pessoal), o que os alunos devem responder no aplicativo citado se a pergunta for:

   a) Nas refeições servidas, foram contemplados os tipos básicos de nutrientes? Justifique.
   b) Há predomínio de algum tipo de nutriente? Explique.
   c) Em caso positivo, qual o principal papel desse(s) nutriente(s)?
   d) Sua escola fornece merenda? Você gosta da comida oferecida? Há cardápios com pratos regionais?

2. Identifique quais destes hábitos abaixo podem resultar em risco para a saúde do sistema cardiovascular. Justifique.

3. "É proibido fumar". Nos estados do Brasil, há leis que proíbem fumar em locais fechados e

públicos, onde pode haver aglomeração de pessoas, como salas de aula, restaurantes, teatros, cinemas etc. Essas leis visam proteger a saúde tanto de fumantes como de não fumantes porque, em muitas situações, os não fumantes tornam-se fumantes passivos. Além disso, há uma lei federal que proíbe a propaganda de cigarros em televisão, rádio, revistas etc. e obriga os fabricantes de cigarros, por exemplo, a divulgar os malefícios à saúde causados pelo fumo. Veja alguns exemplos a seguir.

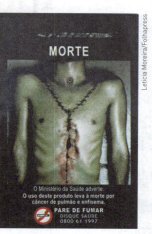

O alerta do segundo cartaz trata do risco de enfisema. Sabe-se que o enfisema é uma condição do pulmão caracterizada pela dilatação dos alvéolos e a destruição da parede entre eles, formando grandes bolsas.

Considerando o papel dos alvéolos pulmonares, explique por que a eficiência respiratória das pessoas com enfisema diminui muito.

4. O vírus *chikungunya* – transmitido pela fêmea do mosquito *Aedes* – causa uma infecção com fortes dores articulares. Foi divulgado em 2016 o resultado de um estudo da Universidade de Pernambuco com pacientes da doença. Ele revelou que 60% tiveram problemas na circulação linfática, com retenção de líquido nas pernas que causou inchaço e dor.

a) O que é o líquido que fica retido nas pernas dos pacientes citados? Como ele se forma? Qual a aparência dele?

b) Quais as principais funções da circulação linfática em nosso organismo?

5. Quando uma pessoa deve ser submetida à hemodiálise? Qual é a função do aparelho de hemodiálise?

6. Leia o texto e responda às perguntas a seguir.

Cerca de 300 mil brasileiros morrem de doenças cardiovasculares por ano

Em uma década, 3,5 milhões de mortes foram provocadas por problemas no coração; mulheres são as principais vítimas de infartos no País

A maior causa de morte em países ricos e emergentes são doenças cardiovasculares. [...] No Brasil, essa taxa anual chega a 300 mil, de acordo com o Ministério da Saúde, o que corresponde a uma morte a cada dois minutos.

[...] Entre as ocorrências mais comuns estão o Acidente Vascular cerebral (AVC), com 100 mil casos; seguido pelo infarto, com 85,9 mil casos. Doenças relacionadas à hipertensão chegam a 46,8 mil registros e 27,3 mil são de insuficiência cardíaca. [...]

Mas medidas simples de prevenção podem reduzir essas taxas, além de serem cinco vezes mais baratas para o Sistema Único de Saúde (SUS) do que os tratamentos. [...]

Governo do Brasil: portal oficial do governo federal, 23 dez. 2017. Disponível em: <www.brasil.gov.br/editoria/saude/2017/09/cerca-de-300-mil-brasileiros-morrem-de-doencas-cardiovasculares-por-ano>. Acesso em: 30 jul. 2018.

a) Sabendo que nosso corpo funciona de forma integrada e com base no que estudamos e em dados de fontes confiáveis de pesquisa, cite medidas que podem ajudar a prevenir as doenças citadas no texto.

b) O risco de adquirir ou manifestar doenças cardiovasculares não é exclusividade de idosos. Que hábitos ou práticas podem favorecer o aparecimento precoce – inclusive em crianças – de hipertensão, por exemplo?

Visualização

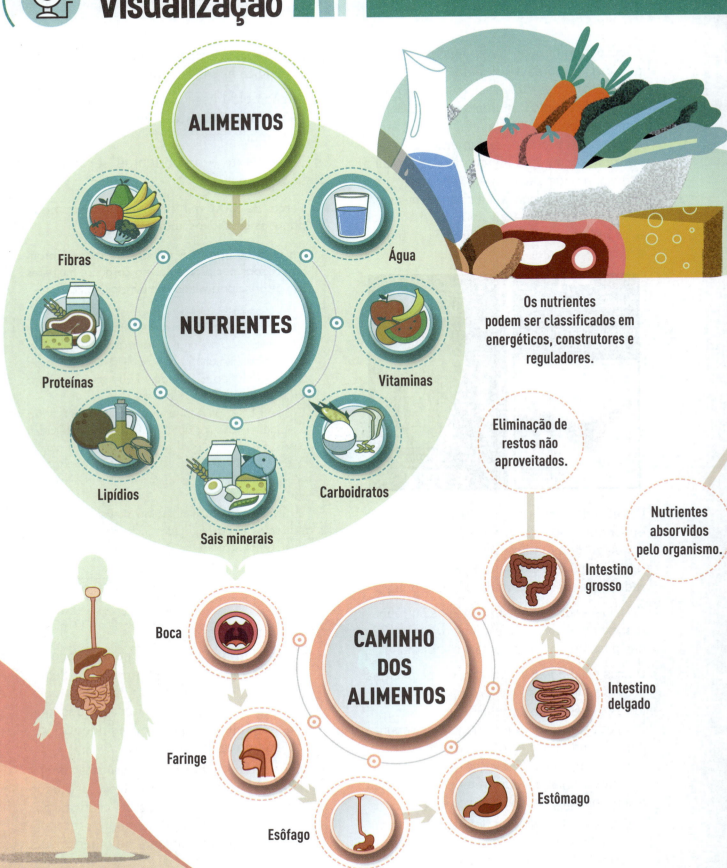

Os nutrientes podem ser classificados em energéticos, construtores e reguladores.

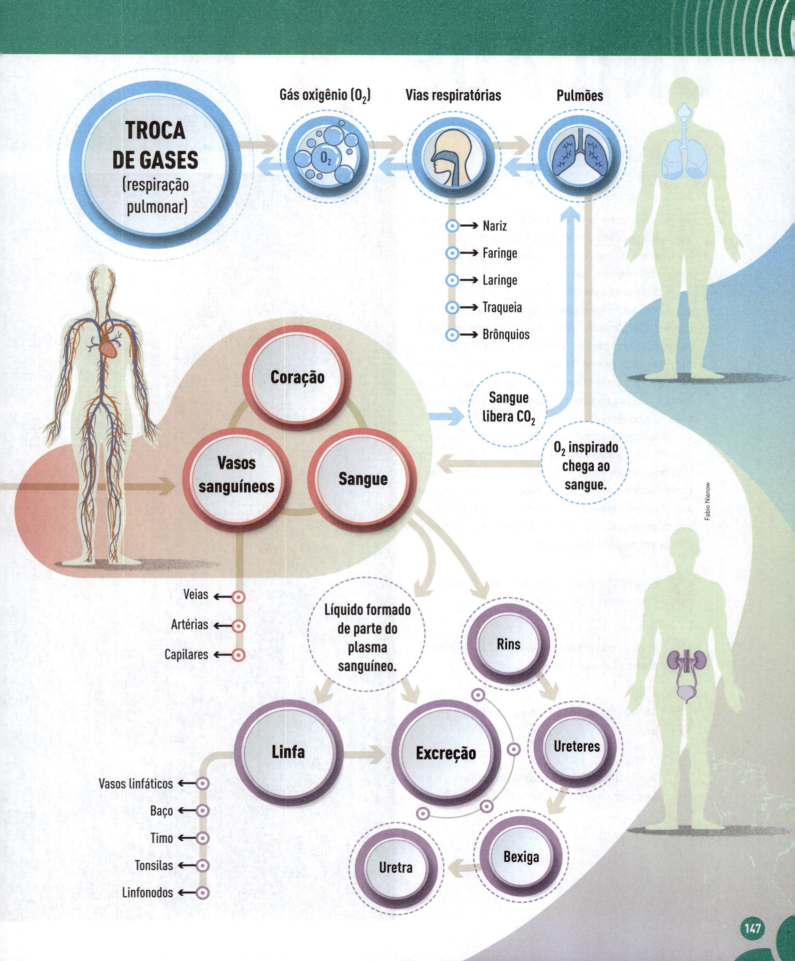

UNIDADE 3

> **Antever**

O céu noturno é algo deslumbrante. Suas estrelas, as diversas constelações, o nascer da Lua no horizonte e os meteoros que riscam o céu são fenômenos que nos fascinam.

Como compreendê-los?

Os astros movimentam-se no espaço continuamente. Geralmente, podemos observar os movimentos ao contemplar o céu; mas, nesse caso, é um movimento aparente. Nesta unidade, você vai saber mais sobre os movimentos dos astros – inclusive da Terra –, de acordo com conhecimentos acumulados pela humanidade.

Esses movimentos não são uma abstração, algo distante de nosso cotidiano... Pelo contrário, são eles que determinam a duração do dia, da noite e das estações do ano. Além disso, a posição, o trajeto e os movimentos da Terra em relação ao Sol e à Lua desempenham papel fundamental nos diferentes climas em regiões distintas do planeta.

1. Ao contemplar o céu noturno, o que chama mais sua atenção?

2. Você já observou as fases da Lua? Sabe como elas acontecem?

3. Já viu um eclipse? Como será que ele ocorre?

4. Você saberia relacionar o Sol, a Terra e a Lua para explicar outros fenômenos?

Superlua, Piracicaba (SP), 2015.

O planeta em que vivemos

CAPÍTULO 9
Sol, Terra e Lua

As noites de céu limpo revelam o brilho de milhões de estrelas muito distantes de nós.

[...]
Dona Benta continuava com os olhos nas estrelas. Súbito, Narizinho, que estava em outro degrau da escada fazendo tricô, deu um berro.

— Vovó, Emília está botando a língua para mim!

Mas Dona Benta não ouviu. Não tirava os olhos das estrelas. Estranhando aquilo, os meninos foram se aproximando. Ficaram também a olhar para o céu, em procura do que estava prendendo a atenção da boa velha.

— Que é, vovó, que a senhora está vendo lá em cima? Eu não estou enxergando nada — disse Pedrinho.

Dona Benta não pôde deixar de rir-se. Pôs nele os olhos, puxou-o para o seu colo e falou:

— Não está vendo nada, meu filho? Então olha para o céu estrelado e não vê nada?

— Só vejo estrelinhas — murmurou o menino.

— E acha pouco, meu filho? Você vê uma metade do universo e acha pouco? Pois saiba que os astrônomos passam a vida inteira estudando as maravilhas que há nesse céu em que você só vê estrelinhas. É que eles sabem e você não sabe. Eles sabem ler o que está escrito no céu — e você nem desconfia que haja um milhão de coisas escritas no céu...

— Desconfio sim, vovó, mas fico nisso. Sou muito bobinho ainda.

— Bobinho como todos os grandes astrônomos na sua idade, meu filho. Os maiores sábios do mundo foram bobinhos como você, quando crianças — mas ficaram sábios com a idade, o estudo e a meditação. [...]

Monteiro Lobato. *Viagem ao céu*. São Paulo: Brasiliense, 1988. p. 12.

O Sistema Solar é formado por planetas (inclusive a Terra), meteoroides, cometas e outros corpos celestes que giram em torno do Sol.

A proporção entre as dimensões dos astros representados, a distância entre eles e as cores utilizadas não correspondem aos dados reais.

Esquema do Sistema Solar. Estão representados o Sol e os planetas do Sistema Solar em suas órbitas.

Os oito planetas do Sistema Solar são: Mercúrio, Vênus, Terra, Marte, Júpiter, Saturno, Urano e Netuno. Todos eles, exceto por Mercúrio e Vênus, são orbitados por satélites naturais, também chamados de luas. O número dessas luas varia bastante: enquanto a Terra tem apenas uma, Saturno tem mais de 60 já observadas.

zoom

Até 2006, Plutão era considerado o nono planeta, mas a União Astronômica Internacional criou outra definição para ele: "planeta-anão". Considerando isso, pesquise e descubra por que Plutão deixou de ser classificado como planeta e quais outros planetas-anões existem em nosso Sistema Solar.

Fotografia de Plutão obtida pela sonda *New Horizons*, da Nasa, em 2015.

Ampliar

Parque de Ciência e Tecnologia da USP (CienTec)
Avenida Miguel Stéfano, 4200, Água Funda, São Paulo (SP). Tel.: (11) 5077-6312.
http://parquecientec.usp.br

O CienTec é um parque dedicado à divulgação científica, mantido pela Universidade de São Paulo.

Fascínios do Universo,
de Augusto Damineli e João Steiner (Odysseus).

Lançado em comemoração ao Ano Internacional da Astronomia, em 2009, esse livro traz imagens e textos sobre o Universo e o Sistema Solar. Pode ser encontrado para *download* em: www.astro.iag.usp.br/fascinio.pdf.

Stellarium
https://stellarium.org/pt

Software gratuito que simula o céu de forma realista em três dimensões, igual ao que se vê a olho nu, com binóculos ou telescópio.

Sky Map

Aplicativo gratuito para celulares com Sistema Android que indica, em tempo real, a posição de diversos astros no céu, como estrelas, planetas, luas e meteoros.

Movimento de rotação da Terra

Rotação é o movimento da Terra em torno de seu eixo imaginário, o que leva aproximadamente 24 horas. Esse movimento que nosso planeta realiza em torno dele mesmo define o período de um dia.

Durante a rotação, a parte da Terra voltada para o Sol é iluminada e aquecida por ele; a outra parte fica no escuro. Esse movimento é responsável, portanto, pelo fenômeno da alternância entre os dias e as noites.

Na ilustração abaixo é possível perceber que, quando partes da África e da Europa estão sendo iluminadas pelo Sol, regiões do lado oposto da Terra não recebem raios solares. Nesse mesmo instante, portanto, é dia nos países europeus e asiáticos e noite no continente americano.

A proporção entre as dimensões dos astros representados, a distância entre eles e as cores utilizadas não correspondem aos dados reais.

Ilustração da Terra com o eixo imaginário. A seta indica a direção do movimento de rotação – do oeste para o leste. A parte clara representa a porção da Terra em que é dia; a parte escura, com sombra, mostra a região onde é noite.

À medida que as horas passam e a Terra gira, as partes escuras começam a clarear por receberem iluminação direta do Sol (o dia vai nascendo). Por outro lado, as áreas que deixam de receber a iluminação direta vão escurecendo (começa a anoitecer). Essas mudanças na iluminação da superfície da Terra ocorrem de forma contínua e gradual, acompanhando o movimento de rotação do planeta.

zoom

Você já reparou que os globos terrestres escolares são inclinados? Observe a ilustração.

- Considerando o que você aprendeu, por que eles são construídos dessa forma?

Movimento de translação da Terra

O movimento da Terra em torno do Sol é conhecido como **translação**. O ano é definido como o tempo necessário para a Terra completar uma volta em torno do Sol. A duração do ano corresponde a 365 dias completos mais seis horas. Essa é a razão pela qual, a cada quatro anos, é acrescentado um dia ao ano (4 × 6h = 24h, ou seja, 1 dia). Esse dia é acrescentado ao mês de fevereiro, ou seja, a cada quatro anos o mês de fevereiro tem 29 dias – é o ano bissexto.

No movimento de translação, a Terra descreve uma órbita em torno do Sol em forma de elipse. Diferentemente da circunferência, cujos pontos estão sempre a uma mesma distância do centro, a elipse é uma curva achatada. Por isso, em algumas épocas do ano a Terra aproxima-se do Sol e, em outras, afasta-se dele, mas a diferença entre essas distâncias é relativamente pequena.

> **zoom**
> Explique o que aconteceria, considerando o aquecimento solar, se o eixo de rotação da Terra fosse perpendicular ao plano de sua órbita em torno do Sol.

É importante ressaltar que isso não influencia as características climáticas do planeta, como as que ocorrem nas estações do ano, ou seja, não é pelo fato de estar mais próxima do Sol que se configura verão e, mais afastada, inverno. Na prática, a diferença é tão pequena que pouco efeito causa nas estações do ano.

As estações do ano são consequência da inclinação de aproximadamente 23° no eixo de rotação da Terra (tendo como referência o plano de translação).

Em um mesmo período do ano, as estações são diferentes nos dois hemisférios do planeta. Por exemplo, num determinado dia de verão no sul do Brasil, que está situado no Hemisfério Sul, as temperaturas podem ser relativamente altas. Nesse mesmo dia é inverno na França, localizada no Hemisfério Norte, onde a temperatura deve estar baixa e pode até nevar.

Observe a ilustração abaixo e discuta a situação apresentada com o professor e os colegas.

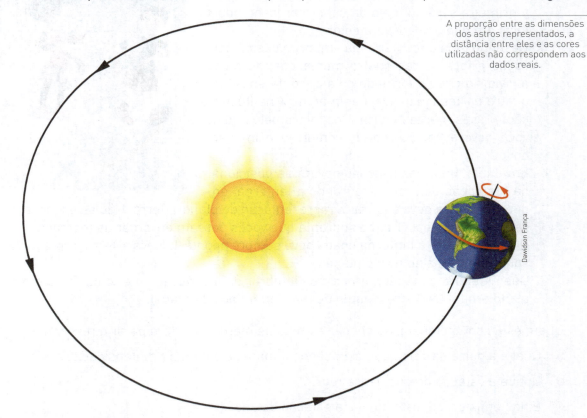

A proporção entre as dimensões dos astros representados, a distância entre eles e as cores utilizadas não correspondem aos dados reais.

Esquema representando o movimento de translação da Terra. Nosso planeta gira em torno do Sol descrevendo uma elipse. O eixo de rotação da Terra está inclinado 23° em relação ao plano de sua órbita em torno do Sol.

Modelar

Translação e incidência de luz

Vamos representar, por meio de um modelo tridimensional, como a luz solar incidente na Terra ilumina os hemisférios Sul e Norte da Terra com intensidades diferentes, dependendo da posição da Terra em sua trajetória ao redor do Sol.

Material:

- esfera feita de papel amassado (jornal, papel de presente usado etc.) com 15 cm de diâmetro;
- lanterna grande;
- palito de churrasco;
- canetas hidrocor de diversas cores;
- fita adesiva colorida.

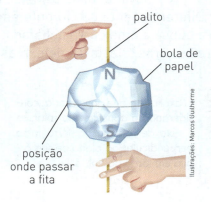

Procedimentos

1. Com uma caneta, desenhe a Linha do Equador na esfera de papel, até completar a volta toda; depois, passe a fita adesiva colorida para demarcá-la bem.
2. Espete o palito de churrasco perpendicular a essa linha, na esfera, de modo que a atravesse.
3. Em uma das partes, marque "N" para indicar o Polo Norte. Na outra, marque "S" para indicar o Polo Sul.
4. Com a fita adesiva, faça cinco marcações no chão: a primeira será no meio da sala, representando o local em que o Sol deverá estar.
5. Desenhe uma circunferência em torno dessa marcação e faça outras quatro marcações, de modo a dividir o círculo formado pela circunferência em quatro partes iguais (veja as marcas X na ilustração). Essas marcas indicam os locais pelos quais você deverá se locomover, conforme a imagem ao lado.
6. Em dupla, uma das pessoas deverá se posicionar na marcação do meio, segurando a lanterna, enquanto a outra deve segurar a representação do planeta Terra. Não se esqueça de deixar a sala um pouco escura, mas garanta que vocês possam enxergar as marcações.
7. Quem está com a lanterna ligada deve sempre apontá-la para a Terra, representando a luz solar que chega ao nosso planeta.
8. Quem segura o planeta, precisa se lembrar da inclinação do eixo da Terra em relação ao plano orbital terrestre (ângulo de mais ou menos 23 graus).

Quem está com o planeta, ao chegar a uma das marcações deve parar e responder:

1. Qual é a parte da Terra que está sendo iluminada com maior intensidade?
2. Qual é a estação do ano nessa região?
3. E no hemisfério oposto, qual é a estação do ano?
4. Anote a estação do ano correspondente a cada marcação em que você parar.

As estações do ano

Em razão do movimento de translação e da inclinação do eixo da Terra, cada hemisfério fica, alternadamente, mais exposto aos raios solares durante determinado período do ano. Isso resulta nas quatro estações do ano: verão, outono, inverno e primavera.

Quando é verão no Hemisfério Sul, a região do planeta ao sul da Linha do Equador recebe maior incidência direta e perpendicular da radiação solar e é mais aquecida que a região ao norte da Linha do Equador.

O inverso ocorre quando é verão no Hemisfério Norte – agora é esse hemisfério que recebe maior incidência direta e perpendicular da radiação solar e, portanto, fica relativamente mais aquecido. Enquanto isso, é inverno no Hemisfério Sul, onde os raios solares incidem com maior inclinação.

Esquema das estações do ano.

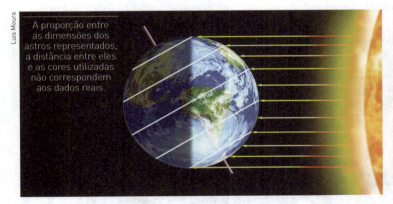

Esquema da incidência dos raios solares sobre a Terra no período de verão no Hemisfério Sul.

As datas consideradas marcos de mudança entre as estações ficaram definidas como solstícios (de verão e de inverno) e equinócios (de primavera e outono). Essas estações apresentam condições climáticas marcadamente diferentes em regiões mais próximas dos polos, o que não ocorre nas proximidades da Linha do Equador.

Enquanto é verão em um dos hemisférios, com dias mais longos e noites mais curtas, é inverno no outro – os dias tornam-se mais curtos e as noites, mais longas.

A ilustração do mapa-múndi a seguir mostra como a Terra é iluminada em determinado momento do dia durante o inverno no Hemisfério Sul. Observe que o Polo Sul não está iluminado.

No mapa-múndi, a Terra é representada em um plano. Durante o inverno do Hemisfério Sul, a área iluminada nesse hemisfério é menor que a área iluminada no Hemisfério Norte. Observe o Sol representado próximo à linha do Trópico de Câncer, que está situado ao norte da Linha do Equador e delimita a zona tropical norte.

Devido à posição da Terra em sua órbita, em dois períodos do ano (de março a junho e de setembro a dezembro) os dois hemisférios são iluminados igualmente, como mostra a segunda ilustração. Nessas épocas ocorrem, de forma alternada nos dois hemisférios, a primavera (período de flores e acasalamento dos animais), que antecede o verão, e o outono (período de frutos maduros, colheitas e plantio de sementes), que precede o inverno.

Neste mapa-múndi vemos como a Terra é iluminada durante a primavera no Hemisfério Sul e o outono no Hemisfério Norte. Observe o Sol representado sobre a Linha do Equador.

Nas áreas perto da Linha do Equador (como as regiões Norte e Nordeste do Brasil), a incidência dos raios do Sol é praticamente constante, e faz calor durante todo o ano. Há apenas a estação das chuvas (chamada, no norte do Brasil, de inverno) e a estação da seca.

Como as variações aqui referidas são pouco perceptíveis nos locais próximos à Linha do Equador, no Brasil as diferenças climáticas e variações da duração dos dias e das noites são mais percebidas nas regiões Sul e Sudeste do que no Norte e Nordeste.

Por um longo período do ano, os raios solares não chegam aos polos. Nessas regiões, há basicamente apenas duas estações: o inverno, ou seja, o longo período em que os raios solares não atingem o polo; e o verão, quando o Sol não se põe durante meses.

Paisagem do Polo Sul no período de verão (entre os meses de dezembro e março), quando a região fica constantemente exposta à luz do Sol.

Observar

Variação do pôr do sol no decorrer do ano

O Sol não nasce sempre exatamente no ponto Leste e também não se põe exatamente no ponto Oeste todos os dias. Isso ocorre somente nos dias dos equinócios. Nos outros dias do ano, a posição em que o Sol nasce e se põe varia um pouco. É possível observar essa variação com um registro ao longo do ano.

Pôr do sol em São Paulo (SP).

Material:
- prancheta;
- folha de papel A4;
- lápis.

Procedimentos

1. Escolha um local de sua casa (uma janela, o quintal etc.) ou algum lugar próximo a ela em que seja possível avistar o pôr do sol ao longo do ano. O local escolhido tem de ser demarcado e fixo (as observações e os registros serão sempre feitos a partir dali). Caso seja fora de casa, peça a um adulto que o acompanhe.

2. É preferível começar a observação no outono (em torno de 20 de março).

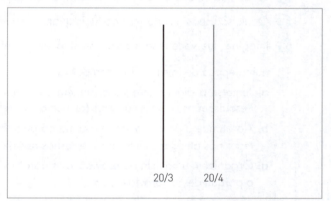

Modelo de como devem ser feitas as marcações em 20 de março e 20 de abril na folha A4.

Nesse dia, posicione a prancheta com a folha de papel em branco numa posição paralela à linha do horizonte. Com o lápis, faça um risco (de uns 5 cm) no centro da folha, apontando o local exato em que o Sol está se pondo. Esse será o registro da direção do pôr do sol.

3. As outras observações podem ser feitas a cada mês (por volta do dia 20). Marque a data nas marcas que você fizer. Lembre-se de posicionar a prancheta sempre no mesmo local, na mesma posição e com a mesma folha. Em dezembro, faça a observação o mais próximo possível do fim das aulas para que você consiga mostrar seu trabalho aos colegas antes das férias.

4. Combine com o professor o dia para apresentar os registros e socializar com os colegas o que você constatou.

Agora responda:

1. Em que dia do ano a marcação ficou mais ao centro da folha, afora o dia 20 de março?
2. Entre os dias anotados, quais você definiria como os equinócios? O que representam esses dias?
3. Quais dos dias anotados você definiria como os solstícios? O que representam esses dias?
4. O que explica esse movimento aparente de vaivém do Sol ao longo do ano?

Conviver

Nossa vida em diferentes estações

Observe as fotografias.
Elas mostram dois locais diferentes na mesma época do ano.

Inverno em Paris (França), fevereiro de 2018.

Verão em Porto Alegre (RS), dezembro de 2017.

1. Quais são as diferenças entre as fotografias? Explique a razão disso. **em grupo**

2. Quais são suas atividades habituais quando é verão aqui? E que providências toma quando é inverno?

3. Imagine que você e seus colegas estão se organizando para viajar para um país do Hemisfério Norte numa época de inverno rigoroso por lá.

   a) Junte-se a alguns colegas e formem um grupo. Escolham o país que visitarão e a data da viagem. Pesquisem os hábitos culturais (alimentação, religião predominante, lazer etc.) e o clima do lugar.

   b) Aprofunde a pesquisa sobre o clima do país. Procure saber o que seus habitantes fazem para se proteger nas atividades internas e externas nos dias muito frios do inverno.

   a) Organizem uma lista de providências para a viagem relacionadas ao inverno naquele país. Discutam o porquê dessas providências.

Saúde em foco

Cuidados ao observar o Sol

[...] Observar o Sol é muito interessante e ao mesmo tempo exige cuidados. Várias medidas de segurança devem ser respeitadas para que estas observações não prejudiquem a visão. Observar diretamente o Sol sem o equipamento correto pode implicar em danos irreversíveis aos olhos. As células responsáveis pela visão quando expostas à radiação ultravioleta presente na luz solar durante período prolongado podem eventualmente sofrer queimaduras ou até mesmo pararem de funcionar durante um período de tempo levando, em casos extremos, à cegueira permanente. [...]

Guilherme Murici Corrêa. Observatório Astronômico Frei Rosário - UFMG. Disponível em: <www.observatorio.ufmg.br/dicas08.htm>. Acesso em: 4 set. 2018.

1. Que cuidados devem ser tomados para se observar o Sol?

1. Explique a relação entre os movimentos de rotação e translação da Terra e as durações do dia e do ano.

2. Imagine que você pudesse modificar a velocidade do movimento de rotação da Terra. O que aconteceria com o período do dia terrestre se você aumentasse a velocidade de rotação do planeta? A maior velocidade influenciaria na determinação de um ano terrestre?

3. Aristóteles acreditava que os planetas giravam ao redor do Sol descrevendo órbitas circulares. Uma das maiores revoluções da Astronomia moderna, proposta por Kepler no século XVII, foi a determinação das órbitas elípticas.

   Com relação à distância entre o planeta Terra e o Sol, qual é a principal diferença entre as órbitas circulares e as órbitas elípticas? Essa diferença é responsável pelo fenômeno das estações do ano?

4. Observe a ilustração e responda às questões.

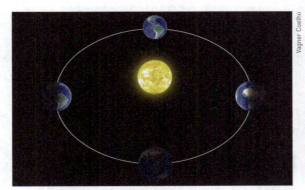

Solstícios e equinócios marcam as transições das estações do ano.

   a) No início da primavera e do outono, o planeta recebe incidência máxima de luz solar nos dois hemisférios simultaneamente. Como são chamados esses fenômenos?

   b) No início do verão e do inverno, o planeta recebe as incidências máximas e mínimas em cada hemisfério. Como são chamados esses fenômenos?

   c) Quando for solstício de verão no Hemisfério Sul e solstício de inverno no Hemisfério Norte, em qual dos hemisférios o dia será mais longo e a noite, mais curta?

   d) No equinócio de outono no Hemisfério Sul (por volta de 21 de março) e, portanto, equinócio da primavera no Hemisfério Norte, qual é a duração do dia e da noite em cada hemisfério?

5. Observe a ilustração abaixo. Ela representa que é verão ou inverno no Hemisfério Norte? Explique a resposta.

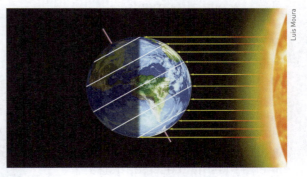

6. Sabe-se que o ângulo de inclinação do eixo da Terra é de aproximadamente 23°. O que aconteceria com as estações do ano nos hemisférios Norte e Sul se esse ângulo não existisse e o planeta não fosse inclinado?

7. Observe, na ilustração abaixo, os três fluxos de radiação solar: **A**, **B** e **C**. Sabendo que eles têm a mesma intensidade, responda às questões.

A proporção entre os astros representados nesta página estão fora de escala.

   a) Os fluxos **A**, **B** e **C** atingem a superfície do planeta da mesma forma?

   b) A extensão das áreas da superfície nas quais cada fluxo incide é a mesma?

   c) O aquecimento nas áreas em que os fluxos **A**, **B** e **C** incidem é igual? Qual área é mais aquecida e qual é menos aquecida?

A Lua

A Lua é o único satélite natural da Terra. Evidências científicas indicam que ela acompanha a órbita de nosso planeta desde o período de formação dele.

Há diversas teorias sobre a formação da Lua:
- a Lua se formou ao mesmo tempo que a Terra, mas independentemente dela;
- durante a formação da Terra, devido à sua rotação, uma parte do planeta se desprendeu e originou a Lua;
- a Lua era um planeta que já existia e foi capturado pela gravidade da Terra;
- a Lua resulta dos destroços de uma colisão da Terra com outro planeta (essa é a teoria mais aceita atualmente).

A Lua tem aproximadamente 3 476 km de diâmetro, o que corresponde a cerca de ¼ do diâmetro da Terra. Veja a comparação representada na ilustração ao lado. Sua massa equivale a uma pequena fração de 1/81 da massa terrestre, ou seja, precisaríamos de 81 Luas para obter a mesma massa da Terra.

Para girar em torno de si mesma (movimento de rotação), a Lua leva aproximadamente 27 dias e sete horas, o mesmo tempo necessário para dar uma volta completa em torno da Terra (movimento de translação); por isso, sua rotação e translação são **síncronas**.

Esquema da Terra e da Lua. Apesar de a distância entre esses astros estar fora de escala, a proporção das dimensões dos círculos que os representam está muito próxima da proporção entre os tamanhos reais.

Devido aos movimentos síncronos da Lua, nunca podemos observar, daqui da Terra, uma parte de sua superfície, porque sempre a mesma face fica voltada para nosso planeta e a outra fica oculta. Observe as imagens a seguir.

A fotografia da esquerda é da face lunar que podemos ver da Terra. A da direita mostra a face que nunca está voltada para a Terra, chamada de "lado oculto da Lua".

Os lados opostos da superfície da Lua: o visível (à esquerda) e o oculto (à direita).

Fases da Lua

Ao longo do mês, vemos imagens diferentes da Lua porque, na maior parte do tempo, apenas uma parte da superfície dela que fica voltada para a Terra é iluminada pelo Sol. Somente na lua cheia a face que podemos ver é totalmente iluminada. É importante lembrar, entretanto, que todo o tempo, em todas as fases, a Lua não desaparece: simplesmente não está iluminada total ou parcialmente.

Observe as fotografias das fases da Lua como vistas da Terra.

Três das fases principais da Lua: quarto crescente, cheia e quarto minguante. A lua nova não é visível da Terra.

Aspectos da Lua no céu

Material:
- prancheta;
- 20 folhas de papel sulfite;
- lápis.

Procedimentos

1. Acompanhado de um adulto que possa fazer as observações com você, escolham um local de sua casa ou próximo a ela em que consigam ver o lado leste do céu noturno, ou seja, o lado em que nasce o Sol. O local escolhido deve ser o mesmo em todas as observações.
2. Consultem o calendário para identificar o dia em que haverá lua cheia e em que horário ela surgirá no horizonte. Iniciem as observações nesse dia e horário. Desenhem a Lua e registrem suas impressões sobre ela: tamanho, cor, forma etc.
3. No decorrer da noite, até o horário que acharem conveniente, façam outras observações e registros: o caminho que a Lua percorre no céu, seu posicionamento em relação às estrelas etc.
4. Durante toda a semana, repitam as observações e os registros diariamente (se começarem em uma segunda-feira, por exemplo, terminem na segunda-feira seguinte). Caso não consigam fazer a atividade todas as noites, alternem noite sim, noite não. Usem folhas diferentes para os registros das observações em cada dia.

Reúna-se com os colegas e conversem sobre suas observações.

1. Na primeira noite de observação, como era o tamanho, a cor, a forma da Lua?
2. No decorrer dessa primeira noite de observação, qual foi o sentido da trajetória da Lua no céu?
3. Que mudanças você percebeu no aspecto da Lua?
4. O que mais chamou sua atenção nesse experimento?

A posição relativa do Sol, da Terra e da Lua

Acompanhe o movimento da Lua em torno da Terra no diagrama da ilustração abaixo para compreender como as fases da Lua ocorrem.

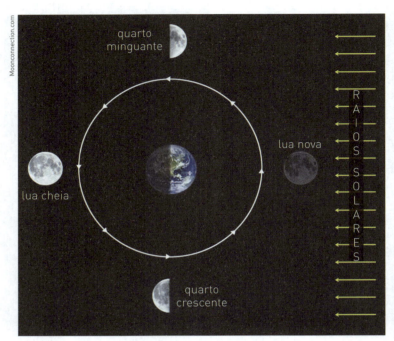

A proporção entre as dimensões dos astros representados, a distância entre eles e as cores utilizadas não correspondem aos dados reais.

Esquema com as posições da Lua e como ela é vista da Terra por um observador no Hemisfério Sul.

O brilho da Lua é o reflexo da luz do Sol. Assim como os planetas do Sistema Solar, ela não tem luz própria.

O observador terrestre vê partes diferentes do mesmo lado da Lua iluminado pelo Sol enquanto ela se movimenta ao redor da Terra. Esses diferentes aspectos são denominados **fases da Lua**: lua nova, quarto crescente, lua cheia e quarto minguante.

O aspecto da Lua se modifica continuamente porque ela está em constante movimento, mesmo entre essas quatro fases principais.

Na fase de lua nova, quando a Lua está entre a Terra e o Sol, não há incidência de luz solar na face lunar voltada para a Terra; portanto, a Lua não é visível para nós nesse momento. Note que a Lua está posicionada do mesmo lado e na mesma direção do Sol.

Entre um ou dois dias depois da lua nova, já é possível ver aquele aspecto de "unha cortada", típico dos primeiros dias do crescente, porque a face lunar voltada para a Terra começa a refletir os raios solares. Essa parte iluminada aumenta de acordo com o movimento de translação da Lua, até chegar à posição da fase quarto crescente. Nessa fase, a Lua fica com formato semelhante à letra "C" no Hemisfério Sul. No Hemisfério Norte, o formato é o inverso, semelhante ao "D".

Meio mês depois da ocorrência da lua nova, nosso satélite está do lado oposto do Sol (como mostrado no esquema), na posição em que ocorre a lua cheia. Repare agora que toda a face da Lua voltada para a Terra recebe luz solar e pode ser vista por completo.

Depois, à medida que a face lunar voltada para a Terra fica cada vez menos iluminada, ela começa a minguar.

Aproximadamente uma semana após a lua cheia, ela está na posição da fase quarto minguante. Nessa fase, a Lua tem formato semelhante à letra "D" no Hemisfério Sul e à letra "C" no Hemisfério Norte. Depois dela, a face da Lua que podemos ver continua a receber menos luz até chegar novamente na posição de lua nova, reiniciando o ciclo.

Modelar

Simulando as fases da Lua

Podemos simular as fases da Lua com um experimento muito interessante e divertido. Ele pode ser feito usando um modelo em que o ponto de vista será o de um observador na Terra.

Material:

- luminária ou lanterna (adequada às dimensões dos objetos usados no experimento);
- bola de poliestireno;
- espeto de churrasco (maior do que a bola de poliestireno).

Procedimentos

1. A simulação deve ser feita em um ambiente sem claridade: uma sala ou quarto escuro, onde a única fonte de luz seja a da luminária usada no experimento.
2. Comece simulando a fase de lua nova (como exemplificado na imagem abaixo). Atravesse o espeto de churrasco na bola de poliestireno e segure-o com uma das mãos. Fique de frente para a fonte de luz. Estique o braço e coloque a bola de poliestireno entre a fonte de luz e sua cabeça. Repare que, nessa posição, a fonte de luz está do lado esquerdo da figura, isto é, de frente para a pessoa. Esta é a simulação da lua nova.

Bola de poliestireno como vista pelo observador.

3. Gire lentamente seu corpo para o lado direito. Parte da face da bola de poliestireno voltada para você começará a ser iluminada. Quando esse giro completar 90°, teremos a simulação da fase quarto crescente.

Bola de poliestireno como vista pelo observador.

4. Continuando o giro no sentido horário, teremos a simulação de lua cheia. Nesse momento, você deve estar de costas para a fonte de luz, assim conseguirá ver toda a face da bola de poliestireno voltada para você iluminada.

Bola de poliestireno como vista pelo observador.

5. Girando lentamente mais 90°, sempre no sentido horário, teremos a simulação da fase quarto minguante. Repare que, durante o giro, a face voltada para você vai perdendo luminosidade.

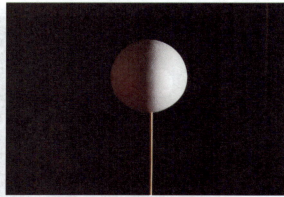

Bola de poliestireno como vista pelo observador.

Converse com o professor e os colegas sobre o que constatou.

① O que a fonte de luz (luminária ou lanterna) representou na simulação?

② O que a bola de poliestireno representou na simulação?

③ E o que sua cabeça representou?

zoom

Diversos povos, ao longo da história, construíram mitos sobre a Lua. Para os índios tupi-guaranis, por exemplo, ela era a deusa Jaci, criada para iluminar a noite, e por quem Guaraci, o deus Sol, se apaixonou.

Ainda hoje, muitas tradições ligadas à Lua e suas fases são encontradas em nossa sociedade, como cortar o cabelo na lua cheia para fazê-lo crescer mais rápido ou mais forte. Procure conhecer algumas dessas tradições e pesquise como elas se originaram.

A Lua e as marés

A Lua, por ser nosso único satélite natural, é muito importante para a história do planeta e para a vida que se desenvolveu nele. Um importante fenômeno que ocorre na Terra por causa da Lua são as marés – mas não apenas pela influência da Lua; o Sol também é responsável por esse fenômeno, ainda que com menor intensidade por estar a uma grande distância da Terra.

Como é atraída pela Terra, a Lua gira ao redor de nosso planeta. A Lua também exerce força gravitacional sobre a litosfera, a parte sólida da Terra, mas esse efeito é imperceptível. Na hidrosfera, porém, devido à sua fluidez, a consequência é a subida e descida das águas, causando a variação do nível dos oceanos e mares, o que chamamos de marés.

Com o movimento de rotação da Terra, as mudanças nas marés baixa e alta ocorrem diariamente. Quando certa região da Terra, em dado momento do dia, está mais próxima da Lua, a maré será alta. Aproximadamente seis horas mais tarde, a rotação da Terra leva esse ponto a 90° da Lua e, na mesma região, será maré baixa. Dali a mais seis horas e 12 minutos, o mesmo ponto estará a 180° da Lua e a maré será alta novamente. Portanto, as marés ocorrem duas vezes a cada 24 horas, que é a duração do dia lunar.

Em fases de lua nova e de lua cheia, quando a Terra, a Lua e o Sol estão alinhados, a atração conjunta dos dois astros sobre a Terra aumenta o nível das marés altas.

zoom

Os **satélites artificiais** são equipamentos criados pelo homem com o intuito de explorar o Universo. São corpos lançados no espaço por meio de foguetes destituídos de tripulação que orbitam os planetas, outros satélites ou o Sol, sendo utilizados para o aprofundamento dos estudos acerca do Sistema Solar. Geralmente, eles podem ser observados a olho nu do planeta Terra. [...]

Satélites artificiais. Toda Matéria. Disponível em: <www.todamateria.com.br/satelites-artificiais/>. Acesso em: 25 maio 2018.

Considerando o que leu, explique a diferença entre satélites naturais e satélites artificiais.

A proporção entre as dimensões dos astros representados, a distância entre eles e as cores utilizadas não correspondem aos dados reais.

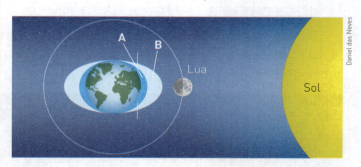

Efeitos da Lua e do Sol nas marés. Esses dois astros, quando estão alinhados, aumentam o nível das marés. Nessa ilustração, estão representados em tons diferentes de azul a participação de cada um deles no nível da maré alta, desse modo: **A** (altura da maré por influência do Sol); **B** (altura da maré por influência da Lua).

Energia em foco

Energia maremotriz

[...] Os movimentos periódicos de elevação e abaixamento da superfície dos oceanos, mares e lagos são provocados pela força gravitacional da Lua e do Sol sobre a Terra. A este fenômeno é dado o nome de marés. A energia aproveitada nesse processo é denominada de energia maremotriz. [...]

Jamil Haddad. *Energia elétrica: conceitos, qualidade e tarifação.* (Eficiência energética industrial). Eletrobrás. Disponível em: <www.mme.gov.br/documents/10584/1985241/Energ_Elet_Conceitos_Qualid_Tarif_Eletr_Procel-04.pdf>. Acesso em: 25 maio 2018.

1 O que são as marés e como são formadas?

2 Explique como a Lua pode auxiliar no processo de geração de energia em nosso planeta.

Eclipses

A proporção entre as dimensões dos astros representados, a distância entre eles e as cores utilizadas não correspondem aos dados reais.

Os eclipses acontecem quando um corpo passa pela sombra produzida por outro corpo. No caso das posições relativas entre a Terra, o Sol e a Lua, a Lua pode passar algumas vezes pela sombra da Terra. Nesse caso, acontece o eclipse lunar. Observe esse fenômeno na ilustração abaixo.

O eclipse lunar ocorre quando a Lua atravessa a sombra formada pela Terra.

Outras vezes, é a Terra que passa pela sombra projetada pela Lua. Nesse caso, acontece o eclipse solar, ou seja, o Sol é encoberto totalmente ou parcialmente pela Lua. Observe a configuração de um eclipse solar na ilustração abaixo.

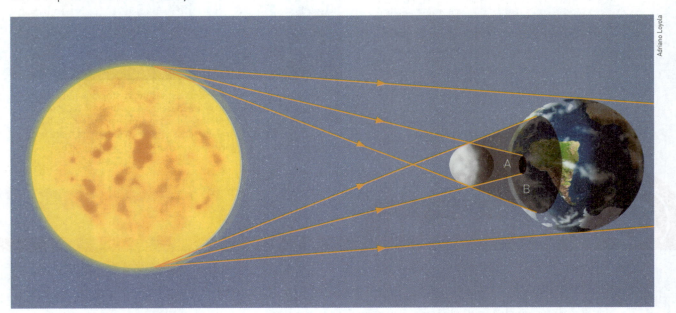

O eclipse solar ocorre quando a sombra da Lua é projetada na Terra. Repare que a figura representa a fase de lua nova.

Nesse caso, quem vive na região A vê o Sol ser totalmente encoberto pela Lua, ou seja, consegue presenciar o eclipse solar total. Aqueles que estão na região B verão somente uma parte do Sol encoberta.

Por causa da posição inclinada do plano de órbita da Lua em relação ao plano da órbita da Terra, os eclipses acontecem de vez em quando. Se as duas órbitas estivessem no mesmo plano, teríamos dois eclipses por mês: um eclipse solar, quando a Lua ficasse entre o Sol e a Terra, na lua nova, e um eclipse lunar, quando a Terra estivesse entre o Sol e a Lua, na lua cheia.

Nos eclipses lunares, a Lua não deixa de receber a luz solar completamente. Parte da luz solar é desviada pela atmosfera terrestre dando à Lua uma tonalidade algumas vezes avermelhada, como a cor de tijolo, ou um tom de vermelho mais escuro.

Eclipse da Lua. Ela fica avermelhada, como a cor de tijolo, em função do desvio dos raios de luz do Sol na atmosfera terrestre. Essa fotografia mostra bem a coloração avermelhada por se tratar de uma composição com longa exposição da lente à luz, mas, a olho nu, a Lua pode deixar de ser totalmente visível em alguns momentos.

Nos eclipses do Sol, a Lua fica entre ele e o nosso planeta. Dependendo das circunstâncias, a Lua pode cobrir toda a superfície solar (eclipse total). Como a luz do Sol é bloqueada pela Lua, o dia fica mais escuro e, durante o fenômeno, podem até aparecer estrelas no céu.

Eclipse total do Sol visto da Terra. Durante esses eventos, parte da Terra passa pela sombra da Lua.

Fotografia de um eclipse solar visto do espaço que mostra a sombra da Lua projetada na Terra.

Mitos, lendas e a Lua

Desde o tempo de nossos ancestrais, em vários cantos do planeta, é comum as pessoas observarem a Lua e se inspirarem nela para explicar fenômenos naturais, muitas vezes criando mitos ou lendas. Acredita-se também que esse satélite influencia vários aspectos de nossa vida, como as condições físicas, biológicas e psicológicas.

A Lua é o astro mais próximo da Terra, o que mais conhecemos e o único que os seres humanos já visitaram. Apesar disso, vários mitos e lendas persistem em muitas culturas, constituindo aspectos ricos, muitas vezes lúdicos, na crença popular.

Quanto à ciência, até o momento, constatou-se apenas que a Lua influencia o movimento das marés, que é o movimento de subida e descida do nível do mar causado pela força de atração entre Terra e Lua.

Essa situação evidencia que o conhecimento científico pode ser apropriado pelas pessoas e, assim mesmo, coexistir com as crenças populares do imaginário popular.

1 Observe as ilustrações abaixo e comente-as com o professor e os colegas.

a) A ilustração à esquerda representa qual lenda? Você já ouviu alguma história que faz referência a ela? Conte essa lenda para a turma e diga se acredita nela ou não.

b) Qual lenda é retratada na ilustração à direita? O que conhece sobre ela? Você acredita que é verdade?

2 Leia os textos abaixo e responda:

Texto 1: Lobisomem

[...] Espécie de lobo com características humanas, ele é uma lenda muito difundida por todo o mundo. Acredita-se que o mito surgiu na Grécia e depois se espalhou pela Europa, eventualmente chegando ao Brasil. Em terras tupiniquins, a história ganhou novas particularidades e passou a ser repassada não apenas como um mito, mas como um fato. Um Lobisomem surgiria em uma família ao ser o sétimo filho de um casal.

Duas vezes no mês, o amaldiçoado se transforma e sai vagando por sete regiões da cidade onde mora, uivando para a lua e caçando bebês não batizados. A lenda do Lobisomem ainda vive em várias cidades do Nordeste e faz com que muitas famílias procurem batizar os seus filhos o mais rápido possível. A única arma possível contra o maldito seria uma bala de prata. [...]

Ayslan Monteiro e Emiláine Vieira. E se o folclore brasileiro ganhasse pôsteres? *Superinteressante*, 22 ago. 2017. Disponível em: <https://super.abril.com.br/cultura/e-se-o-folclore-brasileiro-ganhasse-posteres>. Acesso em: 24 ago. 2018.

Texto 2: São Jorge

[...] "Fica ao meu lado, São Jorge Guerreiro", assim se inicia a música-oração de Moacyr Luz e Aldir Blanc em homenagem a São Jorge. É também pedindo e agradecendo ao Santo que os fiéis amanhecem na alvorada do dia 23 de abril nas igrejas em toda cidade [...] do Rio de Janeiro. Milhares de fiéis passarão na Igreja para pedir graças àquele que é considerado guerreiro, tema de inúmeras músicas, santo sincretizado no Rio de Janeiro (e na umbanda), com o orixá guerreiro Ogum, em dia de feriado na cidade. Personagens habituais vão compondo a festa, que ainda traz pessoas de outros estados e músicos de escolas de samba que tem o santo como patrono/protetor. É na festa que o santo, o orixá e o samba se encontram. É na ocupação das ruas, cantando sambas e pagodes antigos, entre o batuque e as velas acesas, a festa e a oração, que São Jorge e Ogum são cultuados nas ruas do Rio de Janeiro, colorindo os espaços de vermelho e branco.

Ana Paula Alves Ribeiro. Caminhos de Ogum: florindo as ruas, festejando São Jorge e Ocupando a Cidade. *Arquivos do CMD – Cultura, Memória e Desenvolvimento*, v. 4, n. 2, jul.-dez. 2016. Disponível em: <www.culturaememoria.com.br/revista/index.php/cmd/article/download/98/pdf>. Acesso em: 24 ago. 2018.

Texto 3: Song Ngó

Essa lenda chinesa, também contada em outras culturas, fala sobre a deusa da Lua, Song Ngó, e seu coelho ajudante, o Coelho de Jade. Nessa lenda a deusa, que guarda o elixir da imortalidade, se casa com Hau Ngai, um arqueiro que salvou a humanidade destruindo 9 sóis e que é morto pelo imperador Hau Gnai. Triste e chocada com o acontecido, ela voa para a Lua para proteger o elixir.

O coelho aparece na Lua ajudando a deusa a fazer o elixir para os outros deuses.

a) Que pistas o texto 1 traz da existência ou não do lobisomem? Comente a resposta com o professor e com os colegas.

b) O que o texto 2 explica sobre São Jorge e qual a relação dele com os orixás?

c) Você consegue observar o coelho na imagem abaixo?

NASA/Goddard/Arizona State University

3 A visualização de imagens na superfície da Lua é fruto do fenômeno psicológico chamado **pareidolia**, que envolve um estímulo vago e aleatório, geralmente uma imagem ou um som, que é percebido por nós como algo distinto e com significado.

As imagens observadas na superfície da Lua são formadas pelo contraste entre regiões mais claras e outras mais escuras. O que explica a existência de tais regiões escuras na Lua?

Atividades

1. Analise a imagem ao lado e responda às perguntas.

   a) Que movimentos da Terra você consegue identificar? Explique-os.

   b) Por que a Terra é representada de forma inclinada em relação ao seu eixo de rotação? Qual é a importância dessa inclinação?

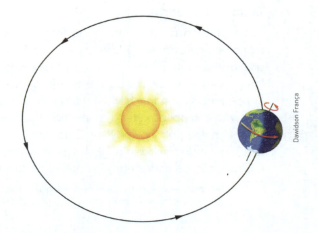

Os esquemas de astros representados nesta página estão fora de escala.

2. As estações do ano estão associadas a qual característica do planeta Terra?

3. Explique por que é verão no Hemisfério Sul quando é inverno no Hemisfério Norte, e vice-versa.

4. Uma face da Lua não pode ser vista da Terra. Como ela é chamada? Por que isso acontece?

5. Observe a imagem ao lado e responda às perguntas.

   a) Quais são as fases da Lua representadas?

   b) Qual é o período de tempo aproximado entre a ocorrência da fase da lua nova e a ocorrência da fase da lua cheia seguinte a ela?

   c) Por que não enxergamos a Lua no céu à noite quando ela está na fase de lua nova?

   d) Quanto tempo leva, aproximadamente, um ciclo completo das fases da Lua?

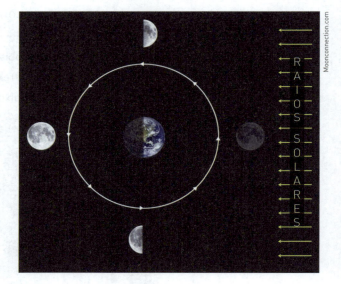

6. Os intervalos de tempo de um dia (24 horas), uma semana (7 dias) e um ano (365 dias) estão relacionados a quais fenômenos astronômicos?

7. Analise as imagens.

   a) Que fenômenos elas representam?

   b) Em que fases da Lua esses fenômenos ocorrem?

A proporção entre as dimensões dos astros representados, a distância entre eles e as cores utilizadas não correspondem aos dados reais.

8. Por que os eclipses nunca ocorrem nas fases de quarto crescente e quarto minguante?

9. Qual é a fonte de energia natural com maior potencial para nosso planeta?

10. Como são chamados os equipamentos lançados por foguetes na órbita da Terra com fins científicos? Por que são importantes para a ciência?

11. Dê exemplos da importância das fases da Lua para os seres humanos.

12. O povo indígena Tukano, do alto Rio Negro, na Amazônia brasileira, conta uma lenda muito interessante sobre a Lua. Todo mês, a Lua come uma cutia. Cada parte do animal que ela come faz com que aumente de tamanho até se tornar lua cheia. Quando chega a esse estágio, come a pele da cutia e fica enorme. É preciso mais meio mês para ela fazer a digestão e procurar outra cutia para comer.

    a) Essa lenda do povo tukano serve para explicar que fenômeno astronômico?
    b) Que outras lendas, crenças ou mitos sobre a Lua e suas fases você conhece?

13. Dê o nome de cada fase da Lua na ilustração abaixo.

14. *A noite estrelada* é uma pintura de Vincent van Gogh. Ela representa a paisagem noturna vista do quarto do asilo psiquiátrico onde o artista se internou voluntariamente.

Como esse asilo ficava na França, no Hemisfério Norte, que fase da Lua está representada? E se o asilo fosse no Hemisfério Sul?

Vicent van Gogh, *Noite estrelada*, 1889. Óleo sobre tela, 74 cm × 92 cm.

15. Por que os pescadores precisam ficar atentos às fases da Lua?

171

CAPÍTULO 10

Clima e previsão do tempo

Previsão do tempo

É comum obtermos informações sobre a previsão do tempo em noticiários de televisão ou de rádio, jornais e internet, como esta:

> Uma frente fria avança do Sul pelo litoral e há previsão de que atingirá a Região Centro-Oeste nas próximas horas.

Com base nessas informações rotineiras, muitas pessoas costumam preparar-se para sair de casa usando roupas leves ou bem agasalhadas ou levando guarda-chuva, de acordo com as condições previstas.

Imagine que um aluno de uma escola de Brasília (DF) irá participar, com sua turma, de um trabalho de pesquisa em um parque. Então, para saber que roupa usar, ele consulta a previsão do tempo no *site* do Instituto Nacional de Meteorologia (INMET), que fornece a previsão diária para os municípios do Brasil, quando digitado o nome da cidade.

Veja o que ele obteve na imagem ao lado:

De acordo com essa previsão, qual será a umidade máxima e a umidade mínima? Será que vai chover? Que outras informações sobre o tempo são apresentadas? Anote-as no caderno.

E se fosse você, como se prepararia para esse dia? Com qual roupa você se vestiria? Levaria guarda-chuva?

zoom

Neste momento, quais são as condições do tempo onde você mora?

Você saberia dizer se vai chover no próximo fim de semana?

No *site* do Instituto Nacional de Pesquisas Espaciais (INPE) há a página do Centro de Previsão de Tempo e Estudos Climáticos (CPTEC). Acesse-a (<http://tempo.cptec.inpe.br/>), digite o nome da sua cidade na parte "Buscar Cidade" e verifique a previsão do tempo para o próximo sábado.

INMET. Disponível em: <www.inmet.gov.br/portal/>. Acesso em: 3 jul. 2018.

PREVISÃO PARA SUA CIDADE

Brasília - DF

Brasília-DF

MÍNIMA	MÁXIMA
12ºC	26ºC
Tendência: **Estável**	Tendência: **Estável**

Umidade Máxima	90 %	Umidade Mínima	20 %
Nascer do Sol	06h39	Pôr do Sol	17h52

| Noite | Manhã-04/07 | Tarde-04/07 |

Parcialmente nublado a claro

Vento	Direção do Vento
Fracos/Moderados	SE-NE

PRÓXIMOS DIAS   METEOGRAMAS

Fonte: Instituto Nacional de Meteorologia. Disponível em: <www.inmet.gov.br/portal>. Acesso em: 3 jul. 2018.

Buscando padrões para prever o tempo

É muito antiga a tentativa do ser humano de compreender os fenômenos naturais que ocorrem na atmosfera, como raios, trovões, tempestades, furacões e as épocas de chuva e de seca. Para muitos povos, esses fenômenos eram mistérios atribuídos à vontade de divindades, o que os assustavam e intrigavam. Ao longo da história, até sacrifícios humanos foram feitos para aplacar o que seria a ira dos deuses para alguns grupos.

A fim de explicar esses fenômenos e garantir a sobrevivência com mais recursos e conforto, com o passar do tempo o ser humano foi observando a natureza e estabelecendo padrões que possibilitaram prever as épocas de seca e de chuva, de frio e de calor, e, assim, adaptar as atividades agrícolas, de caça, de pesca e de migração. Tudo isso ocorreu com base na observação e registro de fenômenos atmosféricos.

Com o avanço da ciência, criou-se uma área de estudos para os fenômenos da atmosfera, a meteorologia, que atualmente conta com o uso de supercomputadores, radares, satélites e modernos modelos numéricos utilizados para aumentar a eficácia da previsão do tempo. Algumas das previsões podem falhar, pois se baseiam em muitos fatores atmosféricos que se alteram em curto espaço de tempo, mas a margem de erro diminuiu.

As previsões do tempo ajudam as pessoas a planejar atividades simples, como o uso do guarda-chuva e a escolha da roupa adequada à temperatura do dia. Ela ajuda também a sociedade a planejar outras atividades mais complexas, como a agricultura e a segurança contra furacões e tempestades, evitando possíveis catástrofes.

Glossário

Anglo-saxão: povo do norte da Europa que migrou para a Inglaterra por volta do século V, do qual os ingleses são descendentes.

De olho no legado

Ditado popular

Há um ditado popular, em língua inglesa, que diz: "Red sky at night, sailor's delight. Red sky in morning, sailor's warning". Ele pode ser traduzido como: "À noite, céu vermelho: deleite do marinheiro. De manhã, céu vermelho: tome cuidado, marinheiro".

O ditado faz referência à importância da vermelhidão do céu no pôr do sol e no amanhecer para os marinheiros **anglo-saxões**. Entre eles, essa coloração indicaria a ocorrência de céu limpo ou de chuva, respectivamente, e era a informação usada no dia a dia.

A vermelhidão do céu e a ocorrência de chuvas, contudo, não estão necessariamente sempre relacionadas. A explicação se deve a fenômenos físicos que envolvem a entrada da luz solar em nossa atmosfera e a tornam avermelhada.

Pôr do sol. Califórnia (Estados Unidos), 2012.

① Pensando nisso, converse com os colegas sobre este assunto: Em que fenômenos atmosféricos vocês se baseiam para prever se choverá ou não?

Tempo e clima

Embora os termos **tempo** e **clima** estejam relacionados a eventos atmosféricos, eles são conceitos bem diferentes.

O **tempo atmosférico** é uma condição momentânea dos fenômenos da atmosfera. Indica o estado atmosférico em determinado momento e lugar. Quando entra uma frente fria em um lugar ensolarado, ela pode provocar, em poucas horas, a queda da temperatura e a ocorrência de chuvas ali.

Hoje, por exemplo, pode estar chovendo na região onde você mora e amanhã poderá não haver chuva. Ou neste exato momento o dia pode estar ensolarado onde você mora, mas amanhã poderá chover nesse lugar. Nos quadrinhos ao lado, vemos um exemplo de mudança do tempo atmosférico.

O **clima**, por sua vez, corresponde ao conjunto de condições e eventos atmosféricos que ocorrem com mais frequência, em um período de tempo maior e em determinada região. A caracterização do clima de uma região baseia-se na observação das condições do tempo por um longo período, cerca de 30 anos.

A definição de regiões climáticas está relacionada a fatores geográficos como a altitude (quanto mais elevado, menos calor); o relevo (presença de serra ou morros que impedem a entrada de massas de ar que trazem umidade); a latitude (quanto mais próximo da Linha do Equador, mais quente) etc.

Na região da Caatinga, no Nordeste brasileiro, o clima é quente e seco. Isso significa que a região é marcada por temperaturas elevadas e poucas chuvas. Mesmo que em alguns dias ocorram chuvas, são os períodos de seca que predominam na região e a caracterizam.

 Ampliar

Clima e previsão do tempo,
de Steve Parker (Melhoramentos).
O livro mostra, de maneira descontraída, fenômenos relativos ao tempo e ao clima da Terra.

Centro de Previsão de Tempo e Estudos Climáticos
www.cptec.inpe.br
No *site* do CPTEC você pode consultar a previsão do tempo para sua cidade, além de conhecer um pouco melhor os climas do Brasil e o monitoramento de fenômenos climáticos.

Na Caatinga, o clima semiárido é caracterizado, principalmente, pela distribuição irregular de chuvas. Existem duas estações distintas ao longo do ano: a chuvosa, que dura de 2 a 4 meses; e a época seca, que dura de 7 a 9 meses. São Lourenço do Piauí (PI), em abril de 2015 (esquerda) e em outubro de 2015 (direita).

1. Faça uma atividade prática. Iniciando em uma segunda-feira, registre em um quadro, por três dias, quais serão as condições do tempo de manhã e à tarde. Depois, converse com os colegas sobre as observações que vocês fizeram naquele dia. No decorrer desses dias, o tempo mudou? Se mudou, de que modo isso aconteceu? Como você percebeu a mudança?

2. Observe as frases abaixo. Anote quais delas referem-se às condições do tempo atmosférico e quais se referem ao clima.

    a) Faz muito calor agora em João Pessoa.
    b) Choveu todos os dias da semana passada no Rio de Janeiro.
    c) O inverno curitibano é sempre muito rigoroso.
    d) Tivemos três dias de frio intenso esta semana.
    e) Um dos efeitos do aquecimento global será o aumento médio das temperaturas.

3. Quando comentamos a análise ou estudo das condições do tempo atmosférico, estamos falando da Meteorologia, ou seja, da ciência que estuda o comportamento imediato da atmosfera. Quando falamos do clima, por sua vez, estamos falando de Climatologia, ou seja, a ciência que estuda as variações dos tipos de tempo de um determinado lugar ou região em um determinado período. Sabendo disso, pesquise as diferenças entre as funções do meteorologista e do climatologista.

4. Observe o mapa de previsão do tempo.

Fonte: CPTEC. Previsão do tempo para os estados do Brasil em 4 de julho 2018. Disponível em: <http://tempo.cptec.inpe.br>. Acesso em: 4 jul. 2018.

a) Com a ajuda do professor, pesquise na internet e descubra o que significam os símbolos empregados nele.
b) Nesse dia, como estava o tempo em sua região?
c) Para quais estados havia previsão de chuva?
d) Em quais estados a previsão é de que o tempo estará ensolarado mas também choverá?

175

Fatores relacionados à previsão do tempo

Por que o tempo está sempre mudando? Que fatores possibilitam prever o estado do tempo algumas horas ou alguns dias adiante?

Para essa previsão são considerados fatores que são variáveis, como a temperatura, a umidade do ar, a pressão atmosférica, a velocidade e a direção dos ventos, as massas de ar e a chuva. São eles que indicam as condições do tempo.

Esses fatores influenciam-se mutuamente. Por isso, os meteorologistas não consideram, em suas previsões, os fatores e fenômenos atmosféricos isoladamente. Por exemplo, a associação entre a queda da pressão atmosférica, o aumento da umidade do ar e a mudança na velocidade e direção do vento indica a provável chegada de chuva.

Temperatura do ar

As partículas dos gases que formam o ar, como todo tipo de matéria, estão em constante agitação. A intensidade desse movimento contínuo depende do estado físico em que a matéria está. A grandeza que nos dá a noção desse grau de agitação é a **temperatura**.

Temperatura é uma medida diretamente proporcional ao grau de agitação térmica das partículas de um corpo. Quanto maior a agitação, maior a temperatura.

A temperatura do ar é medida por meio de termômetros. Os boletins meteorológicos costumam indicar as temperaturas máxima e mínima previstas para determinado período de tempo. A diferença entre essas temperaturas é a **amplitude térmica**.

O vapor-d'água presente no ar ajuda a reter calor. Assim, verificamos que, em lugares mais secos, há menor retenção de calor na atmosfera. Consequentemente, pode fazer muito calor durante o dia, devido à incidência dos raios solares, e muito frio à noite, pois é baixa a quantidade de vapor-d'água que reteve o calor. Assim, a amplitude térmica é maior nesses locais que nos locais de clima mais úmido.

As partículas de ar próximas à superfície da Terra em um dia quente de verão estarão mais agitadas do que em um dia muito frio.

Observe o gráfico abaixo.

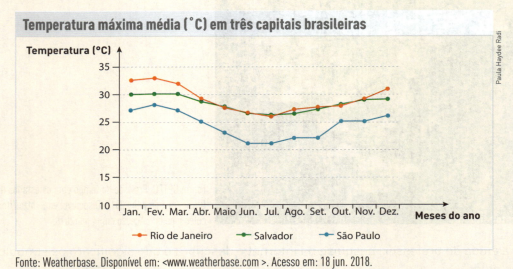

Fonte: Weatherbase. Disponível em: <www.weatherbase.com>. Acesso em: 18 jun. 2018.

1. De acordo com o gráfico, em que meses há queda de temperatura máxima média nas cidades de Salvador, São Paulo e do Rio de Janeiro?
2. Podemos concluir que nesses locais a temperatura média do ar é maior no verão ou no inverno?

Conviver

Desertos

As ilustrações a seguir exemplificam a vida nos desertos durante o dia e durante a noite. Observe-as.

1. Forme um grupo com os colegas e, juntos, pesquisem aspectos do clima dos desertos. Cada grupo deve escolher um deserto para ser estudado: Saara, Kalahari, Namíbia (África); Gobi (China); Atacama (Chile); Chihuahua (Estados Unidos); Deserto da Arábia (Ásia); entre outros.

2. Colham informações sobre as condições de vida dos habitantes e como vivem alguns animais durante o dia, o que enfrentam durante a noite e como se adaptam a essas situações de mudança brusca de temperatura. Selecionem imagens ou façam um arquivo de *slides* para exemplificá-las.

3. Combinem com o professor o dia de trazer o material para a sala de aula. Com esse material, vocês poderão montar painéis e cartazes ou exibir os *slides*.

4. Nesse dia, com base nas informações colhidas, elaborem coletivamente um manual de sobrevivência no deserto. Para isso, imaginem como seria passar uma semana em um desses desertos: o que é preciso para sobreviver, como enfrentar o calor escaldante do dia e o frio intenso da noite.

5. No final, façam uma exposição do que produziram e convidem outras turmas da escola para visitá-la.

Umidade do ar

A umidade do ar diz respeito à quantidade de vapor-d'água presente na atmosfera, o que caracteriza se o ar é seco ou úmido. No decorrer de um dia, por exemplo, essa quantidade varia. A alta quantidade de vapor-d'água na atmosfera favorece a ocorrência de chuva. Quando a umidade do ar é baixa, a probabilidade de chuva é menor.

Quando falamos de **umidade relativa**, comparamos a umidade medida por aparelhos, como o higrômetro, com o valor teórico máximo estimado para aquela temperatura. A umidade relativa pode variar de 0% (ausência de vapor-d'água no ar) a 100% (quantidade máxima de vapor-d'água no ar, o que indica que ele está saturado).

Em regiões de clima seco, a umidade relativa do ar se mantém muito baixa por longos períodos. As chuvas, portanto, são escassas. É o caso da Caatinga, onde o clima semiárido é caracterizado por ser quente e seco.

O instrumento que mede a umidade relativa do ar é o higrômetro.

Experimentar

Construção de um psicrômetro

O psicrômetro é um tipo de higrômetro utilizado para medir a umidade relativa do ar com base na velocidade de evaporação da água no local.

Material:

- água;
- gaze;
- dois termômetros de temperatura ambiente iguais;
- garrafa PET de 2 litros;
- arame de 20 cm de comprimento e 2 mm de diâmetro;
- linha;
- copo pequeno;
- tabela com valores de umidade relativa do ar medida no psicrômetro, como a mostrada a seguir.

Atenção! Tenha cuidado com as pontas do arame.

	Variação de temperatura entre os termômetros seco e úmido																				
		1	2	3	4	5	6	7	8	9	10	11	12	13	14	15	16	17	18	19	20
Temperatura no termômetro seco (°C)	20	91	82	74	66	58	51	44	36	30	23	17	11	5	0						
	22	92	83	75	68	60	53	46	40	33	27	21	15	10	4	0					
	24	92	84	76	69	62	55	49	42	36	30	25	20	14	9	4	0				
	26	92	85	77	70	64	57	51	45	39	34	28	23	18	13	9	5				
	28	93	86	78	71	65	59	53	47	42	36	31	26	21	17	12	8	4			
	30	93	86	79	72	66	61	55	49	44	39	34	29	25	20	16	12	8	4		
	32	93	86	80	73	68	62	56	55	46	41	36	32	27	22	19	14	11	8	4	
	34	93	86	81	74	69	63	58	52	48	43	38	34	30	26	22	18	14	11	8	5
	36	94	87	81	75	69	64	59	54	50	44	40	36	32	28	24	21	17	13	10	7
	38	94	87	82	76	70	66	60	55	51	46	42	38	34	30	26	23	20	16	13	10
	40	94	89	82	76	71	67	61	57	52	48	44	40	36	33	29	25	22	19	16	13

Fonte: Universidade Federal do Paraná (UFPR). Disponível em: <https://fisica.ufpr.br/grimm/aposmeteo/cap5/tab5-2.html>. Acesso em: 10 set. 2018.

Procedimentos

1. Peça a um adulto que faça dois furos pequenos na altura do gargalo da garrafa PET e encha a garrafa com água até 1/3 de seu volume.
2. Passe o arame pelos furos e dobre as duas extremidades na forma de gancho para pendurar os termômetros em cada extremidade.
3. Coloque água no copo.
4. Envolva um dos termômetros com a gaze, prendendo-a com a linha.
5. Mergulhe a gaze no copo com água.

Seu psicrômetro ficará assim:

6. Aguarde de cinco a dez minutos e anote os valores das temperaturas marcadas em cada termômetro.

178

Responda às questões.

1 A temperatura marcada no termômetro com a gaze molhada é a mesma que a do outro termômetro?

2 O que pode ter influenciado o resultado observado?

Com base nos valores das temperaturas marcadas em cada termômetro, e consultando a tabela, podemos determinar a umidade relativa do ar. Por exemplo, a temperatura marcada no termômetro seco é igual a 30 °C, enquanto a temperatura marcada no termômetro úmido é igual a 25 °C.

Temos então que a Δt (variação da temperatura) foi de 5 °C:

$$\Delta t = t_{seco - úmido}$$

$$\Delta t = (30 - 25)\ °C$$

$$\Delta t = 5\ °C$$

Agora basta olhar na tabela o ponto que resulta da interseção entre a temperatura do termômetro seco e a variação da temperatura (Δt).

Perceba que a umidade relativa do ar do exemplo está em **66%**.

3 Calcule a umidade relativa do ar com base nos dados de seu experimento.

Ampliar

Climatempo

www.climatempo.com.br/mapas/umidade-relativa

Nesse *site* é possível verificar a umidade relativa do ar de hora em hora em todas as regiões do Brasil, assim como outras informações meteorológicas.

1 Observe as frases a seguir. Anote no caderno aquelas que evidenciam o aumento da umidade relativa do ar e explique por que isso ocorre.

a) Frente fria avança no litoral sul do Espírito Santo e provoca chuvas.

b) Amanhece no Deserto do Saara, o Sol escaldante anuncia as condições do dia.

c) Com a chegada da estação das chuvas, as plantas florescem na Caatinga.

2 A baixa umidade relativa do ar provoca uma sensação desagradável no organismo. Faça uma pesquisa e liste no caderno algumas doenças comuns nas épocas do ano em que o ar está muito seco. Exemplifique as medidas que podem ser tomadas para amenizar essa sensação causada pelo ar seco.

Pressão atmosférica

O ar exerce pressão, que é a força aplicada sobre determinada superfície. Quanto maior a coluna de ar em contato com uma superfície, maior a pressão. A pressão exercida pelo ar na superfície da Terra chama-se **pressão atmosférica** e é medida por um instrumento chamado barômetro.

A pressão atmosférica está relacionada à altitude. Quanto maior a altitude, menor a coluna de ar sobre a superfície e, consequentemente, menor a pressão exercida pelo ar.

Além da altitude, outros fatores influenciam a pressão atmosférica, como a temperatura do ar. Quando o ar é aquecido, ele se expande, passa a ocupar um volume maior, e se torna menos denso. Em consequência, há diminuição da pressão atmosférica local. Regiões da atmosfera com ar mais frio têm pressão atmosférica maior que outras com ar mais aquecido. Essas diferenças originam os centros de baixa e de alta pressão atmosférica.

Observe abaixo os esquemas representando centros de pressão e as setas que indicam a direção dos ventos. Verifique as ocorrências resultantes dessas condições atmosféricas.

B = Centro de baixa pressão atmosférica
- Concentra umidade em uma região da atmosfera
- Ajuda a formar nuvens
- Favorece a chuva

Representação de centro de baixa pressão.

A = Centro de alta pressão atmosférica
- Retira umidade de uma região da atmosfera
- O ar seca e menos nuvens se formam
- Diminui a chance de chuva

Representação de centro de alta pressão.

A diminuição da pressão atmosférica em dado local pode apontar aumento da umidade do ar, o que indica a possibilidade de chuva. Já a alta na pressão atmosférica geralmente está relacionada a céu claro e sem chuva, com ar seco.

Viver

A pressão atmosférica e a previsão do tempo

Leia o texto sobre a "previsão do tempo" no dia 29 de novembro de 2017, no estado de Minas Gerais, a seguir.

Temporal com granizo atinge cidades na Grande BH e causa destruição [...]

[...]
Para os próximos dias, há risco de chuva moderada a forte na região Central, no Oeste e Norte mineiros. A Grande BH também terá mais pancadas de chuva, que devem ocorrer à tarde e à noite [...], o dia promete ser abafado e pode chover com intensidade de moderada a forte. As condições para chuva são ainda maiores na sexta-feira e no fim de semana, já que um sistema de baixa pressão atmosférica vai ajudar a formar mais nuvens carregadas. O alerta para chuva volumosa permanece para todo o Estado.

Liziane Lopes e Paula Bicalho. *Hoje em Dia*, 29 nov. 2017. Disponível em: <http://hojeemdia.com.br/horizontes/temporal-com-granizo-atinge-cidades-na-grande-bh-e-causa-destruição-veja-imagens-1.577687>. Acesso em: 18 jun. 2018.

Leia o texto e responda:

1. Que indicações das condições do tempo são usadas para informar a previsão do tempo para a Grande Belo Horizonte? E qual é a previsão?

2. Na sua cidade há alguma região que costuma ser atingida por inundações decorrentes de muita chuva?

3. O que as autoridades podem fazer para evitar a destruição causada pelos temporais nas cidades? E a população? Se necessário, essas medidas têm sido adotadas na cidade em que você mora?

Nuvens

Para saber se podem sair para o mar sem o risco de serem surpreendidos por uma tempestade, muitos pescadores ainda preveem o tempo observando as nuvens.

As nuvens formam-se pela condensação dos vapores-d'água da atmosfera em diferentes altitudes e com diversos aspectos. Em altitudes mais elevadas podem se formar **cristais de gelo** também.

As nuvens funcionam como sinais para a previsão do tempo e podem variar tanto na forma como em características. Elas são classificadas, principalmente, com base em dois critérios: aparência e altitude. Observe a ilustração ao lado.

O nome das nuvens mais altas é sempre antecedido do prefixo **cirro** (cirro, cirro-cúmulo, cirro-estrato). As nuvens cirro são largas e brancas, formadas por cristais de gelo e indicam ausência de chuva. No nome das nuvens médias usamos o prefixo **alto** (alto-cúmulo, alto-estrato).

As nuvens com maior extensão horizontal têm a palavra **estrato** no nome (estrato-cúmulo, estrato). Elas podem indicar chuva quando sua base estiver escura. Quando as nuvens do tipo estrato se desenvolvem na superfície causam o que chamamos de neblina ou **nevoeiro**.

Representação simplificada em cores-fantasia e tamanhos sem escala.

Representação de diferentes tipos de nuvens.

Glossário

Cristais de gelo: podem ser formados pelo congelamento rápido de gotículas líquidas oriundas da condensação de vapores que chegam às grandes alturas, onde é muito frio, ou pela ressublimação dos vapores (passagem do estado gasoso para o sólido).

Nevoeiro: nebulosidade provocada pela suspensão de vapor-d'água nas camadas atmosféricas próximas ao solo. É também denominado **cerração**.

Essas nuvens são classificadas como estratos.

Cúmulo são nuvens de maior desenvolvimento vertical (cúmulo, cúmulo-nimbo). São nuvens brancas, parecidas visualmente com flocos de algodão. Geralmente indicam tempo estável, sem chuva.

Já as nuvens do tipo **nimbo** são de cor cinza-escuro e indicam chuva ou tempestade (nimbo-estrato). No interior dessas nuvens é comum haver granizo e flocos de neve.

Nuvens chamadas de cúmulos.

Nuvens chamadas de cirros.

Nuvens chamadas de nimbos. Sua base tem até 1 500 metros, mas pode chegar a mais de 21 000 metros.

zoom

Veja a fotografia a seguir de um avião danificado por granizo ao atravessar o interior de nuvens.

- Todas as nuvens são perigosas para a segurança da aviação? Justifique.

Ventos

O movimento do ar na atmosfera é o que chamamos de vento. Em relação à superfície da Terra, esse movimento pode variar desde a calmaria (ausência de vento) até a formação de furacões, em que os ventos assumem velocidade acima de 250 quilômetros por hora, o que causa destruição na superfície.

A direção e a velocidade dos ventos, que são influenciados pela variação de pressão atmosférica, afetam as condições do tempo e servem como indicadores da condição dele. Por exemplo, a velocidade dos ventos ajuda a prever quando uma massa de ar chegará a determinada localidade.

Instrumentos para conhecer condições do vento

A velocidade dos ventos é medida por um aparelho denominado **anemômetro**, cujo princípio é parecido com o de um cata-vento. Ele registra a velocidade dos ventos por meio de pequenas conchas que giram quando o vento bate nelas. Nos anemômetros convencionais, esse movimento é atrelado a um mecanismo com um ponteiro (como se fosse um relógio). Conforme as conchas giram, o ponteiro se movimenta e marca a velocidade do vento numa escala graduada (como uma régua).

Para se verificar a direção dos ventos, existe um instrumento muito simples, a **biruta**. Esse instrumento assemelha-se a um saco de pano, em formato de coador de café, afixado em uma haste móvel. Isso permite que a biruta mude de direção à medida que o vento sopra de diferentes direções. Além de usada para verificar a direção do vento, ela possibilita notar se o vento está fraco ou forte.

As birutas podem ser encontradas à beira de praias para orientar pescadores, surfistas etc. Antigamente eram muito comuns também nos aeroportos, mas hoje há neles torres de controle em que a velocidade e a direção do vento são obtidas através de instrumentos tecnológicos complexos cujas informações sobre ventos e outros fenômenos atmosféricos são processadas por computadores, fornecendo assim dados mais seguros para pouso e decolagem.

As imagens desta página não estão representadas na mesma proporção.

Anemômetro convencional.

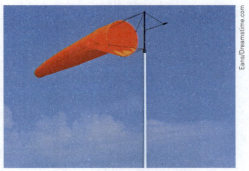

Biruta.

Torre de controle de aeroporto, onde são analisados dados meteorológicos para auxiliar o pouso e a decolagem de aviões. Manchester (Reino Unido), 2015.

Experimentar

Construção de um anemômetro caseiro

Vamos construir um aparelho simples para ter ideia de como funcionam os que são realmente utilizados no trabalho de previsão do tempo?

Organizem-se em grupos para montar o anemômetro.

Atenção!
Peçam auxílio ao professor (ou outro adulto) para manusear os itens cortantes/perfurantes e evitar acidentes.

Material:

- tesoura sem ponta;
- 4 copos pequenos de plástico;
- 2 tiras de papel grosso com 30 cm de comprimento e 6 cm de largura (do tipo papel-cartão ou papelão);
- régua;
- caneta tipo marcador colorido permanente;
- 1 lápis com borracha, apontado;
- 1 alfinete do tipo percevejo ou bailarina;
- massa de modelar;
- grampeador ou fita adesiva.

Procedimentos

1. Marquem um dos copos com o marcador para distingui-lo dos demais.
2. Posicionem as tiras de papel em cruz, uma sobre a outra, de modo que elas se cruzem exatamente no meio, semelhante a um sinal "+". Fixem-nas usando o grampeador e/ou a fita adesiva.
3. Utilizando a régua e o lápis, tracem duas linhas que unam as quinas opostas, formadas pelo encontro das tiras de papel. Marquem o ponto de cruzamento das linhas, onde será colocado mais tarde o alfinete.
4. Com o alfinete, furem as tiras de cartão no ponto de interseção marcado anteriormente.
5. Fixem os copos nas extremidades das tiras grampeando-os ou colando-os com a fita adesiva. Atentem-se para que todos os copos fiquem virados na mesma direção.
6. Passem o alfinete pelo furo feito nas tiras de papel e fixem-no na ponta de borracha do lápis. Soprem os copos para checar se há folga suficiente para o aparato girar. Caso não gire, alargue um pouco o furo.
7. Moldem uma base usando dois ou três tubinhos de massa de modelar. Espetem a ponta afiada do lápis para que o aparelho se mantenha em pé e firme.
8. Coloquem seu anemômetro ao ar livre e, utilizando um cronômetro (que pode ser o do celular), observem por um minuto e registrem o número de voltas completas do copo pintado.

Traços feitos para marcar o centro, onde o alfinete é fixado.

Agora, individualmente, faça o que se pede a seguir.

1. Quantas voltas (rotações) o copo colorido faz por minuto? Isso varia ao longo do tempo? Como podemos relacionar a quantidade de voltas com a velocidade do vento?

2. Faça medições em horários e condições do tempo diferentes. Organize os dados recolhidos numa tabela como esta:

Data /hora	Nº de rotações por minuto	Condições do tempo

3. Estabeleça uma relação entre o número de rotações e as condições do tempo (dia nublado, chuvoso, com sol, antes de uma chuva forte). Compare seus dados com os dos colegas e discutam os resultados.

Massas de ar

Massas de ar são grandes volumes ou porções de ar formados em certa região e com condições internas similares de umidade, temperatura e pressão. Por exemplo, as regiões polares, desérticas e as áreas oceânicas têm condições favoráveis para o desenvolvimento de massas de ar. Uma massa de ar que se forma em região fria e úmida, será também fria e úmida.

A diferença de temperatura na superfície terrestre entre diferentes regiões é um dos principais fatores que determinam a movimentação das massas de ar.

Massas de ar formadas em regiões quentes, como na região próxima à linha do Equador, são quentes e pouco densas, e por isso sobem. O contrário ocorre com as massas formadas em regiões frias, que, por serem mais densas, movem-se próximas à superfície.

A diferença de densidade entre esses dois tipos de massa gera uma diferença de pressão atmosférica que faz com que as massas de ar quente se desloquem rumo aos polos, onde esfriam, enquanto as massas de ar frio rumam para a região da linha do Equador, onde aquecem. Observe na figura a seguir a representação do sentido de movimentação dessas massas.

Quando as massas de ar se deslocam, provocam troca de energia com a atmosfera das regiões por onde se deslocam e alterações nas condições do tempo dessas regiões. Se não fossem esses deslocamentos, algumas regiões terrestres poderiam ser quentes demais e outras, muito frias.

As principais características das massas de ar estão relacionadas à temperatura (classificadas em quentes ou frias) e umidade (secas ou úmidas). Por isso é frequente, durante o ano, a Meteorologia se basear na movimentação dessas diferentes massas de ar para prever mudanças no tempo atmosférico de uma cidade ou estado.

Brasil: massas de ar

- Ec — Equatorial continental
- Ea — Equatorial atlântica
- Ta — Tropical atlântica
- Tc — Tropical continental
- Pa — Polar atlântica

Fonte: *Weather and Climate: Britannica Illustrated Science Library*. Chicago: Inc. Encyclopaedia Britannica, 2013. p. 12 e 13.

Meteorologia em foco

Frente fria

As massas de ar podem ficar estacionadas em determinado local durante alguns dias ou até semanas. Mas, quando se movem, são capazes de causar a formação de frentes e alterações no tempo atmosférico. **Frentes** são áreas de transição entre duas massas de ar com temperaturas diferentes. Uma frente pode ser fria ou quente.

A **frente fria** ocorre quando uma massa de ar frio encontra uma massa de ar quente e a "empurra", ocasionando nevoeiro, chuva e queda da temperatura. A **frente quente** ocorre quando uma massa de ar quente encontra a camada de ar frio que estava estacionada sobre uma região e a "empurra", provocando aumento da temperatura. Observe o esquema de formação de frente fria.

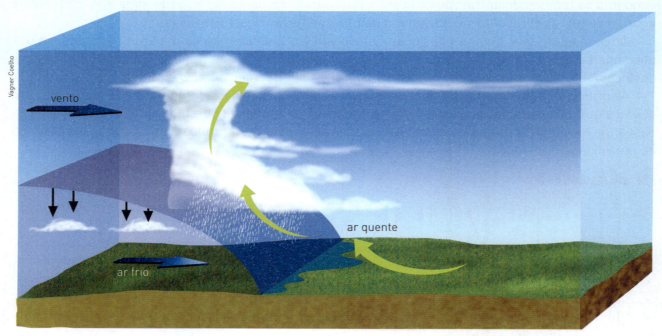

Esquema simplificado de formação de frente fria.

Representação simplificada em cores-fantasia e tamanhos sem escala.

Observe que, no esquema da frente fria, é possível identificar a formação de alguns tipos de nuvem.

1. Pesquise o nome dessas nuvens e quais podem provocar chuvas.

2. Selecione ilustrações em jornais impressos, revistas etc. que mostrem esquemas de frente fria. Se usar a internet, imprima algumas dessas ilustrações.

3. Combine com o professor a data para trazer a pesquisa. Nesse dia, compare as ilustrações com o esquema da página e discuta os fenômenos atmosféricos que a frente fria causa (mudanças de temperatura, alteração na pressão atmosférica, pluviosidade etc.).

Ampliar

Guia do observador de nuvens,
de Gavin Pretor-Pinney (Intrínseca).

Descreve cada um dos diferentes tipos de nuvem destacando quais são presságio de tempo bom e quais indicam turbulências. Traz referências históricas, culturais e científicas, ilustradas com fotos e curiosidades.

A atmosfera terrestre,
de Mario Tolentino e outros (Moderna).

Os autores ressaltam a composição da atmosfera terrestre e os fenômenos nela envolvidos, como tempo e clima.

Observar

Simulando o vento

Você acha que o aquecimento de uma porção do ar atmosférico pode causar vento?

Fique atento à simulação feita pelo professor e registre suas observações para explicar o que ocorreu.

Material:

- pires;
- vela;
- fósforos;
- folha de papel cortada em forma de espiral.

Atenção!
Por segurança, o professor deverá executar esta atividade sob a observação dos alunos.

Procedimentos

1. O professor acenderá a vela e a fixará no pires.
2. Depois pegará a espiral em papel e a manterá suspensa cerca de 15 centímetros acima da vela.
3. Ele repetirá o procedimento com a vela apagada.

① O que acontece com a espiral de papel quando colocada próxima da vela acesa? E próxima da vela apagada?

② Por que isso ocorreu?

③ Que fenômenos meteorológicos estão relacionados a esse experimento?

Pluviosidade

Pluviosidade é a quantidade de chuva que se precipita (cai) em determinada área durante certo período. É possível medir a pluviosidade por meio de um instrumento chamado pluviômetro (*pluvio* vem do latim e significa "chuva"; *metrio* vem do grego e significa "medida").

A unidade de medida para a pluviosidade é o milímetro. Nessa medida, 1 milímetro de chuva corresponde a 1 litro de água por metro quadrado.

Se menor que 0,5 milímetro por hora, o nível pluviométrico é baixo, portanto, as chuvas são fracas; acima de 4 milímetros por hora, o índice de **precipitação** é alto, então as chuvas são fortes.

Glossário

Precipitação: é a água que cai, independentemente do estado físico, na superfície terrestre, por exemplo, chuva, orvalho, neve, granizo etc.

Pluviômetro: aparelho composto de um funil colocado na parte superior de um tambor por onde a água da chuva é recolhida e medida em um cilindro de vidro graduado (proveta).

Experimentar

Montagem de um pluviômetro simples

Você já deve ter ouvido falar nas previsões do tempo que em determinada região "choveu 10 mm". Essa informação é dada por um instrumento denominado pluviômetro, o qual recolhe a água da chuva e determina o valor da precipitação, medida em milímetros.

Material:
- uma garrafa PET lisa de 2 litros;
- pedrinhas até superar o fundo ondulado da garrafa;
- régua de 30 centímetros;
- fita adesiva colorida;
- água;
- anilina ou corante.

Atenção! Somente o professor deve manipular o estilete para evitar acidentes.

Procedimento

1. Peça a um adulto que use o estilete para cortar a garrafa PET a uma distância aproximada de 10 centímetros do bico.
2. Preencha os 5 cm do fundo da garrafa com as pedrinhas. Complete com água até cobri-las e acrescente algumas gotas de corante.
3. Com a fita adesiva, marque a altura do nível da água.
4. Utilizando fita adesiva, fixe a régua na vertical do lado de fora da garrafa fazendo com que o número zero da régua coincida com o nível da água. Peça a um adulto que corte a parte que ficar além da garrafa.
5. Encaixe o bico da garrafa de ponta-cabeça dentro da abertura do pluviômetro.
6. Coloque o pluviômetro em um lugar plano e aberto, não deve haver nada que impeça a chuva de atingi-lo.
7. Após a chuva, recolha o objeto e anote quantos milímetros o nível da água subiu na régua. Essa será a medida da chuva para o período em que a medição foi realizada.

Fotos: Dotta

❶ É importante medir a quantidade de chuva? Explique.

❷ Compare a medida obtida no seu pluviômetro com a dos colegas. Veja se houve diferença e discuta os resultados.

Meteorologia em foco

Estações meteorológicas

Nas estações meteorológicas são registradas e analisadas as variações das condições atmosféricas por meio de equipamentos, como termômetros, higrômetros, anemômetros e pluviômetros. Os **meteorologistas**, profissionais que estudam as condições atmosféricas, contam com informações captadas por estações e satélites meteorológicos e radios-sondas para maior precisão nos dados, que são analisados no Instituto Nacional de Meteorologia (Inmet) e no Instituto Nacional de Pesquisas Espaciais (Inpe).

Estação meteorológica convencional no Parque de Ciência e Tecnologia da Universidade de São Paulo (USP). São Paulo (SP), 2018.

Muitas regiões do Brasil sofrem com enchentes e deslizamentos de terra provocados por fortes temporais ou são castigadas por longos períodos de seca. Essas situações extremas podem provocar mortes e grandes prejuízos financeiros. Por isso os governantes têm buscado na tecnologia sistemas de previsão do tempo e de probabilidade de inundação de alta precisão.

Existem programas de computador que utilizam modelos matemáticos nos quais são relacionados os dados referentes ao relevo, à cobertura vegetal, à urbanização, à declividade das encostas, ao mapeamento de áreas de risco, às redes de drenagem, às imagens de radares e de satélites e ao índice de precipitação (quantidade de chuva) registrado por pluviômetros, o que permite a previsão do tempo e a identificação dos lugares da cidade com possibilidade de enchente.

Espera-se, com esse tipo de programa – chamado de Previsão Meteorológica de Alta Resolução (PMAR) –, fazer previsões meteorológicas com até 48 horas de antecedência para que haja tempo suficiente de serem tomadas medidas que, nessas circunstâncias, evitem perdas humanas e materiais.

Além disso, o Inpe disponibiliza imagens para administração pública (federal, estadual e municipal) por meio de um catálogo de imagens espaciais de alta resolução obtidas por satélites. Essas imagens podem servir de ferramenta para atividades como planejamento urbano, elaboração de projetos para obras de infraestrutura, monitoramento ambiental e prevenção de desastres naturais, entre outras possibilidades.

Sabe-se que um importante causador de enchentes nas grandes cidades é o descarte de móveis, materiais de construção e outros resíduos sólidos nas vias públicas, pois eles obstruem os canais de escoamento e represam a água em diversos pontos da área urbana.

1. Reúna-se com os colegas e pesquisem formas de a população contribuir para evitar ou amenizar enchentes, deslizamentos de terra e outros problemas causados pelo indevido descarte de resíduos sólidos. Procurem saber quais são os programas de coleta de resíduos sólidos e outros serviços de limpeza na sua cidade.

Tecnologias usadas na meteorologia

Os **satélites meteorológicos** estão localizados em vários pontos do espaço, orbitando a Terra. Eles captam imagens da superfície e das camadas atmosféricas do planeta e podem mostrar a formação e o deslocamento de nuvens e das frentes frias ou quentes, por exemplo.

Imagem de satélite que mostra o movimento do furacão Irma na atmosfera, em 2017.

Efeitos do furacão Irma em Fort Lauderdale, Flórida (Estados Unidos), 2017.

As **radiossondas** são aparelhos que emitem sinais de rádio. São transportadas por balões meteorológicos e sua função é medir a pressão, a umidade e a temperatura das camadas altas da atmosfera. Também há aviões que coletam e enviam informações sobre as condições do tempo.

> **Ampliar**
>
> **Defesa Civil**
>
> Consulte o *site* da Defesa Civil de seu estado. Você encontrará informações sobre situações de alerta decorrentes de temporais, chuvas fortes etc., além de dicas para evitar enchentes e deslizamentos e lidar com as consequências dessas situações.

Diariamente esses balões meteorológicos são lançados por institutos meteorológicos, aeroportos e/ou centros de pesquisas.

Com a palavra, a especialista

Quem é

Fabiana Macêdo Rodrigues Pontes

O que faz

É militar e técnica meteorologista.

Pergunta: Que características pessoais são importantes para ser meteorologista?
É preciso que se tenha interesse pelas ciências exatas, pois o meteorologista estuda a atmosfera e seus fenômenos para compreender os processos físico-químicos que determinam as condições atmosféricas do ambiente. Além disso, ter gosto pela natureza, saber quais são seus processos, os resultados das interações entre as condições climáticas e os seres vivos.

Pergunta: O fato de ser mulher já interferiu em sua área de trabalho?
Não. Até hoje não sofri preconceito por ser mulher e trabalhar nessa área. Vale ressaltar que a presença feminina nessa área é marcante.

Pergunta: Como o trabalho do meteorologista pode ajudar a sociedade?
Com base na análise dos dados da atmosfera são obtidas informações que nos permitem fazer previsões das condições climáticas. Então, a Meteorologia é essencial para atividades como a agricultura e a construção civil. Ela permite um melhor planejamento para se ter mais produtividade e evitar prejuízos ou acidentes. Ela também ajuda a prever fenômenos ou catástrofes ambientais, como furacões, e, se possível, evitar acidentes, por meio do monitoramento do fenômeno para tentar prever seu trajeto e sua duração.

Pergunta: Como se obtém índice de falha na previsão do tempo de quase zero?
A tecnologia está aliada ao trabalho do meteorologista, [com] equipamentos climatológicos como o anemômetro, que mede direção e velocidade do vento, o telepsicômetro, que mede temperatura do ar, umidade e ponto de orvalho, as redes de estações e centros meteorológicos, que monitoram a atmosfera, as imagens de satélites, os radares e os balões meteorológicos, que captam dados climatológicos dos níveis superiores da atmosfera. Os dados coletados por essa gama de ferramentas, ao serem analisados um a um e em conjunto, permitem chegar a conclusões mais precisas, em que a margem de erro é pequena.

Pergunta: É verdade que o Brasil é um dos países de maior incidência de acidentes com raios? Por que isso acontece?
Sim. Isso ocorre porque a maior área territorial do Brasil está localizada na zona tropical, uma região que é bem mais quente que as outras regiões do nosso planeta, pois recebe uma maior incidência solar; por isso, é mais propícia à formação de tempestades e de raios.

Pergunta: Em que áreas o meteorologista pode trabalhar?
Pode trabalhar na área de pesquisa, estudando processos físicos da atmosfera, a interpretação matemática desses processos, a evolução da atmosfera e de seus processos físicos. Há também ramos da Meteorologia voltados para atividades humanas, por exemplo, na agricultura; estudar as condições climáticas para orientar o tráfego aéreo e o marítimo; estudar a aplicação da meteorologia na engenharia industrial; e, para a área espacial, estudar a atmosfera através de satélites, foguetes etc.

Agora, responda.

1. O que mais chamou sua atenção nessa entrevista?
2. Que informações foram acrescidas ao que você já sabia sobre a Meteorologia?

Conviver

Meteorologia e cultura

Texto 1

Segundo a cultura popular, se um grupo de maritacas estiver muito alvoroçado ou se as formigas se deslocarem de um ponto a outro em fila é porque o tempo está mudando e vai chover. Baseando-se na experiência adquirida ao observar a natureza, experiência esta que é passada de uma geração a outra, muitos agricultores brasileiros têm programado o manejo do solo, plantio e colheita ao longo de anos.

Esses mitos fazem parte da história brasileira e não devem ser ignorados ou desconsiderados, pois têm seu valor [...] como parte da cultura de um povo.

G. R. Cunha. *Meteorologia: fatos & mitos*. 3. ed. Passo Fundo: Embrapa Trigo, 2003. Disponível em: <www.embrapa.br/busca-de-publicacoes/-/publicacao/820509/meteorologia-fatos-mitos-3>. Acesso em: 13 jun. 2018.

Texto 2

[...] A percepção das pessoas sobre variações climáticas a partir da observação da natureza é objeto de estudo da antropologia do clima, também chamada de etnoclimatologia. [...] O enfoque da etnoclimatologia se fundamenta nos saberes tradicionais, transmitidos de geração em geração, por narrativas orais, para apresentar as perspectivas de mudanças e suas consequências no meio ambiente natural e no modo de vida das comunidades. [...]

Melissa Volpato Curi e outros. Conhecimento tradicional e previsões meteorológicas: agricultores familiares e as "experiências de inverno" no semiárido potiguar. *Revista Econômica do Nordeste*, vol. 44, 2013. Disponível em: <https://ren.emnuvens.com.br/ren/article/viewFile/37/19>. Acesso em: 30 jul. 2018.

Bando de maritacas em árvore.

O coaxar de rãs também é reconhecido como prenúncio de chuva.

Leia os textos, junte-se com alguns colegas para formar um grupo e façam o que se pede a seguir.

1. Pesquisem a origem do termo **etnoclimatologia**.

2. Organizem-se para conversar com conhecidos que sejam ou tenham sido agricultores ou pescadores e/ou pesquisem em livros, revistas e *sites* conhecimentos populares sobre a previsão do tempo.

3. Conhecer as condições meteorológicas com antecedência é fundamental para o planejamento do agricultor ou para o pescador, mas também é importante para os surfistas, agentes de turismo e outros profissionais. Debatam no grupo se essas informações e a linguagem empregada para divulgá-las são acessíveis à maioria da população.

4. Registrem e organizem as informações, adicionem imagens e compartilhem-nas com o resto da turma; depois as exponham na escola.

De olho no legado

História da meteorologia

Meteorologia é a ciência que estuda a atmosfera e seus fenômenos. A origem do nome vem do trabalho do filósofo grego Aristóteles, que, por volta de 340 a.C., escreveu um livro de filosofia natural intitulado *Meteorologica*.

Meteoros significa "elevado no ar", e *logos*, "estudo". Esse trabalho é uma compilação do conhecimento acumulado sobre o tempo e clima da época, assim como material astronômico, geográfico e químico. Entre outros, Aristóteles abordou temas como nuvens, chuva, neve, vento, granizo, trovão e furacões.

O desenvolvimento científico da Meteorologia ocorreu a partir do século XVI, com o surgimento de equipamentos de medição como o termômetro e o barômetro.

Igualmente importante, a transmissão de informações meteorológicas foi facilitada com a invenção do telégrafo no século XIX. Essa troca de informações começou a ser coordenada em 1873 pela Organização Meteorológica Internacional (IMO, na sigla em inglês), que padronizou técnicas de observação. Ela foi sucedida em 1950 pela Organização Meteorológica Mundial (WMO, na sigla em inglês), uma agência da Organização das Nações Unidas.

O século XX foi marcado pelo desenvolvimento de tecnologias e equipamentos, como balões atmosféricos para sondagens verticais. Após a Segunda Guerra Mundial (1939-1945), radares militares passaram a ser utilizados para medições meteorológicas, e novos computadores permitiram análises e previsões mais precisas.

A Meteorologia interage cada vez mais com outras áreas científicas. Atualmente, tecnologias sofisticadas, como aquelas associadas a radares e satélites, permitem observação e monitoramento mais detalhados da atmosfera. Computadores de alta velocidade e novas tecnologias de informação e comunicação possibilitam o desenvolvimento de modelos matemáticos de previsão do tempo.

Vale lembrar, porém, que, assim como toda ciência e produção humana, a Meteorologia, embora cada vez mais precisa, não é infalível e sofre mudanças contínuas ao longo da História.

Alice Marlene Grimm. *Meteorologia básica. Notas de aula*. Disponível em: <http://fisica.ufpr.br/grimm/aposmeteo/>. Acesso em: 14 jun. 2018.

Foto do livro grego *Meteorologica*, de Aristóteles.

Foto de telégrafo.

Adquirido em 2010, o supercomputador Tupã, do Centro de Previsão de Tempo e Meteorologia (CPTEC) do Inpe, em Cachoeira Paulista (SP), chegou a ser uma das dez máquinas mais rápidas do mundo.

Pensando nisso, responda:

1. Como a Meteorologia está presente em seu dia a dia?

Atividades

As imagens desta página não estão representadas na mesma proporção.

1. O que são nuvens, como elas podem nos dar pistas sobre as condições do tempo?

2. Leia a sentença a seguir e faça o que se pede.

   "Ontem à tarde choveu na cidade de Brasília. A temperatura média foi de 27 °C."

   Essa afirmação se refere à descrição de tempo ou de clima? Justifique sua resposta.

3. O que provoca o aparecimento de uma frente fria?

4. Cite exemplos de dois aparelhos meteorológicos e suas respectivas funções.

5. Por que a biruta pode fornecer informações adicionais às do anemômetro?

Anemômetro.

Biruta.

6. Imagine que uma rádio deu a seguinte informação: "O barômetro da Rádio XXZY registrou 54% de umidade relativa do ar".

   a) Qual é o equívoco dessa informação?

   b) Como podemos obter informações sobre a umidade relativa do ar?

7. Qual é a importância das previsões meteorológicas para a sociedade?

8. Imagine que você consulta um "mapa do tempo" com a previsão meteorológica para um passeio com a família e depara-se com as seguintes informações para sua cidade:

Manhã	Tarde	Noite

   a) Quais seriam as condições do tempo nesse dia?

   b) Quais precauções teria de tomar para o passeio?

9 Observe as fotografias a seguir. Crie uma legenda classificando cada tipo de nuvem.

10 Entre os elementos que formam o tempo, podemos citar a temperatura, a pressão atmosférica, as precipitações (chuva, neve, granizo) e os ventos. Além desses elementos, quais são alguns dos fatores geográficos que definem o clima de uma região?

11 Leia a notícia abaixo, de 13 de outubro de 2017.

Inmet alerta sobre a baixa umidade do ar em Goiás

O Instituto Nacional de Meteorologia (Inmet) publicou um alerta nesta sexta-feira (13) sobre a baixa umidade do ar em Goiás. Uma massa de ar seco que cobre Goiás está provocando uma queda na umidade do ar. Segundo dados do Inmet, a umidade relativa do ar deve ficar entre 12% e 20%. Isso significa que Goiás está em estado de alerta, com risco de incêndios florestais e riscos à saúde, como ressecamento da pele e desconforto nos olhos, boca e nariz.

É recomendado o consumo de muito líquido, além do uso de hidratantes e [...] ambientes umidificados. Deve-se evitar exposição ao sol nas horas mais quentes do dia e atividades físicas não são recomendadas. [...]

Juliana França. *Mais Goiás com Você e Ponto*, 13 out. 2017. Disponível em: <www.emaisgoias.com.br/inmet-alerta-sobre-baixa-umidade-do-ar-em-goiania>. Acesso em: 18 jun. 2018.

Responda às questões a seguir.

a) Por que é comum ocorrer sangramento nasal em moradores de cidades afetadas pelas condições meteorológicas indicadas na notícia?

b) Por que, em situações como essa, adotam-se medidas como colocar uma bacia com água no ambiente onde se dorme?

12 Para estar bem informado, é fundamental ler e interpretar textos em diferentes linguagens. Um mapa do tempo também é um tipo de texto. Vamos aprender a interpretá-lo?

a) Pesquise em jornais a seção referente à previsão do tempo.

b) Recorte os símbolos usados e identifique o que cada um representa (chuva, tempo bom etc.).

c) Elabore um quadro com o cabeçalho a seguir e, ao longo de uma semana, cole os símbolos de acordo com o tempo em sua cidade.

Dia da semana	Símbolo	Observação

d) Anote também as temperaturas máxima e mínima previstas para cada dia.

e) Compare as previsões dos jornais com o que de fato aconteceu.

f) No final, registre suas conclusões e compare-as com as dos colegas para identificar as possíveis diferenças entre elas e o motivo de terem ocorrido, se for o caso.

CAPÍTULO 11

Alterações climáticas

O que são alterações climáticas?

Leia a notícia a seguir.

Monumentos apagam as luzes hoje para promover reflexão sobre mudanças climáticas

As luzes de diversos monumentos em várias partes do país ficarão apagadas por uma hora hoje (24), das 20h30 às 21h30, em celebração à Hora do Planeta, uma iniciativa mundial promovida pela organização não governamental (ONG) WWF. O ato simbólico ocorre desde 2007, com o objetivo de chamar a atenção para a importância de se preservar o meio ambiente e conscientizar a sociedade sobre as mudanças climáticas.

De acordo com o WWF, na campanha deste ano, mais de 600 monumentos terão suas luzes apagadas em 145 cidades brasileiras. A expectativa é que mais de 250 mil pessoas participem do movimento.

Em São Paulo, um dos monumentos a terem a luz desligada é a Fonte Multimídia, no Ibirapuera. O Cristo Redentor e o Pão de Açúcar, que estão entre os principais cartões-postais do Rio de Janeiro, também terão suas luzes apagadas. Em Brasília, um dos monumentos que ficarão às escuras será o Congresso Nacional.

Juliana Andrade. *Agência Brasil*, 24 mar. 2018. Disponível em: <http://agenciabrasil.ebc.com.br/geral/noticia/2018-03/mais-de-600-monumentos-apagam-luzes-hoje-em-acao-contra-mudancas-climaticas>. Acesso em: 25 maio 2018.

Torre Eiffel com luzes apagadas durante a Hora do Planeta, em 24 de março de 2018. Paris, França.

As luzes do Cristo Redentor foram apagadas durante a Hora do Planeta, em 24 de março de 2018. Rio de Janeiro, RJ.

ZOOM

Você já deve ter ouvido falar sobre as mudanças climáticas que ocorrem no planeta. Essa questão tem preocupado grande parte das pessoas e motivado protestos das mais variadas formas e em todas as partes do mundo.

Mas o que são mudanças climáticas? O que as causa e quais são suas consequências para o planeta? O que podemos fazer para evitar que isso aconteça? Reflita sobre essas questões e registre, no caderno, suas opiniões e conhecimentos a respeito delas.

Mudanças ou alterações climáticas referem-se às variações acentuadas dos climas regionais ou em escala global ao longo do tempo. Essas alterações envolvem mudanças de temperatura, regime de chuvas, nebulosidade e outros fenômenos climáticos, em comparação com as médias registradas ao longo da história.

Algumas causas das alterações climáticas

De modo geral, o clima em determinada região pode ser alterado por fatores naturais, pela ação humana ou pela junção desses fatores. Ele nunca foi estático ou imutável; ao longo do tempo, o planeta passa naturalmente por ciclos de mudanças e o clima também muda. Porém, atualmente estão ocorrendo mudanças climáticas diretamente relacionadas à intervenção humana no ambiente, especialmente pelo aumento da emissão de gases poluentes na atmosfera, que intensificam o efeito estufa e causam o aquecimento global.

As causas das mudanças climáticas provocam discussões acirradas no meio científico, pois há análises com diferentes resultados.

O clima em gráfico

Junte-se a alguns colegas e analisem o gráfico a seguir, que mostra o registro de uma série histórica de medições feitas pelo Instituto Nacional de Meteorologia (Inmet) em determinado período.

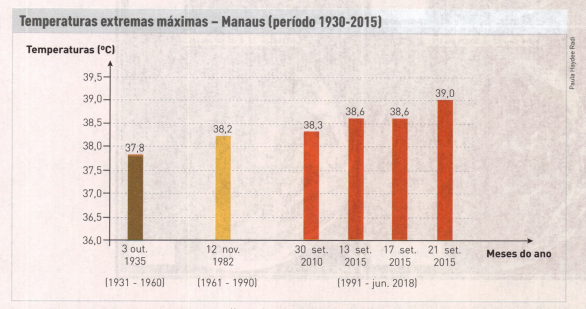

Temperaturas extremas máximas – Manaus (período 1930-2015)

Fontes: Observatório do Clima. Disponível em: <http://www.observatoriodoclima.eco.br/wp-content/uploads/2015/10/manaus1.png>; Instituto Nacional de Meteorologia. Disponível em: <http://www.inmet.gov.br/portal/index.php?r=tempo/graficos>. Acessos em: 3 jul. 2018.

1 Agora respondam às questões abaixo.

   a) Que elemento do clima está sendo comparado no gráfico?

   b) Qual é o período total registrado e qual foi a maior temperatura registrada nesse período?

2 Pesquisem as temperaturas mais altas já registradas na sua cidade ou na capital do estado e construam um gráfico como o apresentado acima.

Climas do planeta

A Terra apresenta características específicas que determinam os diferentes climas. A diferença na incidência dos raios solares, a ação das massas de ar na atmosfera, o movimento das correntes marítimas nos oceanos e outros fatores, em conjunto, propiciam os diferentes climas do planeta.

A inclinação do eixo da Terra provoca variação na incidência dos raios solares no planeta e aquecimento diferente nos hemisférios Norte e Sul, durante o movimento de translação.

Observe na figura abaixo a incidência da radiação solar na Terra nas quatro estações.

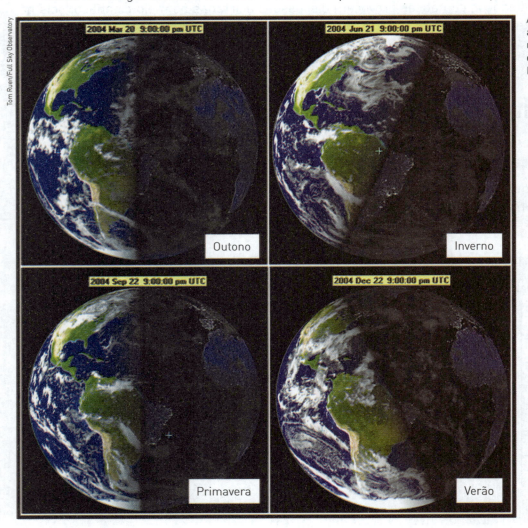

As imagens evidenciam as áreas iluminadas pelo Sol nas diferentes estações do ano (em referência ao Hemisfério Sul).

Entre os meses de dezembro e março, o Hemisfério Sul – localizado ao sul da Linha do Equador – fica mais exposto ao Sol, e os raios solares incidem perpendicularmente sobre alguns pontos dessa região. É verão.

Após seis meses, quando a Terra está no ponto diametralmente oposto de sua órbita, é inverno no Hemisfério Sul. Nesse período de junho a setembro, o Hemisfério Norte – localizado ao norte da Linha do Equador – fica mais exposto ao Sol e, assim, os raios solares incidem perpendicularmente sobre alguns pontos da região, quando é verão nesse hemisfério.

 Ampliar

**Primavera, Verão, Outono, Inverno...
e Primavera**
Coreia do Sul, 2003.
Direção: Kim Ki-duk, 103 min.
Com base nas experiências de um monge budista que mora em um lago, é feita uma analogia com as estações do ano para mostrar que a vida depende de nossa conduta e nossas escolhas.

Por causa do formato da Terra, a distribuição de luz solar e calor em sua superfície é desigual. A região próxima à Linha do Equador recebe raios solares com maior intensidade, enquanto os polos recebem essa radiação de forma bastante desigual e com menor intensidade. Assim, o planeta é "dividido" em três grandes zonas térmicas ou climáticas: **zona intertropical** (ou tropical), **zona temperada** (norte e sul) e **zona polar** ou glacial (ártica e antártica). Observe a ilustração.

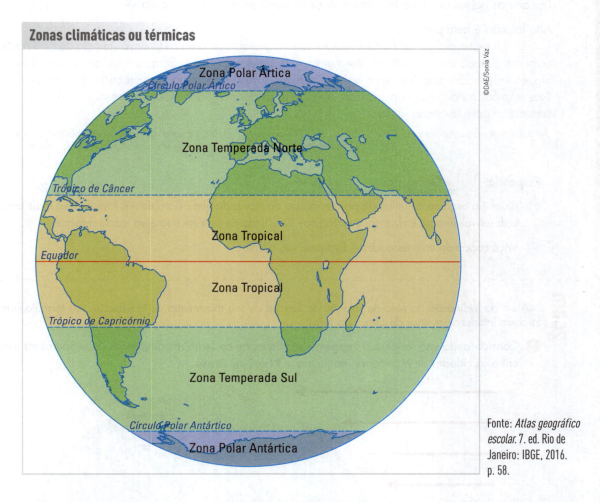

Fonte: *Atlas geográfico escolar*. 7. ed. Rio de Janeiro: IBGE, 2016. p. 58.

A zona climática conhecida como intertropical abrange a porção central da Terra, ou seja, a região entre as linhas imaginárias Trópico de Câncer e Trópico de Capricórnio. Nessa região, as temperaturas são elevadas devido à incidência direta dos raios solares; geralmente, há vegetação abundante em razão da grande quantidade de chuvas.

Nas regiões localizadas entre os trópicos e os círculos polares, isto é, entre o Trópico de Câncer e o Círculo Polar Ártico e entre o Trópico de Capricórnio e o Círculo Polar Antártico, chamadas zonas temperadas, o clima é mais moderado devido aos raios solares incidirem inclinadamente sobre a superfície da Terra. A principal característica dessas zonas são temperaturas definidas para cada estação do ano, como invernos frios e verões quentes. Há presença de vegetação de florestas temperadas, estepes e pradarias.

As zonas polares (norte e sul) são aquelas em que os raios solares incidem na superfície terrestre com a maior inclinação; além disso, em algumas estações a região deixa de receber radiação solar direta, o que resulta em clima ameno que pouco varia e com temperaturas frias e secas. A vegetação ocorre durante o verão, quando surgem as tundras, formadas por liquens e fungos.

Nas regiões polares, nos dias próximos ao solstício de verão, ocorre o fenômeno conhecido como Sol da meia-noite, em que ele fica visível durante 24 horas.

Viver

O frio e a sociedade

Por que os países de clima frio são mais desenvolvidos que os dos trópicos?

Alto lá! não é bem por aí...

[...] A teoria de que ambientes frios seriam mais propícios para o desenvolvimento de civilizações tecnologicamente avançadas foi bastante disseminada nos séculos 19 e 20. O argumento por trás dela é de que o clima frio teria oferecido desafios extras à sobrevivência, favorecendo então um processo de evolução da sociedade. Nos trópicos, onde "bastaria estender a mão" para apanhar uma fruta, as pessoas teriam ficado **indolentes**, sem razão para avançar. [...]

Nathália Bustamante. Aventuras na História, 23 out. 2017. Disponível em: <https://aventurasnahistoria.uol.com.br/noticias/almanaque/por-que-os-paises-de-clima-frio-sao-mais-desenvolvidos-que-os-dos-tropicos.mhtml>. Acesso em: 25 maio 2018.

Glossário

Indolente: preguiçoso, desleixado, negligente.

Responda.

1. Qual é o argumento utilizado para a defesa da teoria de que os ambientes frios seriam mais propícios para o desenvolvimento e avanço tecnológico? Que tipos de preconceito essa teoria reforça?

2. Você concorda com essa ideia? Explique sua opinião.

---

zoom

Além da inclinação do eixo de rotação da Terra e de seu movimento de translação, seu formato arredondado também interfere nos tipos de climas da Terra.

1. Considerando isso, analise a imagem e explique, no caderno, as diferenças de temperatura média anual entre as cidades de Murmansk, na Rússia, e Natal, no Brasil.

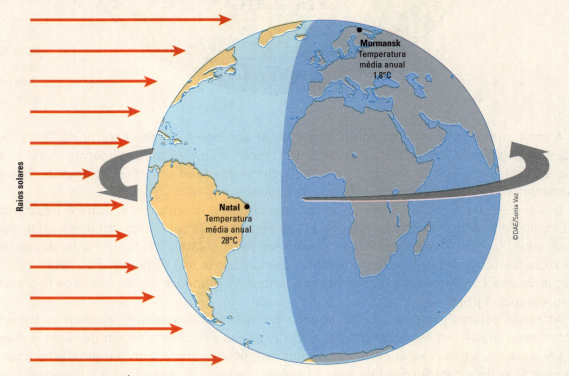

Fonte: Vera Caldini e Leda Ísola. *Atlas geográfico Saraiva*. 4. ed. São Paulo: Saraiva, 2013. p. 10 e 11.

Experimentar

A direção da incidência da luz

Material:
- lanterna;
- prancheta ou tábua.

Procedimentos

1. Em uma sala, com pouca iluminação, peça a um colega ou familiar que segure a prancheta na vertical, de modo que um lado dela fique voltado para você. Fique perto da superfície, ligue a lanterna e dirija o feixe de luz para a prancheta. Observe com atenção a intensidade da luz que incide na prancheta.
2. Em seguida, seu colega, ainda segurando a prancheta na vertical, deverá se afastar uns 5 passos para trás. Agora acenda a lanterna novamente e torne a observar com atenção a intensidade da luz incidente na prancheta.
3. Repitam os mesmos procedimentos acima, só que inclinando a prancheta cerca de 21° em relação à vertical. Nas duas situações observe a concentração da luz na prancheta.
4. Anote os resultados e depois os compartilhe com o professor e os colegas.

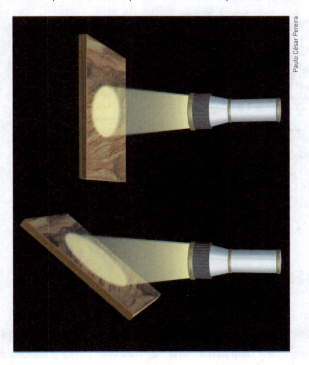

Agora responda: no caderno

1. Quando a prancheta estava inclinada, a parte de sua superfície que recebeu luz foi maior ou menor que a parte de sua superfície iluminada na posição vertical? Por quê?
2. Escreva um texto explicando como a direção da incidência de um feixe de luz pode variar a concentração da luz incidente sobre uma superfície.
3. Como você pode relacionar essa atividade com as estações do ano?

201

Efeito das massas de ar

Fatores relacionados à circulação atmosférica e à circulação oceânica também interferem nos climas regionais do planeta, como as massas de ar e as correntes marítimas.

As massas de ar podem ser **frias** ou **quentes** e também **secas** ou **úmidas**. As massas de ar que se originam em regiões polares são frias e as massas de ar de zona intertropical são quentes. As massas de ar que se originam em regiões áridas tendem a ser secas e as que se originam em regiões úmidas, como o oceano, tendem a ser úmidas.

A movimentação dessas massas de ar é determinada por alterações na pressão atmosférica e interfere nas condições que determinam os climas.

No Brasil atuam cinco grandes massas de ar que, de certa forma, caracterizam os climas do país. Observe nos mapas a seguir a representação dessas massas no verão e no inverno.

Fonte: Gisele Girardi e Jussara Vaz Rosa. *Atlas geográfico do estudante*. São Paulo: FTD, 2011. p. 25.

Massas de ar e a previsão do tempo

Leia a notícia a seguir.

Chuvas devem continuar em MT e voltar para Argentina nos próximos dias

[...] As previsões para este começo de mês se mostram razoáveis para quase toda a América do Sul. A região Central da Argentina volta a se beneficiar de precipitações acima do normal, com chuvas provindas do Atlântico. Uma massa de ar Equatorial oferecerá chuvas pelo Norte do Brasil, chegando até o Mato Grosso, podendo continuar impactando no ritmo de colheita da soja [...].

Notícias Agrícolas, 30 jan. 2017. Disponível em: <www.noticiasagricolas.com.br/noticias/clima/186275-previsao-atualizada-do-clima-na-america-do-sul.html>. Acesso em: 25 maio 2018.

1. De que forma as massas de ar podem favorecer as atividades humanas?
2. Devemos dizer que as massas de ar mudam o clima ou que mudam o tempo atmosférico? Justifique sua resposta.

Ecologia em foco

As correntes marítimas

Correntes marítimas são massas de água que se deslocam pelos oceanos mantendo características específicas, como salinidade e temperatura. Elas influenciam o clima local em áreas litorâneas, pois podem alterar a temperatura, o regime de chuvas e a umidade do ar. Assim, dentre as características específicas, a temperatura é o fator utilizado como critério para classificação dessas correntes.

As **correntes quentes** originam-se na região equatorial do planeta e deslocam-se em direção às regiões polares. Elas tornam as regiões por onde passam mais quentes e úmidas (chuvas) e com amplitude térmica menor (variação de temperatura). Exemplos: das Guianas, do Golfo do México e do Brasil.

As **correntes frias** são provenientes de regiões polares e deslocam-se em direção à Linha do Equador, tornando as regiões por onde passam mais frias, com maior amplitude térmica e considerável aumento da umidade relativa do ar. Essas correntes causam maior frequência de nebulosidade, mas raramente provocam chuvas. As correntes de Humboldt e a Circumpolar Antártica são exemplos de correntes frias.

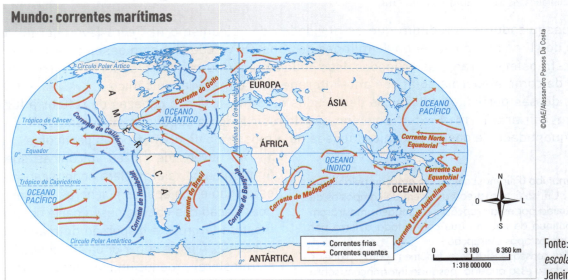

Fonte: *Atlas geográfico escolar* 7. ed. Rio de Janeiro: IBGE, 2016. p. 58.

Correntes marítimas e atividades humanas

Além de exercer grande influência sobre o clima, as correntes marítimas são importantes para o ecossistema marinho. O movimento causado pelo encontro entre correntes quentes e frias faz com que águas ricas em materiais minerais (fosfatos e nitratos) se elevem e cheguem à camada superficial dos oceanos, penetrada pela luz, o que favorece a abundância de fitoplâncton. Esse conjunto de microrganismos fotossintetizantes são a base da cadeia alimentar de muitos ecossistemas aquáticos.

Atividades antrópicas (humanas) em áreas costeiras, entretanto, podem causar um efeito desastroso à manutenção de plâncton, pois o excesso de gás carbônico, por exemplo, torna os mares mais ácidos e reduz esses microrganismos.

❶ Dê exemplos de como as correntes marítimas podem auxiliar as atividades humanas.

❷ Considerando as ações da natureza e as ações antrópicas citadas no texto, explique de que modo elas podem favorecer ou prejudicar o ser humano.

Vulcanismo

A alta pressão e a elevada temperatura no interior da Terra podem causar a erupção de magma (lava), cinzas, gases, poeira, vapor-d'água e outros materiais para a superfície. Esse fenômeno geológico de atividades vulcânicas é denominado **vulcanismo**.

Erupção do vulcão Kilauea, no Havaí (EUA), maio de 2018.

Alguns pesquisadores acreditam que as atividades de vulcanismo na Terra favoreceram a manutenção do clima ameno ao longo de milhões de anos. Os vulcões lançam gases e partículas de poeira na atmosfera durante as erupções. Isso pode aquecer ou resfriar a superfície terrestre, dependendo de como a energia solar radiante interage com o material vulcânico.

Algumas dessas partículas vulcânicas despejadas na atmosfera são capazes de refletir a luz solar e, assim, esfriar a Terra. A extensão e duração do resfriamento dependem da intensidade da erupção, da quantidade de poeira vulcânica lançada na atmosfera e do diâmetro das partículas.

zoom

O vulcão Pinatubo (Filipinas) entrou em erupção pela última vez em 1991. Um satélite rastreou a nuvem de compostos de enxofre produzida por essa erupção e as imagens mostraram uma faixa contínua de neblina que cobriu toda a Terra por cerca de três meses após a erupção.

• Quais são as consequências desse fenômeno para o planeta? Para responder a essa questão, pesquise informações sobre as erupções do vulcão Tambora (da Indonésia) e escreva um pequeno texto no caderno sobre os dados obtidos.

O vulcão Monte Santa Helena, nos Estados Unidos, entrou em erupção em 1980, emitindo gases na atmosfera.

As nuvens de cinzas vulcânicas que flutuam na baixa atmosfera podem causar escuridão e frio apenas por horas ou dias, pois a ação das chuvas nessa parte da atmosfera favorece a dispersão do material suspenso. A parte superior da atmosfera (a estratosfera) é menos úmida, então a poeira vulcânica que a atinge pode permanecer em suspensão por semanas ou meses.

A maior influência do vulcanismo sobre o clima da Terra, entretanto, ocorre quando os vulcões liberam gases com grandes quantidades de compostos de enxofre. Muitos desses compostos são gases que sobem facilmente para a estratosfera e, combinados com a pequena quantidade de água disponível, formam uma névoa composta de gotículas de ácidos que refletem grande quantidade de luz solar para o espaço. Esse fenômeno pode durar meses ou anos e causar um resfriamento significativo no planeta.

Ações humanas e clima

Acredita-se que seres humanos modificam o meio ambiente desde que surgiram no planeta. Estudos indicam que desmatamento, caça, pesca, agricultura e mudança nos cursos das águas – atividades praticadas por muitos povos, como os **mochicas**, que viveram há séculos no litoral norte do Peru e desenvolveram técnicas para cultivar plantações nessa região árida de deserto – causaram sérios impactos ambientais.

Representação simplificada em cores-fantasia.

Ilustração representativa dos canais de irrigação dos mochicas, povo que construía canais de irrigação desviando a água dos rios que desciam dos Andes e conseguiam, com essa técnica, plantar em terras originalmente desérticas.

É fato comprovado, entretanto, que somente após a Primeira Revolução Industrial a atmosfera passou a receber diariamente grandes emissões de poluentes. Esse período iniciou-se na Inglaterra, por volta da metade do século XVIII, com a invenção de um dos principais marcos da civilização: a máquina a vapor. O uso desse tipo de máquina na atividade têxtil aumentou consideravelmente a produção e também as emissões de poluentes na atmosfera.

Com o advento da Segunda Revolução Industrial (1850 a 1950), caracterizada pelo desenvolvimento da indústria automobilística nos Estados Unidos e pelas atividades metalúrgica, siderúrgica e petroquímica em vários países, a emissão de poluentes na atmosfera, nos rios e em outros ambientes adquiriu grandes proporções. A eletricidade e o petróleo passaram a ser as principais fontes de energia, e a queima de combustíveis fósseis, a grande responsável por essa poluição.

Glossário

Mochica: civilização que viveu entre 100 e 600 d.C. no Peru.

Engarrafamento de veículos na avenida Radial Leste, em São Paulo (SP), 2015.

Ilustração de chaminés durante a Primeira Revolução Industrial, na Inglaterra.

205

Viver

Os impactos do consumismo

Sabemos que a industrialização crescente e global, aliada a um estilo de vida pautado no consumismo exacerbado, está diretamente relacionada a alterações climáticas preocupantes. Nos dias atuais, chegamos a um patamar no qual milhares de toneladas de poluentes são lançados diariamente na atmosfera, tornando o ambiente impróprio em diversas partes do mundo. Nos últimos 150 anos, a quantidade de gás carbônico aumentou cerca de 25% e a temperatura média global elevou-se em, aproximadamente, 0,5 °C.

1. Que consequências esses aumentos acarretam ao planeta? De que forma a diminuição do consumismo pode ajudar a reverter esse processo? Reflita e registre o que sabe a respeito e sua opinião sobre o tema.

As causas do aquecimento global

Aquecimento global é o fenômeno caracterizado pelo aumento das temperaturas médias do planeta, considerando a temperatura média da água dos oceanos e da atmosfera nas últimas décadas.

A comunidade científica é quase unânime em atribuir o aquecimento global à ação humana. Além disso, a cada dia mais cientistas atribuem a elevação da temperatura média da atmosfera ao aumento da emissão de certos gases, principalmente o gás carbônico, produzidos pelas atividades humanas.

A principal causa do aquecimento global é a intensificação do **efeito estufa**. Esse fenômeno natural é responsável pela manutenção da temperatura média da Terra em torno de 15 °C, o que propicia a vida no planeta. No entanto, desde o surgimento das primeiras indústrias, no século XVIII, a quantidade de gás carbônico liberado para a atmosfera tem aumentado.

O uso de combustíveis fósseis, as queimadas, a derrubada de florestas em todo o mundo (que diminuiu a absorção de gás carbônico durante a fotossíntese), a decomposição de matéria orgânica no lixo, a grande quantidade de rebanhos de gado e outros animais que liberam gases estufa produzidos na digestão são alguns dos fatores que aumentam a quantidade desses gases que ficam retidos na atmosfera, como o gás carbônico, o metano e o monóxido de carbono, agravando o efeito estufa.

Apesar da maioria da comunidade científica concordar que existe responsabilidade humana na intensificação do efeito estufa, ainda estuda-se a possibilidade de que o aquecimento global possa ser causado por eventos naturais, como variações da atividade solar.

A queima de combustíveis fósseis, os gases produzidos na digestão do gado e o desmatamento são alguns dos principais fatores na intensificação do efeito estufa.

Ambiente em foco

A digestão de bovinos e a liberação de metano

Observe o infográfico a seguir, publicado em um jornal, que esquematiza a relação entre a digestão de bovinos e a liberação de metano.

ARROTO COMPLICADO
Entenda a relação entre gases de bovinos e aquecimento global

1 DIGESTÃO
> Animais como os bovinos possuem um estômago altamente especializado para digerir matéria vegetal, que inclui o rúmen (daí a palavra "ruminantes")

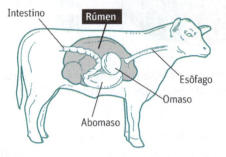

2 MICRÓBIOS
> Nessas câmaras estomacais, vivem bactérias que ajudam bois e vacas a "quebrar" as moléculas complexas do capim. O problema é que, nesse processo, os micróbios também liberam metano (CH_4), um potente gás-estufa

3 QUANTIDADE
> Ao eructar (arrotar), cada bovino emite uma quantidade pequena de metano (150 gramas por dia). Mas, com um rebanho mundial na casa dos bilhões (cerca de 200 milhões só no Brasil), o metano emitido pelos bichos se torna um problema considerável

4 MEDIÇÃO
> Pesquisadores brasileiros conduziram experimentos para medir os "arrotos" de metano do gado nelore na fase de crescimento. Verificaram que a emissão do gado brasileiro é elevada, mesmo entre os animais mais eficientes na hora de ganhar peso

20% é o potencial de mudança climática produzido pela ação humana ligado às emissões de metano

Disso, cerca de **um terço** derivaria do metano dos rebanhos (há outras fontes do gás)

---

1. Sabendo que o metano é um dos principais gases-estufa, qual é a relação entre a produção pecuária no planeta e o aquecimento global?

2. Que mudanças relacionadas à maneira que você se alimenta atualmente podem ser tomadas para contribuir com a manutenção de um bom clima no planeta para as gerações futuras?

Ampliar

Aquecimento global não dá rima com legal,
Cesar Obeid (Moderna).

O tema do aquecimento global é apresentado em forma de cordel. O jovem leitor é convidado a ações que ajudam a evitar o desgaste de nosso planeta.

Uma verdade inconveniente
Estados Unidos, 2006.
Direção: Davis Guggenheim, 96 min.

Documentário que analisa o aquecimento global pela perspectiva do ex-vice-presidente dos Estados Unidos Al Gore. Ele apresenta dados que relacionam as atividades humanas à emissão de gases-estufa na atmosfera.

Economia e aquecimento global

O gráfico ao lado indica a participação de diferentes setores econômicos brasileiros na intensificação do efeito estufa e, consequentemente, no aquecimento global.

O setor que mais emite gases de efeito estufa no Brasil é o de uso da terra, com 51%. E o fator principal é o desmatamento de áreas florestais nativas, como a Floresta Amazônica, o Cerrado e a Mata Atlântica, para que o solo seja usado na agropecuária. Apesar de ainda ser muito alta, a emissão por uso da terra já caiu pela metade desde 2004, principalmente pela diminuição do desmatamento.

Já a agropecuária é responsável por 22% das emissões, sendo o fator mais importante os gases resultantes da digestão bovina. Do setor de energia, a principal causa é a queima de combustíveis, como os derivados de petróleo.

Os dois setores com menor parcela são o de resíduos, tanto de origem doméstica como industriais, e as indústrias em geral, principalmente as produtoras de metais e de gases HFCs (explicado a seguir).

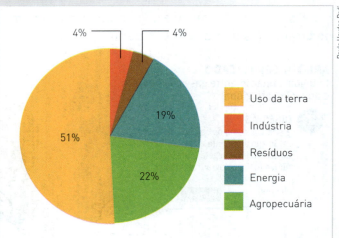

Fonte: Sistema de Estimativas de Emissões e Remoções de Gases de Efeito Estufa. Disponível em: <http://seeg.eco.br>. Acesso em: 18 jun. 2018.

 **Viver**

Camada de ozônio e aquecimento global

Os clorofluorcarbonetos (CFCs), compostos à base de carbono que contêm cloro e flúor, eram muito usados em refrigeração e aerossóis, mas foram banidos na maioria dos países por causarem a redução da camada de ozônio. Observe a foto.

Os hidrofluorcarbonetos (HFCs), com hidrogênio no lugar do cloro, têm sido amplamente utilizados como alternativa aos CFCs em aparelhos de ar condicionado, refrigeração, espumas e aerossóis. Eles não destroem a camada de ozônio, mas são gases de efeito estufa.

Detalhe na embalagem de um inseticida que atesta que o produto não contém clorofluorcarboneto.

Responda às perguntas.

1. A troca dos CFCs pelos HFCs é favorável ou desfavorável à problemática do aquecimento global? Justifique sua resposta.

2. Que medidas favoráveis ao clima do planeta podem ser tomadas pelas autoridades governamentais no mundo em relação ao uso dos HFCs?

Ambiente em foco

As consequências

Dados levantados por cientistas afirmam que o século XX, em razão dos desdobramentos ambientais das revoluções industriais, foi o período mais quente da história desde o término da última glaciação (que terminou há cerca de 12 mil anos), com um aumento médio de 0,7 °C nas temperaturas de todo o planeta. E para o século XXI está prevista a elevação de mais 1 °C, em caso de preservação da atmosfera, ou de 1,8 a 4 °C, em um cenário mais pessimista, caso a humanidade continue no ritmo atual de poluição ambiental.

O aumento da temperatura pode elevar o nível dos mares por causa do degelo de parte das **calotas polares**; alterar os regimes das chuvas e o clima em geral, levando a:

- inundações de áreas costeiras e cidades litorâneas;
- maior frequência de catástrofes provocadas por fenômenos meteorológicos de difícil controle e previsão (furacões e tornados, secas, enchentes por chuvas);
- extinção de espécies, em razão das condições ambientais adversas.

zoom

A imagem abaixo mostra um urso polar desnutrido. Reflita sobre ela e escreva um breve texto com argumentos sobre as consequências do aquecimento global para a sobrevivência de inúmeras espécies do planeta.

Urso-polar fotografado enquanto procurava alimento. Canadá, dez. 2017.

Glossário

Calota polar: porção de água congelada nos pontos extremos dos polos Norte e Sul da Terra (regiões Ártica e Antártica).

① Algumas charges são periodicamente produzidas por artistas em todo o mundo e, com humor, criticam as mudanças climáticas e a forma como essa questão vem sendo tratada pelos países. Observe um exemplo abaixo.

a) Que crítica ao aquecimento global é feita na charge?

b) Pesquise na internet ou em jornais impressos outras charges sobre o tema. Analise o conteúdo delas para se inspirar e, com criatividade, elabore uma você também.

Ampliar

Como combater o aquecimento global – informações completas para você reduzir sua pegada de carbono, de Joanna Yarrow (PubliFolha).

O livro explica como planejar uma nova forma de viver com base em várias indicações úteis de especialistas da área ambiental.

A busca de soluções

O principal órgão responsável pela sistematização e divulgação de estudos relacionados ao aquecimento global é o Painel Intergovernamental sobre Mudanças Climáticas (a sigla em inglês é IPCC). Ele foi criado em 1988 pelo Programa das Nações Unidas para o Meio Ambiente (PNUMA) em consonância com a Organização Meteorológica Mundial.

Com a divulgação dos estudos e alertas de cientistas para os efeitos calamitosos que o desenvolvimento industrial descontrolado poderia ter sobre a Terra, governos e autoridades políticas de todo o mundo, sob a direção da Organização das Nações Unidas (ONU), passaram a debater a necessidade de rever as políticas de crescimento dos países. Essas medidas buscam minimizar o impacto da ação humana sobre o clima.

Os cientistas têm insistido no alerta para a necessidade de reduzir a liberação dos gases que contribuem para o agravamento do efeito estufa. Isso exige, porém, algumas medidas dos países industrializados, como a redução da queima de combustíveis fósseis (petróleo e outros), a redução da produção mundial de lixo e a preservação das florestas do planeta. Observe a charge abaixo e comente o que entendeu.

 Viver

Medidas nas cidades e os benefícios ambientais

As medidas que buscam minimizar o impacto da ação humana sobre o clima esbarram nos grandes interesses econômicos, pois envolvem investimento em outras formas de energia, gasto com adaptações nas instalações industriais e nos veículos, mudanças no estilo de vida da população etc. Por essas razões, há forte resistência às mudanças. É fundamental que cidadãos de todo o mundo procurem se organizar para pressionar os governantes a assumir posições favoráveis à coletividade do planeta.

Observe a fotografia ao lado.

Ciclista deslocando-se em ciclovia na Avenida Paulista. São Paulo (SP), ago. 2015.

Responda à pergunta.

1. Que medida favorável às cidades é exemplificada na imagem como um benefício ambiental? Esse benefício é também social? Justifique suas respostas.

Sustentabilidade em foco

Consumo consciente

Adotar o consumo consciente é essencial no combate às mudanças climáticas

[...] A participação urgente de todos os atores da sociedade – indivíduos, empresas, governos e instituições – na luta contra o aquecimento global pressupõe escolhas mais conscientes na produção e consumo de produtos e serviços [...]

Celebrado em 15 de outubro, o **Dia do Consumo Consciente**, data instituída no Brasil em 2009 pelo **Ministério do Meio Ambiente**, estimula os consumidores a refletirem sobre os impactos sociais, econômicos e ambientais dos padrões de produção e consumo atuais baseados no consumismo – na cultura do excesso de bens materiais, do descartável e do desperdício. [...]

Instituto Akatu, 11 out. 2016. Disponível em: <www.akatu.org.br/noticia/adotar-o-consumo-consciente-combate-as-mudancas-climaticas/>. Acesso em: 25 mar. 2018.

Que tal colocar em ação uma campanha de consumo consciente em sua escola e comunidade?

1. Organize, com os colegas, atividades como feiras de troca de livros, roupas, calçados e acessórios usados; oficinas de artesanato para reutilizar e reciclar materiais; coleta seletivas de resíduos etc.

2. Elaborem uma cartilha informativa com dicas e sugestões. Usem a criatividade e não se esqueçam de fazer a correção do texto.

A ONU alerta que, mesmo se todos os países que assinaram o Acordo de Paris cumprirem 100% de seus compromissos, será feito apenas um terço do que é necessário para combater as mudanças climáticas. É o que diz a oitava edição do relatório sobre as emissões, elaborado pela ONU Meio Ambiente e divulgado em outubro de 2017; ou seja, mesmo se houver sucesso total no cumprimento das metas para combater as mudanças climáticas, isso ainda não será suficiente.

- Em sua opinião, ações populares como a da fotografia trazem bons resultados?

Cidadãos em manifestação pública a favor da proteção ao meio ambiente dois dias antes da Cúpula do Clima das Nações Unidas, em que líderes mundiais se reuniram para discutir um novo tratado climático global que deveria ser elaborado até o final de 2015. Nova York, 21 set. 2014.

Ampliar

Uma verdade mais inconveniente
Estados Unidos, 2017.
Direção: Bonni Cohen, Jon Shenk, 98 min.

Dez anos após o documentário *Uma verdade inconveniente* ter alertado sobre a necessidade de um esforço coletivo global para tratar a crise iminente do aquecimento global, o ex-vice-presidente dos Estados Unidos Al Gore retorna ao tema mostrando consequências da crise climática e os avanços obtidos na obtenção de fontes alternativas de energia.

De olho no legado

O mundo perante as mudanças climáticas

1992 – Rio 92: criação da Convenção da ONU sobre Mudança do Clima, da qual 193 países são signatários.

1997 – Protocolo de Kyoto: metas obrigatórias para os países desenvolvidos reduzirem 5% das emissões.

2002 – Adesão voluntária do Brasil ao Protocolo de Kyoto.

2004 – Implantação do Plano de Ação para Prevenção e Controle do Desmatamento na Amazônia Legal (PPCDAM).

2005 – Entrada em vigor do Protocolo de Kyoto.

Organização das Nações Unidas

A partir do momento em que estudos científicos foram corroborando a ideia de que a ação humana tem forte impacto nas mudanças climáticas observadas ao longo do tempo em todo o planeta, grande parte das nações de todo o mundo começaram a promover encontros periódicos para, em conjunto, debater e buscar medidas a fim de enfrentar esse grave problema.

Nesses encontros são propostos acordos, protocolos e tratados visando à implantação de novas condutas e ações coletivas com foco em prevenir o agravamento dos fenômenos e processos climáticos observados. A eficácia desses acordos depende, obviamente, não só do grau de adesão dos países mas, principalmente, do compromisso efetivo deles com as ações mencionadas nos documentos assinados.

Embora pareça lógico que todos os governantes devem se preocupar com o impacto crescente da ação humana no clima do planeta e suas consequências para a vida e o equilíbrio ambiental, não se trata de uma questão simples. Há governantes que simplesmente consideram exagerado o debate e subestimam sua importância; outros relutam em adotar medidas que impactem na economia e no "desenvolvimento" de seus países ou provoquem reações indesejáveis em seus eleitores. Felizmente, na maioria dos países, pressionados pela comunidade científica, ambientalistas e população sensibilizada, os governantes têm participado dos encontros e debates.

Na linha do tempo acima destacamos acordos fechados a partir de 1992, ano em que o Brasil sediou, no Rio de Janeiro, a Conferência das Nações Unidas sobre o Meio Ambiente e Desenvolvimento. Essa reunião – que ficou conhecida como Rio-92, Eco-92 ou Cúpula da Terra – ocorreu 20 anos depois da conferência em Estocolmo (Suécia), quando houve polêmica e conflito entre grande parte dos países participantes diante da necessidade de colocar em práticas políticas e programas voltados ao desenvolvimento sustentável.

O Protocolo de Kyoto (1997), assinado por 192 países, estabeleceu, como meta, que, no período de 2008-2012, os países desenvolvidos deveriam reduzir a emissão de gases de efeito estufa para uma média de 5% em relação aos níveis de 1990. No segundo período de compromisso, a meta era o índice ficar 18% abaixo dos níveis de 1990 em oito anos, entre 2013-2020.

Fonte: <www.mma.gov.br/clima/convencao-das-nacoes-unidas>; <http://www.senado.gov.br/noticias/Jornal/emdiscussao/rio20/a-rio20/conferencia-rio-92-sobre-o-meio-ambiente-do-planeta-desenvolvimento-sustentavel-dos-paises.aspx>; <https://nacoesunidas.org/cop21/>.

Por sua vez, o foco do Acordo de Paris (2015) são medidas de redução de emissão de gases de efeito estufa a partir de 2020 e o compromisso de manter o aumento da temperatura média global abaixo de 2 °C acima dos níveis pré-industriais e de envidar esforços para limitar o aumento da temperatura a 1,5 °C.

As discussões acerca das mudanças climáticas apresentam aspectos políticos, socioeconômicos e éticos que extrapolam os dados científicos sobre o tema obtidos e apresentados. Articular interesses e diferentes visões de mundo e sensibilizar a população para a responsabilidade social com o planeta é um grande desafio nos acordos globais realizados.

Com base em uma pesquisa em outras fontes, como *sites* e revistas de divulgação científica, retome o conceito de sustentabilidade e desenvolvimento sustentável. Pesquise a participação do Brasil e de outros países nas discussões e acordos climáticos. Reúna-se, então, com os colegas para debater as questões a seguir e organizar as informações obtidas em um mural na escola.

1. Na Rio-92, entre as conclusões dos debates está a necessidade de agregar os componentes econômicos, ambientais e sociais no enfrentamento das questões climáticas. Se isso não for feito, não há como garantir a sustentabilidade no desenvolvimento dos países. Por quê?

2. As discussões ambientais têm destacado que, se todos buscarem o mesmo padrão de desenvolvimento dos países ricos, não haverá recursos naturais para todo mundo sem que haja graves e irreversíveis danos ao planeta. Qual é a relação entre esse fato, o conceito de sustentabilidade e as mudanças climáticas?

3. Estudos indicam que o desmatamento de florestas nativas em países como o Brasil é uma das práticas que mais poderão acarretar aquecimento do planeta. Pesquisem se há algum tipo de ação concreta por parte do governo brasileiro para combater essa prática e cumprir os compromissos assumidos nos acordos climáticos assinados pelo país.

Conviver

Alterações climáticas

Combater as alterações climáticas: solidariedade humana num mundo dividido

[...] Os riscos emergentes e a vulnerabilidade associados às alterações climáticas são o resultado de processos físicos. Mas são também consequência de ações e decisões humanas. Este é outro aspecto da interdependência ecológica que, por vezes, esquecemos. Quando uma pessoa, numa cidade americana, liga o ar-condicionado ou uma outra pessoa na Europa conduz o seu carro, as suas ações têm consequências. Essas consequências ligam-nas às comunidades rurais no Bangladesh, aos lavradores na Etiópia e aos habitantes de bairros degradados no Haiti. Com estas conexões humanas vem uma responsabilidade moral, incluindo a responsabilidade de refletir sobre – e mudar – as políticas energéticas que prejudicam outros povos ou as gerações futuras.

[...] A atmosfera da Terra não distingue os gases com efeito de estufa por país de origem. Uma tonelada de gases com efeito de estufa emitida pela China tem o mesmo peso que uma tonelada de gases com efeito de estufa emitida pelos Estados Unidos – e as emissões de um país são o problema climático de outro. Além disso, nenhum país consegue vencer a batalha contra a mudança climática agindo sozinho. A ação coletiva não é uma opção, mas um imperativo [...].

A batalha contra o perigo das alterações climáticas faz parte da luta pela humanidade. Vencer exigirá mudanças profundas a vários níveis – no consumo, na produção e atribuição de um preço da energia e na cooperação internacional.

Centro de Previsão de Tempo e Estudos Climáticos – CFTEC/Inpe. Relatório de Desenvolvimento Humano 2007/2008. Disponível em: <http://mudancasclimaticas.cptec.inpe.br/~rmclima/pdfs/relatorio_dh/Sintese.pdf>. Acesso em: 24 mar. 2018.

1 Junte-se a alguns colegas para ler e discutir o texto. Em seguida, façam as atividades propostas. **em grupo**

a) O texto acima foi extraído de um documento produzido em 2008. De acordo com o que estamos estudando, pode-se dizer que houve alguma mudança importante no cenário mundial em relação às alterações climáticas? Expliquem.

b) Por que podemos afirmar que as questões climáticas são também políticas, sociais e econômicas?

c) Por que as questões climáticas precisam ser tratadas coletivamente pelas nações?

d) Observem as imagens abaixo e, no caderno, escrevam uma legenda para cada uma delas explicando sua relação com a problemática do aquecimento global.

Ilha do Marajó (PA), out. 2015.

Jiujiang (China), jun. 2016.

2 Após as discussões e as atividades, pesquisem o assunto. Consultem jornais e revistas impressos, *sites*, noticiários da TV etc. e selecionem informações recentes sobre alterações climáticas regionais e globais. Combinem o dia para comentar essas informações na sala de aula.

Atividades

1 Que relação pode ser feita entre o fenômeno que explica o que acontece com o ar de uma sala com o ar-condicionado ligado, representado na figura abaixo, e eventos meteorológicos?

2 Mesmo sendo divulgada a necessidade de medidas que reduzam o agravamento do efeito estufa, muitos países industrializados ainda resistem em assumir esse compromisso.

a) Cite exemplos de algumas medidas que poderiam ser benéficas na redução do aquecimento global.

b) Por que alguns países ainda resistem em adotar essas medidas?

3 As correntes marítimas circulam em sentidos diferentes nos dois hemisférios – Norte e Sul. Essa movimentação pode afetar, de alguma forma, os seres vivos?

4 Desde a instalação das primeiras indústrias, a emissão de gás carbônico na atmosfera tem aumentado e intensificado o efeito estufa. Que outros fatores têm contribuído para o aquecimento global?

5 A maior parte da energia gerada no Brasil vem de usinas hidrelétricas. Embora essas usinas emitam baixa quantidade de gases de efeito estufa, também causam impacto ambiental e social. Explique por que isso ocorre.

6 As correntes marítimas podem ser quentes ou frias, dependendo de onde se originam e para onde se deslocam. Graças a essas correntes, as regiões frias não ficam cada vez mais frias, tampouco as quentes ficam cada vez mais quentes. Por quê?

7 Considere a manchete: Massa de ar frio chega ao Brasil neste domingo.

a) De que maneira as massas de ar interferem nas condições climáticas de uma região?

b) Essas interferências mudam o clima da região?

8 De que maneira a atividade vulcânica interfere no clima?

9 Observe a charge a seguir:

a) Considerando a situação do aquecimento global, como você interpreta essa charge?

b) Dos animais ilustrados na charge, quais sofreriam consequências diretas e imediatas em decorrência do aquecimento global?

10 Sobre as zonas climáticas, qual é a alternativa correta? Justifique.

a) Durante o ano, a zona tropical recebe maior quantidade de luz que as zonas polares, porém menor quantidade em comparação com as zonas temperadas.

b) As zonas temperadas, no período do inverno, registram temperaturas menores que as da zonas polares.

c) Quanto mais incide o sol sobre o Meridiano de Greenwich, maior a sua exposição aos raios solares sobre aquela região.

d) Na zona intertropical as temperaturas são elevadas porque elas se localizam próximas à Linha do Equador, onde a concentração dos raios solares sobre a Terra é máxima.

e) As zonas térmicas da Terra são responsáveis pelas estações do ano.

Caleidoscópio

Gases de efeito estufa (GEE) do Brasil em 2016

Instituições de estudo e pesquisa vêm acompanhando a evolução da emissão de gases que intensificam o efeito estufa no planeta. Com os dados obtidos em diferentes fontes, são feitas estimativas e previsões utilizando-se modelos matemáticos. Confira no infográfico a seguir a situação brasileira em 2016.

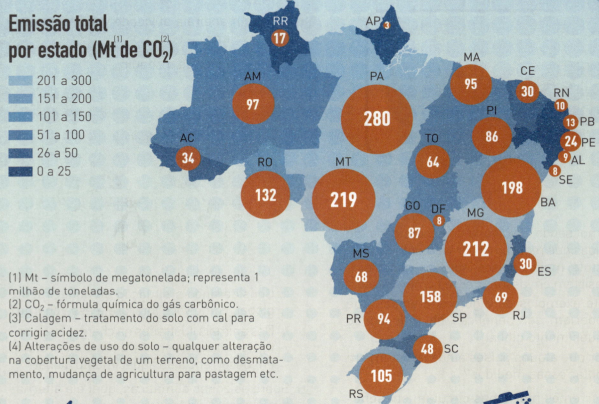

Emissão total por estado (Mt[1] de CO_2[2])

- 201 a 300
- 151 a 200
- 101 a 150
- 51 a 100
- 26 a 50
- 0 a 25

Valores por estado: RR 17; AP 3; AM 97; AC 34; PA 280; MA 95; CE 30; RN 10; PB 13; PE 24; AL 9; SE 8; RO 132; MT 219; TO 64; PI 86; BA 198; GO 87; DF 8; MG 212; ES 30; MS 68; SP 158; RJ 69; PR 94; SC 48; RS 105.

(1) Mt – símbolo de megatonelada; representa 1 milhão de toneladas.
(2) CO_2 – fórmula química do gás carbônico.
(3) Calagem – tratamento do solo com cal para corrigir acidez.
(4) Alterações de uso do solo – qualquer alteração na cobertura vegetal de um terreno, como desmatamento, mudança de agricultura para pastagem etc.

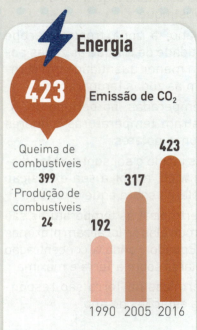

Energia

423 Emissão de CO_2

- Queima de combustíveis: 399
- Produção de combustíveis: 24

1990: 192 | 2005: 317 | 2016: 423

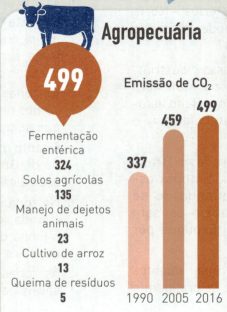

Agropecuária

499 Emissão de CO_2

- Fermentação entérica: 324
- Solos agrícolas: 135
- Manejo de dejetos animais: 23
- Cultivo de arroz: 13
- Queima de resíduos: 5

1990: 337 | 2005: 459 | 2016: 499

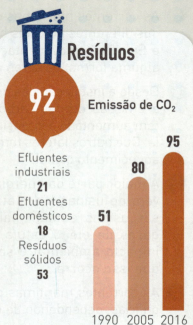

Resíduos

92 Emissão de CO_2

- Efluentes industriais: 21
- Efluentes domésticos: 18
- Resíduos sólidos: 53

1990: 51 | 2005: 80 | 2016: 95

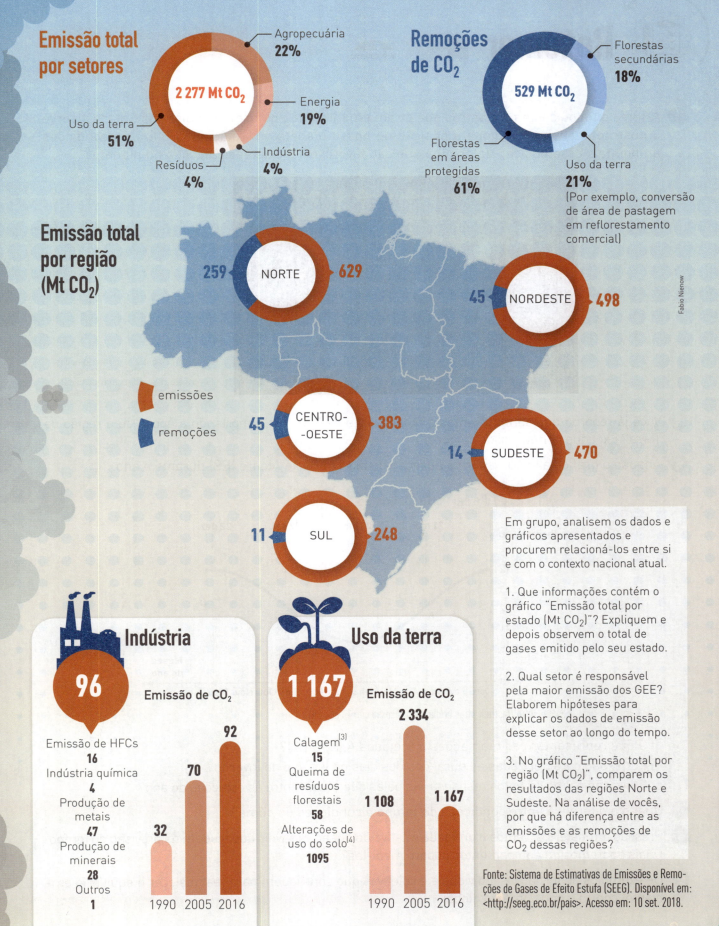

Retomar

1. A Terra e todos os demais astros que giram em torno do Sol formam o Sistema Solar. Observe a ilustração abaixo e indique a posição de nosso planeta em relação ao Sol. Que condições ambientais essa posição determina que são favoráveis à existência de vida no planeta?

A proporção entre as dimensões dos astros representados, a distância entre eles e as cores utilizadas não correspondem aos dados reais.

2. Você já reparou que sempre vemos a mesma face da Lua, não importando a época ou a região da Terra? Explique por que isso acontece.

3. Analise o gráfico a seguir sobre a duração do dia em Porto Alegre (RS) durante o ano.

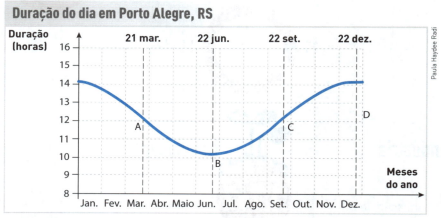

Fonte: <http://astro.if.ufrgs.br/dia.htm>. Acesso em: 14 jun. 2018.

a) O que representam as marcações tracejadas A, B, C e D?
b) Como são caracterizadas as durações dos dias no verão e no inverno?
c) Quais são os movimentos responsáveis pelas diferenças entre as estações do ano?

4. Qual é a diferença entre condições do tempo e condições do clima?

5. Pressão atmosférica, ventos e umidade relativa do ar são variáveis que ajudam na previsão do tempo. Quais aparelhos ou equipamentos podem medi-las?

6. Dê exemplos de iniciativas individuais e coletivas que contribuam para restabelecer o equilíbrio ambiental contra o aquecimento global.

7 O Acordo de Paris, promovido pela ONU em 2017, previa a assinatura de vários países industrializados do mundo para tomar medidas em alerta a qual questão ambiental da atualidade?

8 Leia os textos a seguir e responda às questões.

Texto 1

[...] é o aumento da temperatura média dos oceanos e da camada de ar próxima à superfície da Terra que pode ser consequência de causas naturais e atividades humanas. Isto se deve principalmente ao aumento das emissões de gases na atmosfera que causam o efeito estufa, principalmente o dióxido de carbono (CO_2) [...].

WWF-Brasil. *As mudanças climáticas*. Disponível em: <www.wwf.org.br/natureza_brasileira/reducao_de_impactos2/clima/mudancas_climaticas2/>. Acesso em: 31 maio 2018.

Texto 2

[...] corresponde a uma camada de gases que cobre a superfície da terra, essa camada composta principalmente por gás carbônico (CO_2), metano (CH_4), N_2O (óxido nitroso) e vapor-d'água, é um fenômeno natural fundamental para manutenção da vida na Terra, pois sem ela o planeta poderia se tornar muito frio, inviabilizando a sobrevivência de diversas espécies [...].

WWF-Brasil. *As mudanças climáticas*. Disponível em: <www.wwf.org.br/natureza_brasileira/reducao_de_impactos2/clima/mudancas_climaticas2/>. Acesso em: 31 maio 2018.

a) A qual problema ambiental se refere o texto 1?
b) A qual fenômeno natural do planeta se refere o texto 2?
c) Qual é a diferença entre os dois fenômenos descritos nos textos?

9 Leia o texto a seguir e responda à pergunta.

[...] Diminuir o desmatamento, investir no reflorestamento e na conservação de áreas naturais, incentivar o uso de energias renováveis não convencionais (solar, eólica, biomassa e pequenas centrais hidrelétricas), preferir utilizar biocombustíveis (etanol, biodiesel) a combustíveis fósseis (gasolina, óleo diesel), investir na redução do consumo de energia e na eficiência energética, reduzir, reaproveitar e reciclar materiais, investir em tecnologias de baixo carbono, melhorar o transporte público [...].

WWF-Brasil. *As mudanças climáticas*. Disponível em: <www.wwf.org.br/natureza_brasileira/reducao_de_impactos2/clima/mudancas_climaticas2/>. Acesso em: 31 maio 2018.

As medidas referidas no texto podem ser estabelecidas por meio de políticas nacionais e internacionais para amenizar ou evitar qual problema ambiental relacionado aos climas do planeta?

10 O eixo da Terra, uma linha imaginária que passa pelo Polo Norte e pelo Polo Sul, está inclinado em relação ao plano de translação da Terra ao redor Sol. Observe a imagem e explique por que a inclinação do eixo da Terra é fundamental para a existência das zonas climáticas.

Visualização

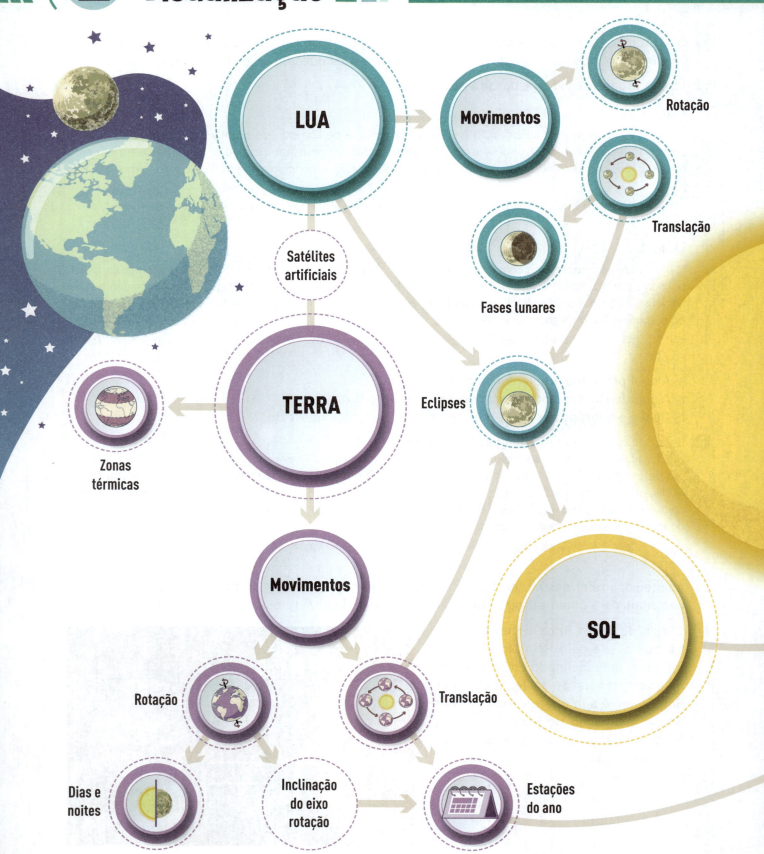

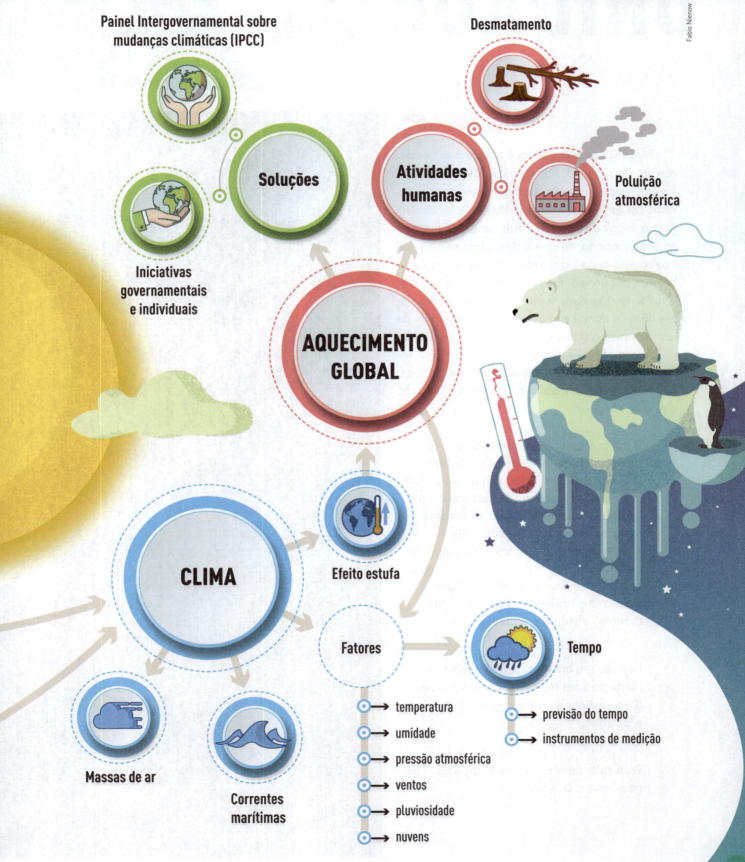

UNIDADE 4

> **Antever**

Pense em tudo o que você faz durante um dia comum de sua vida. Por exemplo, almoçar, tomar banho, ir para a escola, ler à noite, utilizar objetos como celular, liquidificador, geladeira, televisor etc. Agora imagine como seria esse mesmo dia se não estivesse funcionando a rede de energia elétrica que traz energia para sua cidade, nem houvesse pilhas e baterias disponíveis. Esse dia seria muito diferente?

Por ser tão comum em nossa vida, muitas vezes não nos damos conta de sua importância ou de como a energia elétrica chega em nossa residência.

Agora observe a imagem desta página e reflita sobre isso: É possível que bilhões de pessoas, no mundo todo, chegassem à mesma conclusão que você chegou?

1. O mapa-múndi representado ao lado mostra a iluminação noturna da Terra proveniente de atividades humanas. Para criar essa imagem foi necessário reunir imagens tiradas por satélites durante um grande período de tempo. De acordo com seus conhecimentos e pela análise da imagem, que aspectos econômicos e sociais você pensa que diferenciam as áreas mais brilhantes das menos brilhantes? Justifique sua resposta.

2. Escreva um breve texto no formato de diário pessoal relatando como seria seu dia na ausência de energia elétrica, pilhas e baterias.

3. Você sabe de onde vem a energia que chega na sua residência?

A fotografia mostra uma composição de imagens da Terra à noite feitas por satélites em alguns dias do ano 2016. Para essa composição foram utilizadas imagens das diversas regiões obtidas todas elas em horários noturnos.

Joshua Stevens/NASA Earth Observatory

Matéria e energia

CAPÍTULO 12
Fontes e tipos de energia

Energia e suas fontes

A palavra "energia" é usada com muita frequência em nossos dias. Atletas, cientistas, artistas, operários, médicos, professores e filósofos se referem a ela como algo que faz as coisas acontecerem ou existirem.

Nas páginas anteriores, ao pensar em um dia comum na sua vida, é provável que você tenha percebido que, em tudo o que faz ou utiliza, a energia está presente. O chuveiro com o qual você toma banho aquece a água, convertendo energia elétrica ou a energia liberada pela **combustão** de um gás em energia térmica, outro tipo de energia. Acendemos a luz para ler um livro, ligamos a TV na tomada para assistir a um programa etc.

Até mesmo as funções vitais de nosso corpo dependem do consumo de energia que obtemos dos alimentos que ingerimos.

Tudo que fazemos requer energia, ou seja, em todas as nossas atividades há consumo de energia.

Pense neste assunto: qual é a origem ou a fonte da energia que você consome? Muita gente pensa que é a empresa para a qual pagamos a conta de luz. Mas, longe disso, fontes de energia são as origens dessa energia elétrica que "compramos" e de muitas outras formas de energia encontradas no dia a dia. São os recursos, naturais ou artificiais (produzidos pelas pessoas), usados para gerar movimento, calor, funcionamento de aparelhos de comunicação e informação, nossa sobrevivência orgânica e tantas outras utilizações.

Sem energia, não há produção industrial, transporte, produção agrícola, funcionamento básico dos aparelhos da nossa casa... Sem energia, não há vida!

As principais fontes naturais de energia são: o Sol, os rios, o vento, as marés, a **biomassa**, os combustíveis minerais e a energia nuclear.

> **Glossário**
> **Biomassa:** matéria orgânica que pode ser usada na produção de energia.
> **Combustão:** uma reação química que ocorre com determinadas substâncias, denominadas combustíveis, as quais, ao entrar em contato com um gás, em geral o oxigênio, liberam calor e luz.

Vista rural com Sol. Santo Antônio do Pinhal (SP), 2017.

Rio Piracicaba durante a cheia. Piracicaba (SP), 2017.

Fontes de energia renováveis e não renováveis

Uma das formas de classificar as fontes de energia é quanto à sua capacidade de ser ou não reposta naturalmente. Nesse sentido, as fontes de energia podem ser classificadas em **renováveis** e **não renováveis**. Por exemplo, a energia solar é um exemplo de fonte renovável; já o petróleo é uma fonte não renovável.

Em nosso dia a dia usamos muitos tipos de energia, tanto de fontes renováveis como não renováveis.

Entretanto, não se pode confundir "renovável" com "inesgotável". Há fontes de energia "que não acabam", que são permanentes, como o Sol e o vento. Porém, a energia fornecida por outras fontes, como os rios, é renovável, já que é reposta de forma natural, ainda que possam se esgotar. Isso ocorre por razões naturais ou por motivos relacionados à forma como o ser humano faz uso dessa fonte. Um rio pode ser destruído pela ação humana, fato que acontece com frequência, por mais impactante ao ambiente que seja.

Imagens aéreas via satélite do Rio Xingu (PA) antes (26 maio 2000) e depois da construção da Usina Hidrelétrica de Belo Monte, que mostram a mudança no curso das águas e a área inundada (20 jul. 2017).

O impacto ambiental das fontes de energia

Quando usamos as fontes de energia, elas podem impactar o ambiente, em maior ou menor grau, poluindo-o ou causando outros danos às pessoas ou a outros seres vivos ali encontrados. Dependendo do grau do impacto causado, as fontes podem ser classificadas como **limpas** ou **sujas**. Porém, essa classificação exige alguns cuidados, já que todas elas acarretam consequências maiores ou menores em relação a poluição do ar e emissão de gases de efeito estufa, entre outros impactos ambientais e prejuízos à vida.

As **fontes de energia sujas** são aquelas que acabam por gerar maiores danos ambientais e à saúde dos seres vivos. Isso ocorre principalmente pela grande quantidade de emissão de gases poluentes do ar, como o dióxido de carbono resultante dos processos de combustão. O petróleo, o gás natural e o carvão vegetal e mineral são exemplos de fontes de energia sujas. Essas fontes de energia geralmente não são renováveis e, além de poluentes e promotoras de danos ambientais, também são caras.

É comum que o uso delas esteja envolvido em muita polêmica, já que há pessoas favoráveis ao seu uso e outras bastante contrárias. Afinal, o uso de todas as fontes apresenta maior ou menor impacto ambiental.

As imagens desta página não estão representadas na mesma proporção.

Uso do petróleo, um combustível fóssil. Plataforma de petróleo na costa do Brasil, 2010.

Uso da energia nuclear. Usina Nuclear de Angra dos Reis, Rio de Janeiro (RJ), 2017.

Chaminé de alargamento do gás natural em refinaria. Tiumen (Rússia), 2010.

Minas de carvão mineral. Criciúma (SC), 2016.

Já as **fontes de energia limpas** são aquelas que não geram grandes danos ambientais e, na maior parte dos casos, são produzidas a partir de recursos renováveis. São energias que normalmente não geram muita polêmica nas discussões feitas na sociedade, exatamente por não produzirem tanto impacto sobre o meio ambiente. São exemplos de fontes de energia limpa a solar, a eólica (obtida do vento), a biomassa e a obtida das marés.

A produção de energia hidrelétrica, muito utilizada em nosso país, pode ser considerada, dependendo do ponto de vista, energia limpa ou suja.

> **Atenção!**
> Escolhemos usar, quando for necessário, o termo "produção" de energia, pois é um termo muito comum no dia a dia e usado por profissionais diversos, como jornalistas, engenheiros, professores e economistas, quando se pensa em custos e impactos ambientais. Porém, a energia não é "produzida", mas sempre "convertida" ou "transformada" de uma forma em outra. No capítulo seguinte faremos uma análise sobre esses tipos de transformação.

Muitas pessoas consideram a energia hidrelétrica como limpa, pois é renovável e aparentemente gera pouco impacto ambiental em seu funcionamento. Outros a consideram extremamente poluente e causadora de grandes problemas ecológicos, pois a instalação de uma usina hidrelétrica normalmente requer o desmatamento e a inundação de uma vasta área vegetal, resultando em grande produção de gases poluentes. Além disso, altera a dinâmica natural do rio em que foi instalada, impactando fauna, flora e as populações tradicionais e indígenas relacionadas àquele curso d'água.

Usina de energia maremotriz. São Gonçalo do Amarante (CE), 2012.

Moinho de vento em Castela-Mancha (Espanha).

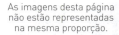

As imagens desta página não estão representadas na mesma proporção.

Telhado de casa com painéis fotovoltaicos.

227

Ambiente em foco

Lâmpada de garrafa PET

Invenção brasileira, "lâmpada de garrafa PET" é usada na África e na Ásia

Foi em 2001, com a notícia do risco de um apagão, que o mecânico mineiro Alfredo Moser teve a ideia: usar garrafas PET cheias d'água para iluminar cômodos escuros durante o dia, sem usar energia elétrica.

Cada garrafa é encaixada num buraco no telhado, fazendo com que os raios do sol se refracionem e se espalhem no ambiente. O resultado é uma iluminação equivalente a uma lâmpada com potência entre 40 e 60 watts.

Simples e barata, a ideia ultrapassou os limites de Uberaba, cidade onde foi inventada, e ganhou o mundo, chegando à África e à Ásia. [...]

Segundo o inventor, as lâmpadas são ideais para serem usadas durante o dia nos cômodos menos iluminados. "Em um corredor que é escuro ou um banheiro, nem precisa acender a luz. Acende e apaga sozinha", disse. [...]

Alfredo Moser e a "lâmpada de garrafa PET". Uberaba (MG), 2013.

Por depender da luz solar, o dispositivo não ilumina à noite. Mas para famílias pobres, das quais muitas vivem em favelas em que um barraco está grudado em outro, sem janelas, ter mais luz durante o dia já é de grande ajuda. [...]

Apesar de não ter o apoio que queria – Alfredo Moser disse que já procurou órgãos públicos e privados para investir na ideia das garrafas PET – o mecânico afirmou que está aperfeiçoando o projeto. "Vou melhorar a lâmpada para clarear ainda mais e para ter condições de colocar na laje, no forro", explica.

O objetivo de Alfredo é ajudar principalmente as pessoas que não têm condições de pagar pela energia. "O pessoal está precisando de luz. Meu ganho é pouco, não posso cobrar muito porque é gente carente e faço um preço bom também para ajudar. Mas a manutenção é barata, não gasta fio de luz e você vai tê-la para o resto da vida. No meu galpão, as lâmpadas estão há mais de 10 anos e nunca troquei água de nenhuma", conta.

Disponível em: <http://g1.globo.com/minas-gerais/triangulo-mineiro/noticia/2012/06/invencao-brasileira-lampada-de-garrafa-pet-e-usada-na-africa-e-na-asia.html>. Acesso em: 23 ago. 2018.

1. Qual é a fonte de energia usada pela "lâmpada de garrafa PET"?
2. Quais são as vantagens econômicas e ambientais proporcionadas pelo uso dessa "lâmpada"?
3. Qual é a desvantagem em relação à lâmpada elétrica?
4. Em 2012, a Organização Não Governamental (ONG) MyShelter Foundation começou a implementar a "lâmpada de garrafa PET" nas Filipinas, pretendendo chegar a marca de um milhão num projeto chamado Litro de Luz. Será que esse objetivo foi atingido? Pesquise em *sites* de notícias e de ONGs informações sobre esse projeto.

Tipos de fonte de energia

Agora vamos analisar os principais tipos de fonte de energia.

Energia eólica

Como vimos, a **energia eólica** é a energia que tem origem no vento, que é um recurso renovável, e é limpa e inesgotável. Alguns lugares do planeta não são adequados à exploração da energia eólica, pois não apresentam condições necessárias para a geração desse tipo de energia de forma eficiente. É necessário que haja vento frequente e intenso para que valha a pena investir nesse tipo de geração de energia.

A energia eólica é aproveitada em uma **usina eólica**, que pode ser construída na terra ou no mar. É formada de aerogeradores, que são equipamentos que convertem energia eólica em energia elétrica.

Como vimos, as fontes de energia, com frequência, estão envolvidas em controvérsias, pois todas elas apresentam vantagens e desvantagens. Algumas vantagens da energia eólica são o fato de ser altamente limpa e produzir pouco impacto no meio ambiente. Em contrapartida, é uma energia cara. Mesmo assim, vários países estão investindo nessa fonte de energia.

Uma curiosidade é a origem do termo "eólico". Refere-se ao deus Éolo, da mitologia grega, que controlava os ventos.

Usina Eólica de Osório. Osório (RS), 2012.

Turbinas eólicas flutuantes na Noruega, 2017.

 ## Conviver

Usinas de energia eólica

A geração de energia eólica vem crescendo nos últimos anos e hoje já ocupa posição de destaque entre as fontes mais utilizadas no Brasil.

1) Realizem uma pesquisa sobre as usinas de energia eólica existentes em nosso país e a importância delas. Procurem informações na internet, em *sites* confiáveis de empresas de comunicação e entidades relacionadas, buscando depoimentos de pessoas que defendam e de pessoas que consideram negativo o investimento brasileiro em energia eólica.

2) Ao fim, apresentem uma opinião do grupo a respeito: O que pensam sobre o investimento brasileiro em energia eólica? Quais os pontos negativos e positivos dessa fonte de energia?

Energia solar

A **energia solar** é a utilização da energia originada do Sol por reações nucleares que acontecem naturalmente no interior dessa estrela. Ela chega à Terra e é a grande responsável pela vida no nosso planeta. Seu aproveitamento para a geração de energia ocorre para produzir eletricidade ou aquecer água ou outro líquido.

São várias as tecnologias utilizadas que aproveitam a energia proveniente do Sol, desde as mais simples e antigas às mais complexas. Alguns exemplos dessas tecnologias são os coletores solares, os painéis fotovoltaicos e a arquitetura solar, entre outros.

A energia solar é renovável, inesgotável e limpa. Porém, ainda é uma energia considerada cara. Felizmente os custos vêm diminuindo cada vez mais e a tendência é sua utilização continuar em crescimento. O uso residencial de energia solar torna-se a cada dia mais comum, e grandes indústrias têm investido de forma crescente nesse tipo de energia.

Garrafa PET com água instalada em telhado para iluminar casas sem energia elétrica durante o dia. Joanesburgo (África do Sul), 2013.

Aquecedor solar instalado em casas de conjunto habitacional do bairro Rio Branco. Canoas (RS), 2014.

Vista aérea da subestação da Usina Hidrelétrica de Furnas Centrais Elétricas. No destaque usina fotovoltaica no Parque Xangrilá. Campinas (SP), 2016.

Conviver

Para economizar energia

Em geral, algumas iniciativas domésticas ajudam a economizar energia elétrica e também na conta de luz. Por exemplo, evitar bloquear a luz solar dos ambientes com algum tipo de mobília, como estantes, roupeiros, armários e outros móveis; pintar as paredes com cores claras; e colocar espelhos nas paredes ou usar móveis espelhados.

1. Escolham um ambiente que frequentem bastante, seja na escola, seja nas residências ou em outro local frequentado pelo grupo, tirem fotografias, compartilhem-nas e apresentem sugestões para melhor aproveitamento da energia solar. Apresentem para a turma.

Energia hidrelétrica

A **energia hidrelétrica (ou hídrica)** é o tipo de geração de energia que transforma a energia de movimento das águas dos rios em energia elétrica. Para que isso ocorra, é necessário a existência de uma usina hidrelétrica.

Uma **usina hidrelétrica** é formada por uma barragem que retêm a água de um rio. Essa água acumulada será usada para movimentar um equipamento denominado **turbina**, que converte a energia de movimento das águas em energia elétrica por meio do gerador. Se ainda for possível aproveitar um desnível existente no terreno, a necessidade de água acumulada pode ser menor, pois pode-se aproveitar também a energia de queda das águas para girar as turbinas.

> **zoom**
> Classificamos os rios em rios de planalto e de planície. Em geral, recomenda-se a instalação de usinas em rios de planalto. Por quê?
> As usinas hidrelétricas são a principal fonte de energia elétrica no Brasil, em razão da extensa e diversificada rede fluvial do país, que é a maior do mundo.

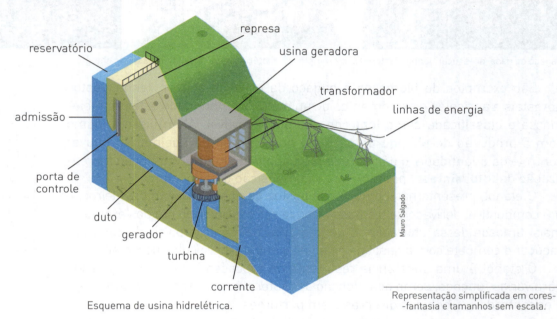

Esquema de usina hidrelétrica.

Representação simplificada em cores-fantasia e tamanhos sem escala.

Energia das marés

A **energia das marés (ou maremotriz)** é a utilização do movimento de subida e descida das marés com finalidade de produzir energia. Essa geração de energia utiliza processos com várias características similares aos das hidrelétricas, já que um sistema de barragens é usado para permitir a entrada e a saída de água, de modo a movimentar turbinas, transformando energia de movimento em energia elétrica.

É uma fonte renovável de energia e, assim como a energia solar, é considerada uma fonte inesgotável.

Essa é uma das vantagens da energia das marés, assim como o fato de seu funcionamento ser independente de tempo ensolarado ou da frequência de ventos, necessários para as energias solar e eólica. Já as desvantagens são o alto custo e a corrosão gerada pela água do mar. Além disso, restringe-se somente às áreas de litoral.

Usina-piloto de ondas geradora de energia elétrica no Terminal de Múltiplas Utilidades do Pecém. São Gonçalo do Amarante (CE), 2012.

231

Biomassa

Como vimos, a **biomassa** é o nome que se dá a qualquer matéria orgânica que pode ser usada para gerar energia. Essa geração ocorre pela queima dessas substâncias por meio do processo de combustão.

Bagaço de cana-de-açúcar, lenha e esterco são exemplos de matéria orgânica usada para gerar energia.

São exemplos de biomassa o bagaço da cana-de-açúcar, lenha, restos florestais e agrícolas e excrementos de animais, o denominado esterco. A biomassa é classificada como fonte de energia renovável. Além disso, mesmo com a produção de **dióxido de carbono** no processo de queima, se houver controle da quantidade, o gás gerado será aproveitado pela vegetação na realização da **fotossíntese**, preservando a composição da atmosfera.

O etanol, presente nas bombas dos postos de abastecimento brasileiros, é um combustível derivado de biomassa e pode ser considerado um dos exemplos mais famosos dessa utilização. É gerado principalmente a partir da cana-de-açúcar e compete com a gasolina no abastecimento de veículos no Brasil.

O etanol é uma substância resultante de processos químicos e é usado para várias funções, como desinfecção de materiais, por exemplo. Além disso, é encontrado em bebidas diversas e em perfumes.

O carvão vegetal também é exemplo de fonte de energia oriunda de biomassa. E, vale lembrar, a lenha ainda é muito utilizada na cozinha e para aquecimento de ambientes.

As imagens desta página não estão representadas na mesma proporção.

Glossário

Dióxido de carbono: substância que na forma gasosa é conhecida como gás carbônico, compõe naturalmente a atmosfera terrestre, e é liberada na respiração dos animais ou na queima de qualquer biomassa.

Fotossíntese: é o processo realizado por muitas plantas para a produção do próprio alimento, isto é, a produção da energia necessária para que elas se mantenham vivas.

Carro *flex* sendo abastecido com etanol. São Paulo (SP), 2011.

Almoço sendo preparado em fogão à lenha. Palmares do Sul (SC), 2016.

Combustíveis fósseis

Os **combustíveis fósseis** ocupam um lugar de destaque entre as fontes de energia. Quem nunca ouviu falar dos grandes conflitos no mundo relacionados ao petróleo, por exemplo? São usados para gerar combustível para uma grande variedade de finalidades, desde o abastecimento de praticamente todos os tipos de veículo até a fonte que move as **usinas termoelétricas**, que são instalações cuja finalidade é produzir energia elétrica a partir da queima de combustíveis fósseis. Nessas usinas, a queima de combustíveis gera calor, que movimenta turbinas, convertendo energia térmica em energia elétrica.

Usina Termelétrica Presidente Médici. Esta usina utiliza o carvão mineral como combustível primário. Candiota (RS), 2014.

As imagens desta página não estão representadas na mesma proporção.

Os combustíveis fósseis são assim denominados por se originarem da decomposição de resíduos orgânicos em processos que levam, em geral, milhões de anos. Eis alguns exemplos desses combustíveis: o petróleo, o carvão mineral, o gás natural e o xisto betuminoso.

Poço jorrando petróleo.

Carvão mineral.

O gás natural pode ser utilizado em fogões.

A maior parte da energia consumida no Brasil e no mundo tem origem no petróleo, carvão mineral e gás natural. Isso explica a importância que esses combustíveis fósseis têm no cenário mundial. São fontes não renováveis de energia, são recursos escassos e há especialistas que dizem que, para entender a situação política mundial, deve-se partir do entendimento da necessidade e da disputa por esses recursos.

Os produtos resultantes da queima desses combustíveis são, em geral, bastante poluentes, causando grandes danos ambientais. Por isso, seu uso se torna cada vez mais controverso. Muitos estudiosos apontam que eles são os principais responsáveis pela intensificação do efeito estufa e pelo agravamento dos problemas vinculados ao aquecimento global.

Conviver

Como faremos quando o petróleo acabar?

A maior parte da carência energética do planeta é suprida principalmente por fontes de energia que irão acabar um dia. O petróleo, a principal delas, não durará para sempre. O carvão, o gás natural e todos os combustíveis fósseis também chegarão ao fim.

A gasolina, principal combustível usado pelos carros no mundo, é produto derivado do petróleo e também tem seus dias contados.

Por isso, a sociedade empenha-se na busca por fontes renováveis, que, além de não se esgotarem, não prejudicam o meio ambiente.

Vários dos desastres naturais que ocorreram em 2005 e causaram muitas mortes humanas, como os furacões Katrina e Wilma, entre outros, são atribuídos ao aquecimento global. E os derivados de petróleo têm muito a ver com isso.

A temperatura dos oceanos já subiu mais de 1 °C nos últimos 100 anos. A queima de combustíveis fósseis, as atividades de parte das indústrias e o funcionamento de aparelhos como geladeira e ar-condicionado produzem gases poluentes que se acumulam na parte mais alta da atmosfera. Esses gases afetam a camada de ozônio e agravam o efeito estufa.

As fontes renováveis mais prováveis de serem utilizadas em larga escala são a energia eólica, a solar e a das marés.

Pare para refletir sobre essa questão. Lembre-se de que, no futuro, você participará das grandes decisões tomadas pela humanidade sobre as questões energéticas. Mas, no presente, suas decisões quanto à economia de energia são muito importantes, pois ajudam a construir um cenário futuro mais positivo para a sociedade.

Bomba de combustível em posto de gasolina. São Paulo (SP), 2016.

Agora realize as atividades a seguir.

1. Faça, com seus colegas, uma pesquisa para saber quanto está custando o litro de gasolina, de etanol e o metro cúbico de gás GNV no posto de combustível mais próximo da sua casa.

2. Informe-se com pessoas de sua convivência que possuem carro a gasolina, a etanol ou a gás GNV quanto elas gastam de combustível por mês e, depois, verifique quanto elas gastam por ano.

3. Apresente essas informações e esses cálculos para a turma, buscando mostrar se o gasto com combustível "pesa muito" no orçamento mensal das pessoas com as quais você se informou.

4. Façam uma lista com pelo menos duas ações simples que, na opinião da turma, as pessoas da região em que você mora podem realizar para mudar seus hábitos visando minimizar o consumo de combustível.

Energia nuclear

A **energia nuclear** também é utilizada para geração de energia, sendo convertida em energia elétrica.

Na usina nuclear, o núcleo de átomos radioativos (material combustível) se "quebra", gerando outros núcleos menores. Nesse processo há liberação de grande quantidade de energia térmica, que é utilizada para aquecer a água e transformá-la em vapor. O vapor de água produzido movimenta as turbinas e gera eletricidade.

Há pessoas que classificam a energia nuclear como energia limpa, já que causa menos poluição do que outros processos similares, como o das usinas termoelétricas. Entretanto, os resíduos do processo de fissão produzem materiais radioativos que, em geral, são depositados em instalações dedicadas exclusivamente a isso. Embora se invista em sistemas de alta segurança nesse armazenamento, o processo gera muita controvérsia.

Como nenhum sistema garante total segurança, o receio de acidentes, como os já ocorridos em alguns lugares do mundo ao longo da história, torna esse método de geração de energia polêmico, levando alguns países a reconsiderá-lo. No Brasil, as usinas existentes na cidade de Angra dos Reis, no estado do Rio de Janeiro, são importantes fontes regionais de energia.

A polêmica das usinas nucleares no Brasil

A construção da terceira usina de energia nuclear em solo nacional, a Angra III, envolve grande polêmica. Depois do acidente na usina nuclear de Fukushima, no Japão, em março de 2011, o mundo inteiro está rediscutindo a utilização de usinas nucleares.

Já funcionam no país duas usinas nucleares: Angra I, cuja construção se iniciou em 1971 e foi finalizada em 1985, e Angra II, que levou 25 anos para ficar pronta. Localizadas em Angra dos Reis (RJ), nenhuma das duas opera com capacidade total.

O tempo e o dinheiro investidos na construção dessas usinas levantam uma discussão que permanece sem consenso: é acertada a decisão do governo brasileiro de ativar a usina nuclear Angra III? A decisão já foi tomada e a usina está em plena construção, mas a polêmica continua.

Usina Angra III em construção. Angra dos Reis, RJ, set. 2011. As obras começaram na década de 1980 e não há previsão para início de atividades.

Os defensores lembram que essas usinas não causam poluição imediata significativa ao ambiente. Mas o grande problema são os rejeitos radioativos. Se forem mal depositados, podem contaminar o solo e as águas subterrâneas, e há, ainda, risco permanente de vazar radiação. Embora haja normas para o descarte, nenhum país do mundo conseguiu até hoje resolver essa questão definitivamente.

em grupo

Pesquise mais informações sobre usinas nucleares: suas vantagens e desvantagens, seus riscos e histórico de acidentes. Depois discuta com a turma sobre o uso desse tipo de energia no Brasil.

Fontes alternativas de energia

Como vimos, cada processo de geração de energia apresenta vantagens e desvantagens. Alguns geram grandes controvérsias e não há, até hoje, tecnologia de geração de energia que se possa chamar de ideal.

Fatores como impactos ambientais, custos e escassez tornam todos os processos de geração controversos. Algumas fontes são baratas, mas geram grandes impactos ambientais. Outras são limpas, porém escassas ou caras. Enfim, por conta dessas questões, é fundamental que o cidadão obtenha informações básicas sobre cada tipo de geração de energia para poder intervir e se posicionar.

A Barragem do Descoberto atingiu menos de 30% da capacidade, o menor volume de sua história. Brasília (DF), 2016.

O caminho encontrado até hoje é o de diversificar os processos de geração, de modo a minimizar as suas desvantagens, adequando-os à realidade de cada país. Assim, considerando as formas historicamente dominantes de geração de energia por combustíveis fósseis, altamente poluentes, e que ainda dominam o quadro energético mundial, as fontes limpas, que apresentamos neste capítulo, são denominadas **fontes alternativas de energia**.

Fontes alternativas são aquelas que causam menor impacto ambiental e se derivam de fontes renováveis de energia, como a solar, a eólica e a das marés, entre outras.

Cada vez mais, veem-se, no mundo, iniciativas que buscam superar os problemas causados pelas fontes convencionais. Contudo, elas ainda são caras, tanto para implementação como para manutenção.

No Brasil, como vimos, a fonte de energia mais utilizada é a hidrelétrica. Assim, estamos sempre sujeitos às graves consequências da escassez de chuvas.

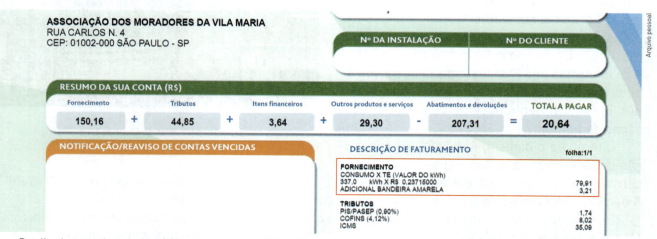

Detalhe de conta de energia elétrica que mostra o adicional bandeira amarela, cobrado quando as condições de geração de energia estão menos favoráveis.

Quando ocorre a falta de chuvas, os níveis dos reservatórios baixam e a capacidade de produção das usinas hidrelétricas diminui. Para compensar essa redução, as termoelétricas são acionadas para ajudar na produção de energia. Isso impacta nas contas de luz de todos nós e faz com que o Brasil ainda seja muito dependente de combustíveis fósseis.

Viver

Biodiesel alternativo

Petrobras estuda produzir biodiesel a partir de microalgas

A Petrobras trabalha no desenvolvimento de uma tecnologia pioneira para produzir biodiesel de microalgas – alternativa aos combustíveis derivados do petróleo, que pode ser usada em carros e ou qualquer outro veículo com motor a diesel. [...]

Do processo biológico das microalgas é produzida uma biomassa usada para se extrair o óleo, que será matéria-prima para a produção do biocombustível.

A estatal almeja chegar a produzir o combustível feito a partir da microalga em escala comercial. "O biodiesel produzido já foi submetido a testes de qualificação em laboratório, sob os padrões da Agência Nacional do Petróleo, Gás Natural e Biocombustíveis (ANP), e os resultados preliminares mostraram ser promissores", [...]

Cultura de microalgas para estudo.

As microalgas têm como principal vantagem [...] uma produtividade até 40 vezes maior do que a da biomassa feita de vegetais [...]

A produção a partir da microalga traz ainda vantagens ecológicas, já que contribui para a redução de gás carbônico (CO_2) do ar, um dos geradores do efeito estufa, que causa o aquecimento global, uma das maiores preocupações atuais com o meio ambiente. [...]

Agência Brasil. Disponível em: <http://agenciabrasil.ebc.com.br/pesquisa-e-inovacao/noticia/2018-02/petrobras-estuda-produzir-biodiesel-partir-de-microalgas>. Acesso em: 5 set. 2018.

❶ Esse combustível produzido por microalgas é renovável?

❷ Quais são as suas principais vantagens?

❸ Levando em conta o que temos estudado sobre a geração de energia elétrica por meio de diversas fontes, como você avalia que esse biodiesel poderia ser usado para gerar energia elétrica?

ANEEL

A Agência Nacional de Energia Elétrica (ANEEL), autarquia em regime especial vinculada ao Ministério de Minas e Energia, foi criada para regular o setor elétrico brasileiro, por meio da Lei n° 9.427/1996 e do Decreto n° 2.335/1997.

A ANEEL iniciou suas atividades em dezembro de 1997, tendo como principais atribuições:
- Regular a geração (produção), transmissão, distribuição e comercialização de energia elétrica;
- Fiscalizar, diretamente ou mediante convênios com órgãos estaduais, as concessões, as permissões e os serviços de energia elétrica;
- Implementar as políticas e diretrizes do governo federal relativas à exploração da energia elétrica e ao aproveitamento dos potenciais hidráulicos;
- Estabelecer tarifas;
- Dirimir as divergências, na esfera administrativa, entre os agentes e entre esses agentes e os consumidores, e
- Promover as atividades de outorgas de concessão, permissão e autorização de empreendimentos e serviços de energia elétrica, por delegação do Governo Federal.

Disponível em: <www.aneel.gov.br/a-aneel>. Acesso em: 8 set. 2018.

Matriz energética

Todos os países dependem de energia para suas atividades econômicas. Em nosso país, por exemplo, são utilizadas diversas fontes de energia. O conjunto formado por todas essas fontes de energia disponíveis para uso é chamado "matriz energética".

Observe o gráfico representativo da matriz energética do Brasil em 2016.

A diversidade de fontes de energia de um país ajuda a determinar como ele pode superar uma crise energética. Por exemplo, 2016 foi um ano denominado "seco", ou seja, com chuvas insuficientes para deixar os rios em condições seguras de geração de energia hidrelétrica.

Assim, quanto mais diversificada a matriz energética de um país, menor é o risco de sofrer com crises de racionamento.

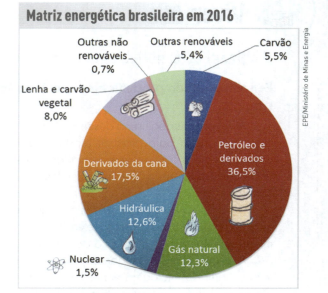

Fonte: Empresa de Pesquisa Energética. Disponível em: <www.epe.gov.br/pt/abcdenergia/matriz-energetica-e-eletrica>. Acesso em: 8 jun. 2018.

A energia elétrica em nosso dia a dia

No início desta unidade, você refletiu sobre como seria sua vida sem energia elétrica. Releia o que escreveu e vamos agora aprofundar essa reflexão.

Algumas coisas são importantes em nossa vida, mas só nos damos conta disso quando elas não estão disponíveis. A energia elétrica em nossa casa é um exemplo. Por isso, mais do que conhecer a energia e suas fontes, precisamos atuar como cidadãos não só contribuindo para o consumo sustentável de energia como participando das decisões sobre a escolha de como gerar energia de qualidade, limpa, renovável e com preço justo.

É importante que os cidadãos participem das escolhas sobre o tipo de fonte energética adotado.

Ao observar os tipos de energia usados em nossas casas, em nosso bairro, em nossa cidade, é fácil perceber que o uso de energia elétrica predomina, mas você sabe qual é a sua origem?

Também é fundamental para nosso modo de vida a energia usada pelos principais meios de transporte, como ônibus, caminhões e automóveis. Nesse caso, predomina a utilização de combustíveis fósseis, como gasolina e óleo diesel.

Existem modos alternativos de transporte, como ferrovias e hidrovias, que na sua maioria também utilizam combustível de origem fóssil, mas têm maior eficiência e menor custo de manutenção. Para o transporte de pessoas, trens e metrôs movidos a energia elétrica também são opções viáveis.

A energia é fundamental para nossas atividades. Por isso, precisamos conhecer muito esse assunto para podermos participar como cidadãos das decisões e das escolhas que precisam ser feitas a respeito.

Como a energia chega a nós

Depois de compreender vários processos de geração de energia, você deve estar se perguntando: Como é que, depois de gerada, essa energia chega à minha cidade ou à minha casa?

A principal forma de transporte de energia são as linhas e torres de transmissão, que podemos observar em muitos cenários ao longo das nossas estradas. Essas linhas ligam as estações geradoras às cidades.

Torres de transmissão elétrica, próximas da rodovia RJ-081. Nova Iguaçu (RJ), 2014.

Ao chegar às cidades, já em subestações, algumas ações são feitas para que a energia possa ser transportada às ruas e às casas, por meio daqueles fios que vemos ligando os postes.

Também existem outras formas de transmissão. Na Ilha Grande, localizada no estado do Rio de Janeiro, por exemplo, a energia chega por meio de cabos submersos no mar.

Vista aérea da Ilha Redonda Grande. Angra dos Reis (RJ), 2014.

Apesar da importância atual da energia elétrica para as atividades econômicas e sociais, parte da população brasileira ainda não tem acesso à rede de distribuição de eletricidade, tendo de usar modos alternativos de energia no seu dia a dia, como o lampião para iluminação.

Atividades

1. Classifique os tipos de fontes de energia abaixo em renováveis (R) ou não renováveis (NR), e em limpas (L) ou sujas (S).

   a) eólica
   b) solar
   c) hidráulica
   d) biomassa
   e) marés
   f) combustíveis fósseis
   g) nuclear

2. Trace em seu caderno um quadro comparativo de fontes de geração de energia. Siga o modelo apresentado abaixo.

Fonte de energia	Principal origem da energia	Uma ou mais vantagens socioambientais	Uma ou mais desvantagens socioambientais
Eólica	Vento	Limpa Renovável Pouco dano ambiental Inesgotável	Alto custo

3. Observe a imagem abaixo e depois responda.

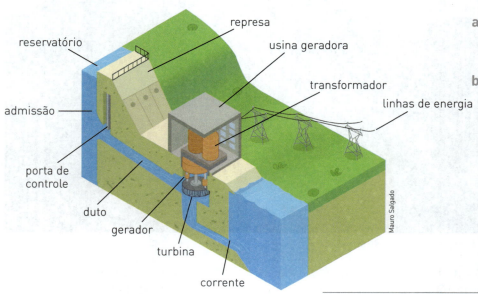

Esquema de usina hidrelétrica.

Representação simplificada em cores-fantasia e tamanhos sem escala.

a) Explique o funcionamento básico de uma usina hidrelétrica.

b) Nesta imagem, pode-se observar um desnível entre a represa, que retém a água antes da barragem, e o curso do rio depois de passar por ela. Por que o aproveitamento de desníveis existentes no terreno de um rio pode gerar um impacto ambiental menor?

4. Nestas imagens, observamos uma característica própria das usinas eólicas que as diferencia de outras usinas. Compare as duas e identifique que característica é essa.

Representação simplificada em cores-fantasia e tamanhos sem escala.

5. Nos últimos anos, são muitas as notícias que relacionam a falta de chuvas à falta de água nas residências, assim como ao risco de racionamento de energia. Explique por que esses períodos de seca colocam o país em risco de falta de energia elétrica.

6. O nome "etanol" refere-se exclusivamente ao combustível oferecido nas bombas dos postos?

7. Por que a energia das marés é considerada uma fonte inesgotável de energia?

8. Por que há controvérsia acerca da geração de energia por meio de usinas nucleares?

9. Por que muitos países estão buscando fontes alternativas de energia e por que elas ainda são menos utilizadas?

10. Os gráficos a seguir representam as matrizes energéticas do Brasil e do mundo. Leia-os e compare-os com um grupo de colegas.

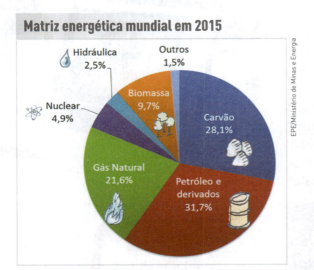

Matriz energética mundial em 2015
- Hidráulica 2,5%
- Outros 1,5%
- Biomassa 9,7%
- Nuclear 4,9%
- Carvão 28,1%
- Gás Natural 21,6%
- Petróleo e derivados 31,7%

Fonte: <www.epe.gov.br/pt/abcdenergia/matriz-energetica-e-eletrica>. Acesso em: 6 jun. 2018.

Matriz energética brasileira em 2016
- Outras não renováveis 0,7%
- Outras renováveis 5,4%
- Carvão 5,5%
- Lenha e carvão vegetal 8,0%
- Derivados da cana 17,5%
- Petróleo e derivados 36,5%
- Hidráulica 12,6%
- Nuclear 1,5%
- Gás natural 12,3%

Fonte: <www.epe.gov.br/pt/abcdenergia/matriz-energetica-e-eletrica>. Acesso em: 9 jun. 2018.

a) Qual é a fonte de energia mais utilizada em cada um deles?

b) Por que, na análise de vocês, isso ocorre?

c) Qual é a conclusão do grupo sobre os prejuízos ambientais decorrentes dessas duas matrizes energéticas?

241

CAPÍTULO 13
Transformações de energia

Tipos de energia

As imagens desta página não estão representadas na mesma proporção.

A energia ocorre na natureza de diversas formas, e podemos identificar a presença dela nas várias atividades que realizamos.

Os tipos mais comuns de energia que encontramos no nosso dia a dia são:

Energia mecânica: é a energia relacionada ao movimento. Um corpo possui energia mecânica se está se movendo ou possui um movimento "em potencial" quando, por exemplo, está a uma certa altura em relação ao solo. Nesse caso, basta deixá-lo cair que ele entra em movimento.

Energia elétrica: é a energia que "compramos" das empresas de energia elétrica. É usada, por exemplo, para alimentar os aparelhos elétricos das nossas casas, mover motores das indústrias, fazer funcionar nossos celulares e acender lâmpadas. Tudo que "ligamos na tomada" ou que funciona por bateria usa energia elétrica.

Energia térmica: se pudéssemos olhar com grande ampliação o que compõe os materiais que nos cercam para ver de que eles são feitos, encontraríamos algo que poderia ser interpretado como partículas muito pequenas. Essas partículas estão em constante estado de agitação, vibrando, girando, deslocando-se o tempo todo. Essa energia do movimento das moléculas que constituem determinado corpo é denominada energia térmica. É transferida de um corpo para outro em forma de **calor**.

No ponto mais alto da pista, o *skatista* tem energia mecânica disponível para realizar o movimento.

O computador funciona com energia elétrica fornecida pela rede elétrica local ou por baterias.

O gelo, água em estado sólido, derrete ao receber calor, que é uma forma de energia.

Ao receber calor, a água em estado líquido transforma-se em vapor.

Energia sonora: é um tipo de energia que nossas orelhas podem detectar. Ela chega até nós por meio de um fenômeno denominado ondas sonoras, que são determinados tipos de vibração que ocorrem em meios materiais, como o ar.

Energia luminosa: é um tipo de energia que nossos olhos podem detectar. Ela chega até nós por meio de um fenômeno chamado ondas eletromagnéticas, que são determinados tipos de vibração que se transmitem no vácuo e atravessam alguns materiais, como é o caso da luz solar.

O som que chega às nossas orelhas através dos fones é um tipo de energia sonora.

A luz natural que ilumina nossos dias tem como fonte o Sol.

Energia química: como vimos antes, os materiais são feitos de partículas. A energia que mantém as partículas ligadas é denominada energia química. Ela é liberada em fenômenos como a combustão, por exemplo, e também por meio dos alimentos que consumimos, os quais fornecem a energia que nos mantém vivos.

A energia química contida no carvão é liberada na forma de calor e luz pela combustão.

Energia mecânica

Energia mecânica, como vimos, é a energia relacionada ao movimento, seja por estar se movendo, isto é, por apresentar alguma velocidade, denominada **energia cinética**, seja por possuir movimento "em potencial", denominado **energia potencial**. Neste caso, se um corpo está a uma certa altura em relação ao solo, a energia que ele possui é denominada **energia potencial gravitacional**; quando se trata de algo elástico que está sendo comprimido ou esticado, como uma mola, sua energia é denominada **energia potencial elástica**.

A unidade de energia, no Sistema Internacional de Unidades, é o joule (J).

A energia não é criada nem destruída. Ela se transforma, ou seja, passa de uma forma para outra. Esse fato caracteriza a **lei de conservação da energia**, uma das mais importantes da natureza. Vamos nos aprofundar nessa questão mais para a frente.

Glossário

Sistema Internacional de Unidades (SI): no ano de 1960, em Paris, ficou determinado que, além do sistema métrico, que usa o metro como unidade padrão de comprimento, novas unidades referentes a outras grandezas físicas seriam oficializadas e aceitas por vários países. Nascia assim o Sistema Internacional de Unidades (SI). Algumas unidades de base do SI, além do metro, são o segundo como unidade-padrão de tempo e o quilograma como unidade-padrão de massa.

Energia potencial

Sempre que um objeto está localizado a determinada altura do solo e simplesmente o abandonamos, ele entra em movimento. De onde ele obtém energia para entrar em movimento?

Na realidade, ele não obtém energia naquele instante, mas já tem uma quantidade de energia potencial, denominada gravitacional, a qual se transforma em energia cinética ao longo da queda, em razão do movimento. Isto é, aquele objeto tem energia mecânica armazenada.

Essa energia que o corpo já tem potencialmente é denominada **energia potencial gravitacional**, que é tanto maior quanto maiores forem o peso do corpo e a altura em que ele se encontra em relação a determinado referencial.

A pessoa, ao pular de um trampolim, transforma a energia potencial gravitacional em energia cinética.

Ou seja, sempre que um corpo está a determinada altura em relação a um nível de referência, ele tem energia potencial gravitacional.

Para entender melhor esse conceito, vamos imaginar que estamos numa piscina daquelas de salto ornamental, com trampolins em alturas diferentes. Você e um amigo não vão saltar ainda; apenas jogarão uma bola de borracha na piscina para terem uma noção melhor da queda. Você está num trampolim alto e seu amigo num mais abaixo. Ambos deixam uma bolinha cair, apenas a abandonam, sem impulsão. As bolinhas caem, ou seja, entram em movimento. Em resumo, ambas tinham movimento "em potencial". Sabemos que isso ocorre devido à gravidade. Se lhe perguntarmos qual das bolinhas chegou com maior velocidade à piscina, você acertará se disser que foi a que você lançou, pois você estava no trampolim mais alto. Por isso, a energia mecânica potencial gravitacional é tanto maior quanto maior a altura do corpo.

As cores e a proporção entre os tamanhos dos seres vivos representados não são as reais.

A bola de borracha do trampolim mais alto possui maior energia potencial gravitacional.

Ainda podemos encontrar energia mecânica na forma potencial quando comprimimos ou distendemos um objeto elástico, como uma mola ou um arco para lançar uma flecha. Então, basta soltarmos a corda do arco ou a mola para haver movimento, deslocando uma flecha ou um bloco, por exemplo. Nesse caso, além das características próprias do arco ou da mola, o que influencia o movimento é o quanto o objeto elástico está comprimido ou distendido.

Quando a corda do arco está esticada, ou quando uma mola está comprimida ou esticada, há armazenamento de energia potencial elástica.

A energia potencial elástica das molas converte-se em cinética, em um ciclo de conversões de uma forma de energia mecânica em outra.

245

Energia cinética

Quando um corpo está em movimento, ou seja, quando apresenta velocidade, dizemos que tem energia cinética.

Uma motocicleta que se desloca, a água que cai de uma cachoeira, um elevador subindo ou descendo e um objeto que cai têm energia cinética.

Em resumo, quanto maior a velocidade de um corpo, maior a energia cinética dele.

Tudo que está em movimento tem energia cinética, como o patinador em ação.

Conservação da energia mecânica

A energia não é criada nem destruída. Ela se transforma, ou seja, passa de uma forma para outra. E esse fato caracteriza a **lei de conservação da energia**.

Por exemplo, a energia química da gasolina, em razão da combustão que ocorre nos cilindros dos motores dos automóveis, é transformada em energia mecânica, a qual possibilita ao automóvel deslocar-se. Mas essa transformação não é completa, pois parte dessa energia é transformada em energia térmica. Por isso, dizemos que parte da energia é perdida (na verdade, dissipada em forma de calor).

Suponha que um corpo é abandonado a certa altura. Nesse instante, ele tem energia potencial. À medida que vai caindo, a altura diminui e a velocidade aumenta, ou seja, a energia potencial diminui e a energia cinética aumenta. Se não há perdas por atrito, ou seja, não há resistência do ar, sabe o que acontece? Esse corpo vai ganhando energia cinética em quantidade exatamente igual à que perdeu em energia potencial, de modo que a soma das duas energias, potencial e cinética, dá sempre o mesmo resultado.

Portanto, vamos denominar de energia mecânica (E_m) a soma da energia potencial (E_p) com a energia cinética (E_c) de um corpo.

Matematicamente:

$$E_m = E_p + E_c$$

O que é importante, neste momento, é lembrar que a energia mecânica de um corpo é composta pela energia que ele possui por ter velocidade, ou seja, a energia cinética, e por ter "movimento em potencial", como vimos para as energias potenciais gravitacional e elástica.

Se considerarmos o caso em que não há perdas por geração de calor, em geral causadas pelo atrito com uma superfície ou com o ar, e como a energia não pode ser criada nem destruída, podemos afirmar que a energia mecânica se conserva. Esse é o **princípio da conservação da energia mecânica**.

Forças como atrito e resistência do ar são denominadas forças dissipativas.

Potência

Agora analisemos a seguinte situação: dois atletas, numa academia de ginástica, levantam o mesmo peso à mesma altura. Entretanto, para fazer esse levantamento, um atleta demora um segundo e o outro, dois segundos.

Ambos realizaram o mesmo esforço, ou seja, gastaram a mesma energia, mas o primeiro atleta foi mais rápido que o segundo, concorda? Essa relação da energia com o tempo é denominada **potência (P)**.

$$P = energia/tempo$$

No Sistema Internacional de Unidades, o tempo é medido em segundos (s) e a unidade de potência é denominada watt (W).

Transformação de energia

A lei de conservação da energia tem por base o fato de que a energia não é criada nem destruída, mas se transforma, ou seja, passa de uma forma para outra.

Assim, se olharmos os diversos aparelhos elétricos que nos cercam, o que eles fazem basicamente é converter um tipo de energia em outro. Em geral, essa conversão ocorre para mais de um tipo. Vamos observar isso na atividade a seguir.

> **zoom**
> Quando se esfrega as mãos, você sente "na pele" a conversão de energia, sendo clara a presença de forças dissipativas. Que tipo de transformação de energia está ocorrendo com esse gesto?

Conviver — em grupo

Transformação de energia no dia a dia

1º momento:

Um aluno voluntário irá à lousa registrar as respostas da turma. Agora vocês farão um breve levantamento de aparelhos elétricos e eletrônicos, mas com uma finalidade específica que só será explicada no segundo momento.

A pergunta a ser respondida neste momento por toda a turma é: "Que aparelhos movidos a energia elétrica lhes vêm à cabeça, sejam ligados numa tomada, sejam a bateria?". As respostas devem ser registradas no quadro pelo aluno escolhido.

2º momento:

Após o levantamento, classifiquem os aparelhos nos seguintes grupos:

Grupo 1: aparelhos que transformam energia elétrica principalmente em energia térmica;
Grupo 2: aparelhos que transformam energia elétrica principalmente em energia cinética;
Grupo 3: aparelhos que transformam energia elétrica principalmente em energia luminosa;
Grupo 4: aparelhos que transformam energia elétrica principalmente em energia sonora;
Grupo 5: aparelhos que transformam energia elétrica com finalidade de utilizar em sistemas de informação e comunicação.

Após essa atividade, pode-se perceber que há uma quantidade enorme de aparelhos que convertem energia elétrica em outro tipo de energia. Escolhemos aqui, por estar mais presente no nosso dia a dia, o exemplo de conversão de energia elétrica em outros tipos. Porém, no nosso cotidiano e na natureza, vemos com frequência transformações envolvendo outras formas de energia, como ocorre numa usina hidrelétrica, que converte energia cinética em elétrica.

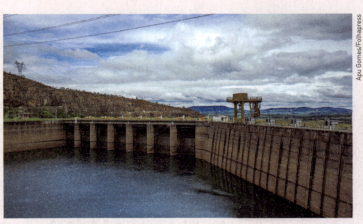

Quando há crise hídrica, não há água suficiente para manter as turbinas em movimento, e as termelétricas são acionadas para ajudar na produção da energia. Capitólio (MG), 2015.

Atividades

1. Classifique os tipos de energia que predominam nos fenômenos descritos abaixo.
   a) Uma bola rolando no chão.
   b) Uma bola de pingue-pongue parada em cima da mesa.
   c) Água fervendo.
   d) Uma fogueira.

2. Observe a imagem da montanha-russa abaixo.

Representação simplificada em cores-fantasia e tamanhos sem escala.

Considerando que podemos desprezar a geração de calor causada pelo atrito do carrinho com os trilhos e com o ar, em quais pontos o carrinho alcança maior e menor velocidade? Justifique.

3. Nesta ilustração, observamos uma sucessão de imagens mostrando a trajetória de uma bola.

Considerando seus conhecimentos sobre energia mecânica, determine se a bola está vindo da direita para a esquerda ou da esquerda para a direita. Justifique.

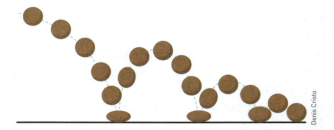

4. Entre os brinquedos mais comuns utilizados pelas crianças está o carrinho de fricção, que tem um mecanismo interno com mola.

Considere que, em uma mesa plana, uma criança puxa o carrinho para trás e depois o solta para que ele entre em movimento. Após percorrer certa distância, o carrinho para de se mover. A situação descrita é condizente com a seguinte afirmação:

a) o carrinho, ao ser puxado, alimenta uma bateria, que converte energia elétrica em cinética, que é totalmente dissipada.

b) a energia cinética, enquanto o carrinho é puxado, armazena-se na forma de energia potencial gravitacional, que é totalmente convertida em energia cinética. O carrinho para porque a energia potencial gravitacional tende a diminuir enquanto ele se move.

c) ao ser puxado, o carrinho armazena energia potencial elástica, que é convertida em energia cinética. A energia cinética é, então, dissipada pelo atrito até que o carrinho pare.

d) o carrinho sobre a mesa representa um sistema conservativo, portanto não há necessidade de gasto de energia externa (realizado pela criança) para acumular energia no carrinho.

5 A figura representa o processo mais usado para obtenção de energia elétrica no Brasil, a usina hidrelétrica.

A água no reservatório tem, em relação à turbina, energia ///////. Assim que a porta de controle é aberta, a água desce pelo duto perdendo energia ///////. e ganhando energia ///////, que movimentará as turbinas responsáveis pela geração de energia ///////.

A sequência que preenche corretamente os espaços apresentados no texto é:

a) cinética - potencial - cinética - elétrica.
b) potencial - potencial - cinética - elétrica.
c) potencial - elétrica - potencial - cinética.
d) cinética - cinética - potencial - elétrica.

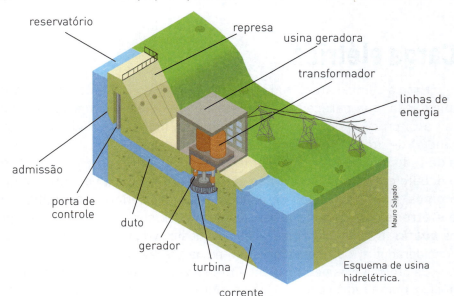

Esquema de usina hidrelétrica.

6 Uma pessoa que mora em locais com ladeiras costuma, quando cansada, subi-las fazendo zigue-zague e bem devagarinho. Entretanto, a energia gasta é a mesma que seria despendida se essa pessoa subisse rapidamente e em linha reta, pois basicamente é a energia potencial (E_p) que ela vai despender, a qual depende da massa, da gravidade e da altura do alto da ladeira em relação a seu início. Sabendo disso, como você explica o costume de subir ladeira em zigue-zague e mais lentamente para tornar a tarefa menos sofrível para um morador cansado?

7 Dê exemplos das seguintes transformações:
a) energia elétrica em energia mecânica;
b) energia elétrica em energia luminosa;
c) energia elétrica em energia térmica.

8 Indique as transformações de energia que estão ocorrendo nos seguintes aparelhos, quando em funcionamento:

Secador de cabelo. Liquidificador. Cafeteira. Batedeira.

CAPÍTULO 14
Energia elétrica e seus usos

Carga elétrica

Para a ciência atual, tudo que nos cerca é constituído por **átomos**. Essa afirmação, que parece tão simples, é fruto de 25 séculos de debate. A palavra "átomo", de origem grega, significa "indivisível". A busca pela "existência" de uma partícula que seria a menor porção constituinte da matéria e de tudo que nos cerca só começou a ser resolvida no século XIX, quando o debate entre atomistas e não atomistas teve fim. Hoje, para a ciência, os átomos são constituídos de partículas ainda menores: **prótons, nêutrons e elétrons**. Esses, por sua vez, são formados por estruturas ainda menores, os *quarks*. Não estudaremos os *quarks* neste livro, mas, no momento, eles são considerados a "partícula indivisível" na natureza.

> **Glossário**
>
> **Átomo:** unidade eletricamente neutra da matéria em que é possível identificar a que elemento químico ele pertence.

Os prótons e os nêutrons situam-se no núcleo do átomo. Os elétrons se movimentam em torno do núcleo, numa região chamada eletrosfera. Os prótons e os elétrons têm uma propriedade denominada **carga elétrica**, que aparece na natureza em dois tipos: a do próton foi convencionada como positiva e a do elétron, como negativa. Já o nêutron apresenta carga elétrica nula.

A área da Física que estuda o núcleo atômico é a Física Nuclear. Também não a abordaremos neste livro, porque não trataremos do núcleo. Estudaremos apenas alguns fenômenos relacionados aos elétrons.

Quando um corpo perde elétrons, dizemos que ele está positivamente carregado. Quando ganha elétrons, dizemos que está negativamente carregado. Quando o número de elétrons num corpo é igual ao número de prótons, dizemos que o corpo está neutro.

Pode-se verificar que dois corpos eletrizados positivamente se repelem, e que o mesmo ocorre com corpos eletrizados negativamente. Já os corpos com cargas elétricas de sinais opostos se atraem.

É importante saber: nos fenômenos elétricos, nunca há ganho ou perda de prótons, somente de elétrons.

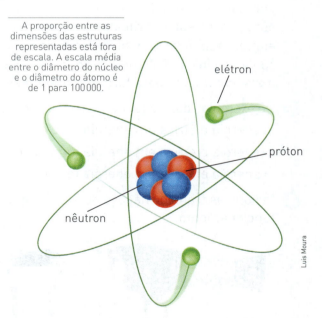

A proporção entre as dimensões das estruturas representadas está fora de escala. A escala média entre o diâmetro do núcleo e o diâmetro do átomo é de 1 para 100 000.

Representação simplificada do átomo, usada comumente para facilitar a compreensão de sua estrutura. O modelo científico atual é bem diferente do que é usado para fins didáticos.

> Um corpo está negativamente carregado quando ganha elétrons e positivamente carregado quando perde elétrons.

Eletrizando os corpos

Os materiais diferem quanto à capacidade de conduzir elétrons. Alguns materiais, como os metais e o nosso corpo, são bons condutores de eletricidade e, por isso, são chamados de **condutores**. Outros, como a borracha, o vidro, a madeira e o plástico, são maus condutores elétricos e são denominados **isolantes**.

Experimente esfregar uma caneta de plástico em sua camisa por alguns minutos. Em seguida, aproxime-a de pedacinhos de papel picados previamente. O que acontece?

Os papeizinhos são atraídos para a caneta.

Isso ocorre porque houve troca de elétrons entre a caneta e sua roupa, deixando-as eletrizadas. Por isso, a caneta atrai os papeizinhos. O processo que usamos para eletrizar a caneta denomina-se **eletrização por atrito**. Dizemos que os corpos adquiriram eletricidade estática.

A Terra é considerada grande fornecedora e também receptora de elétrons. Quando um corpo carregado positivamente é colocado em contato com a Terra por meio de um fio condutor, elétrons passam dela para o corpo, neutralizando-o. Quando um corpo carregado negativamente é colocado em contato com a Terra, elétrons passam do corpo para a Terra, deixando-o neutro também.

Em outras palavras, corpos condutores carregados, quando ligados à Terra, descarregam-se com muita facilidade.

Os corpos também podem ser eletrizados por **indução**. As figuras ao lado mostram esse processo. Nele, um bastão eletrizado negativamente, chamado indutor, é aproximado de um corpo condutor neutro isolado da Terra. Os elétrons do corpo se deslocam para o lado oposto ao do indutor. Observe que houve apenas uma separação espacial de cargas. O corpo como um todo continua neutro.

A caneta, depois de ter sido atritada, passa a atrair os pedacinhos de papel.

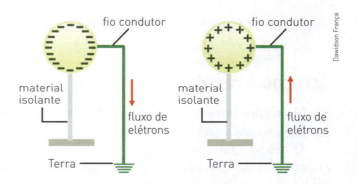

Esquemas de dois corpos **eletrizados**. Ao serem ligados à Terra, descarregam-se. O corpo da esquerda estava eletrizado negativamente e o da direita, positivamente.

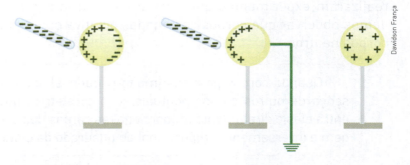

Etapas de um processo de eletrização por indução.

Porém, ao ligarmos o lado oposto ao do indutor à Terra, os elétrons escoam para ela. Ao cortar o fio-terra e, em seguida, afastar o indutor, o corpo fica carregado positivamente.

Corpos condutores também podem ser eletrizados por **contato**. Por exemplo, se tivermos dois corpos idênticos, um carregado e outro não, ao colocá-los em contato haverá troca de cargas entre eles até que ambos fiquem carregados com cargas iguais e de mesmo sinal. Nesse caso, cada um ficará com carga equivalente à metade do valor que o corpo carregado tinha.

Zoom

Um experimento realizado pelo neozelandês Ernest Rutherford consistiu no bombardeio de uma lâmina fina de ouro com partículas alfa, formadas por prótons e nêutrons.

Esperava-se que a maioria das partículas fosse desviada, mas somente uma em 100 mil se desviava. As demais passavam direto. Lembrando que a matéria do átomo está praticamente toda no núcleo, que também é formado de cargas positivas, a que conclusão se pode chegar com esse experimento?

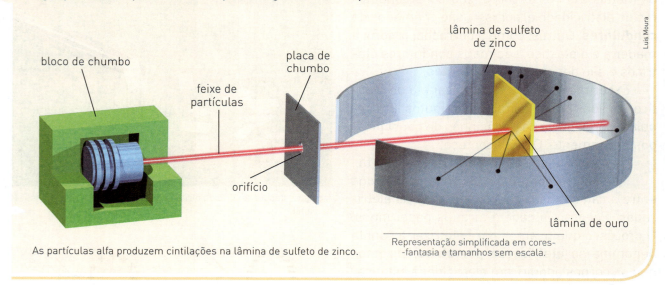

As partículas alfa produzem cintilações na lâmina de sulfeto de zinco.

Representação simplificada em cores--fantasia e tamanhos sem escala.

Atração e repulsão

Há muito tempo observa-se o fato de que corpos eletrizados por vezes se atraem, por vezes se repelem.

O grego Tales de Mileto, no século VI a.C., observou que certa resina encontrada na natureza, o **âmbar**, quando esfregada na pele de um animal atraía objetos leves. Isso sugeria a existência de uma força atuando sobre os corpos eletrizados.

Hoje denominamos essa força de força elétrica, que, assim como a gravitacional, também é uma força de ação a distância.

O físico francês Charles de Coulomb (1736-1806) e cientistas da época realizaram experimentos que levaram a uma importante conclusão: podemos observar que corpos carregados positiva ou negativamente atraem corpos neutros.

> Quando corpos pontuais (muito pequenos) são colocados na presença de outros corpos pontuais, a força elétrica que poderá existir entre eles é diretamente proporcional às cargas dos corpos que interagem e inversamente proporcional ao quadrado da distância entre eles.

Imagine que um bastão carregado positivamente se aproximou de uma esfera condutora neutra isolada, como na figura ao lado. Os elétrons da esfera se deslocam no sentido do bastão, deixando a esfera polarizada (positiva de um lado e negativa do outro), como podemos observar no detalhe.

Como a região negativa está mais próxima do bastão que a região positiva, a esfera é atraída por ele.

Glossário

Âmbar: resina endurecida de certo tipo de árvore, que em grego é denominada elektron. No século XVI, o médico e físico inglês William Gilbert (1544--1603), retomando as experiências de Tales de Mileto, usou o termo elektron para designar o fenômeno observado. Daí o nome eletricidade para esse tipo de interação entre os corpos.

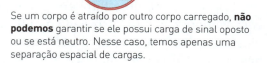

Se um corpo é atraído por outro corpo carregado, **não podemos** garantir se ele possui carga de sinal oposto ou se está neutro. Nesse caso, temos apenas uma separação espacial de cargas.

Corrente elétrica

Vimos que os elétrons se deslocam com facilidade em corpos condutores. O deslocamento ordenado dessas cargas elétricas é chamado corrente elétrica.

Para que a corrente elétrica circule por um aparelho, e ele funcione, é preciso que se estabeleça nele um circuito fechado.

Um dos cuidados necessários para o aparelho funcionar adequadamente é submetê-lo à quantidade correta de corrente elétrica especificada no manual do produto. Se essa quantidade for menor que a indicada, o aparelho não irá funcionar com a potência desejada; se ela for maior, o aparelho poderá sofrer danos.

Para entender o que é um circuito, faça o experimento a seguir.

O movimento das cargas elétricas

Material necessário:
- uma pilha de 3 volts ou duas pilhas de 1,5 volts em série;
- uma lâmpada pequena de 3 volts (como a de lanterna);
- cerca de 40 centímetros de fio elétrico nº 20;
- uma tesoura e fita adesiva.

Atenção!
Só realize este experimento acompanhado do professor. Nunca improvise material nos experimentos com eletricidade. Não utilize as instalações elétricas de sua residência para os experimentos. Pilhas e baterias devem ter tensão máxima de 3 (três) volts.

Procedimento

1. Usando o material solicitado, verifique se é possível acender a lâmpada seguindo algum desses esquemas de circuito elétrico:

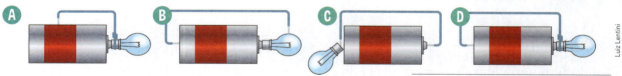

Representação simplificada em cores-fantasia.

Responda às questões a seguir.

1. A lâmpada acendeu em algum desses esquemas?

2. Observe na imagem ao lado o filamento de uma lâmpada queimada.
   Por que a lâmpada queimada não acende?

3. Agora que você tem em mãos um circuito simples e que "funciona", vamos comparar com as nossas residências.
   - Primeiro, quem faz o papel da pilha em nossa casa?
   - Segundo, o que podemos fazer no nosso circuito para imitar o "interruptor".

4. Se usarmos duas pilhas em vez de apenas uma, com o polo positivo de uma em contato com o polo negativo da outra, o circuito continua funcionando?
   Experimente rapidamente e compare: a lâmpada brilha mais, menos ou igual? Por que você acha que isso ocorre?

5. Se duas pilhas forem colocadas com polos iguais em contato, a lâmpada ainda acende? Por quê?

O circuito constituído pela lâmpada, pela pilha e pelos fios, quando ligado corretamente, forma um **circuito fechado**.

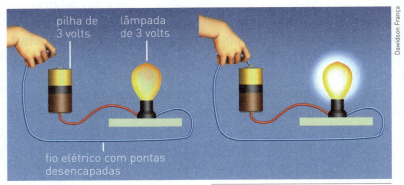

Circuito fechado. Representação simplificada em cores-fantasia e tamanhos sem escala.

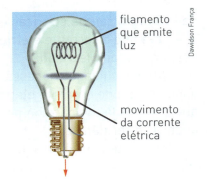

Lâmpada incandescente.

Quando ligamos os aparelhos elétricos em nossa casa e eles funcionam, podemos garantir que fazem parte de um circuito fechado. Ou seja, um circuito está fechado quando passa corrente elétrica através de seus fios.

Algo muito importante é termos cuidado em não ligar vários aparelhos na mesma tomada. Imagine o circuito que montamos na atividade **Experimentar** se ligássemos várias lâmpadas ao mesmo tempo a uma única bateria. Nesse caso, o risco de sobrecarga é muito grande, podendo superaquecer ou danificar a bateria.

Na rede elétrica de um imóvel, a sobrecarga pode levar ao superaquecimento da tomada e da rede elétrica, a um curto-circuito ou até mesmo a um incêndio.

Um circuito fechado permite a passagem de corrente elétrica pelo aquecedor.

Conviver

Curto-circuito

A matéria abaixo é um exemplo do perigo de ligações elétricas inadequadas! Ela trata do incêndio que destruiu um prédio no centro de São Paulo, no dia 1º de maio de 2018.

Incêndio que causou desabamento de prédio em SP foi causado por curto-circuito, conclui polícia

Disponível em: <https://oglobo.globo.com/brasil/incendio-que-causou-desabamento-de-predio-em-sp-foi-causado-por-curto-circuito-conclui-policia-22649585>. Acesso em: 5 set. 2018.

O texto deixa claro o enorme risco que se corre quando muitos aparelhos estão ligados na mesma tomada. Como veremos a seguir, os aparelhos ligados em nossas residências estão "em paralelo", ou seja, cada um possui uma fiação e uma tomada específicas, a princípio, interferindo muito pouco uns nos outros. Entretanto, é fato que a exigência por corrente elétrica aumenta quando muitos aparelhos estão ligados no mesmo lugar. Uma corrente intensa numa rede elétrica que não foi projetada para tal carga gera muito calor e pode provocar incêndio. Foi o que ocorreu nesse terrível acidente.

1. Observe se na sua residência há excessos de aparelhos ligados na mesma tomada. Se houver, chame um adulto para distribuí-los melhor. Registre essas ações e traga para a escola a fim de discuti-las com a turma.

2. Faça um breve resumo de suas ações e entregue ao seu professor para compartilhar esses fatos com a turma.

Observar

Como são as ligações elétricas em nossa casa

Vamos compreender como funcionam as ligações elétricas em nossas casas.

Para simular esse tipo de instalação, iremos montar um circuito envolvendo ligações com lâmpadas.

Vamos arregaçar as mangas!

Você atuará como ajudante, pois o material oferece risco à integridade e somente um adulto poderá manuseá-lo.

Material:

- uma tábua de madeira ou compensado lixada;
- 6 bocais para lâmpadas do tipo E-14;
- 6 lâmpadas do tipo E-14, 7 W ou 15 W para tensão de 110 V;
- 1 metro de fio duplo do tipo nº 6, de preferência vermelho e preto;
- 12 parafusos de 7 mm, cabeça chata e fenda, para madeira (para os bocais);
- 5 grampos isolados de 10 mm com dois pregos para prender os fios;
- 16 grampos isolados de 5 mm curvos com um prego;
- 1 plugue para o fio;
- 2 chaves liga-desliga (interruptor) de 2 cm–110 V;
- 1 porta fusível e um fusível de 1 cm–250 V;
- pedaços de emborrachado (2 cm) para a base do experimento.

Atenção!
Esses materiais estão adequados a locais com tensão de 110 V.

Procedimentos

1. Distribua os bocais como na tábua e peça a um adulto para pregar os bocais no local onde serão fixados com um prego.
2. Coloque os bocais em suas posições.
3. Conecte os fios e as chaves conforme a imagem.
4. Coloque as lâmpadas nos bocais.
5. Ligue o plugue na tomada.

Observe se todas as lâmpadas têm o mesmo brilho ou se são diferentes.

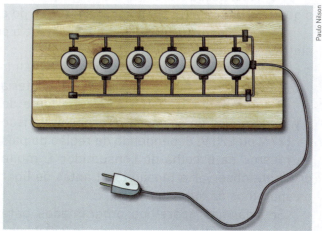

Representação simplificada em cores-fantasia.

Responda às questões a seguir.

1. Observe o circuito funcionando. Todas as lâmpadas têm o mesmo brilho?
2. Faça testes tirando uma ou mais lâmpadas do circuito. O que ocorre em cada situação?
3. O circuito montado é denominado "circuito em paralelo". Por que você acha que ele tem esse nome?
4. Na rede elétrica de prédios e residências, o circuito instalado também é feito em paralelo. Qual é a vantagem desse tipo de ligação?

255

Corrente elétrica contínua e corrente elétrica alternada

A corrente elétrica pode ser contínua ou alternada.

Na corrente contínua, observada nas pilhas e baterias, o fluxo dos elétrons ocorre sempre em um único sentido.

Na corrente alternada, os elétrons alternam o sentido de seu movimento, oscilando para um lado e para o outro. É esse tipo de corrente que se estabelece ao ligarmos os aparelhos em nossa rede doméstica. Entretanto, a maior parte dos aparelhos que usamos, funciona a base de corrente contínua. Há dispositivos específicos para fazer essa conversão, quando necessário.

A razão de a corrente ser alternada está relacionada à forma como a energia elétrica é produzida e distribuída para nossas casas. Com a corrente alternada, ocorre menos perda de energia na transmissão.

Diferença de potencial

Em qualquer gerador de energia elétrica (como a pilha, a tomada de nossa casa, a bateria do carro ou do celular) é possível estabelecer dois estados em dois de seus pontos: um com excesso de elétrons e outro com falta de elétrons.

Faltam elétrons. — Sobram elétrons.

Numa pilha, há excesso de elétrons no ponto denominado polo negativo e falta de elétrons no polo positivo. Essa situação é chamada de estado de tensão, ou diferença de potencial (ddp), ou ainda voltagem (U).

Por isso, nessa situação há energia potencial armazenada na pilha, de modo muito parecido com a que tem um objeto situado a uma altura *h* do chão: é só soltá-lo que ele entra em movimento.

Da mesma forma, quando um fio é ligado à pilha, elétrons entram em movimento e uma corrente elétrica se estabelece no fio.

A unidade de tensão elétrica no Sistema Internacional de Unidades é o volt (V).

A pilha mais usada é a de 1,5 V. Uma bateria de carro fornece 12 V.

O computador trabalha com uma fonte de 5 V. As tomadas de nossa casa fornecem tensão de 127 V ou 220 V, dependendo da região do país ou mesmo da escolha do consumidor. É muito prudente observar a tensão local antes de ligar os aparelhos às tomadas.

Se ligarmos aparelhos programados para funcionar a 127 V em uma tomada de 220 V, eles podem queimar e até provocar acidentes graves. Em geral, basta ajustar nos aparelhos uma chave para que essa situação se resolva; mas nem sempre essa chave existe. Por isso, tome cuidado! Vale lembrar, porém, que os adaptadores eletrônicos se ajustam, cada vez mais, às tensões de 127 V ou 220 V automaticamente, como os carregadores de celulares, *tablets* etc.

Pilha de 1,5 V.

Bateria de carro.

As imagens desta página não estão representadas na mesma proporção.

Viver

Choque elétrico

O corpo humano é um bom condutor de eletricidade. Se uma pessoa tocar em dois pontos entre os quais exista uma diferença de potencial, uma corrente atravessará o corpo dela, causando um choque.

O choque elétrico é uma perturbação que se manifesta no organismo humano quando este é percorrido por uma corrente elétrica e pode variar em graus de gravidade, dependendo da natureza da corrente, da diferença de potencial, da resistência do corpo humano à passagem de corrente elétrica, do caminho que a corrente percorre no corpo, entre outros fatores.

Um choque gera contrações musculares e pode levar ao comprometimento do sistema nervoso central. Nos casos mais graves, pode causar parada respiratória e cardíaca. Outra consequência são queimaduras de graus variáveis.

Atenção!
Não entre em contato direto com alguém que esteja levando um choque elétrico. A corrente elétrica pode chegar também a quem tenta ajudar, causando o choque em ambos.
Para ajudar, é preciso cortar a corrente elétrica ou afastar a pessoa usando um material isolante elétrico.

1 Que cuidados podem ser feitos para evitar choques elétricos?

Resistência elétrica

Sabemos que os materiais apresentam diferentes graus de dificuldade para a passagem da corrente elétrica. Esse grau de dificuldade é denominado resistividade.

Há dispositivos usados em um circuito elétrico denominados resistores. Os resistores são usados para diminuir a intensidade da corrente elétrica no circuito.

A capacidade de um resistor de diminuir a intensidade de corrente elétrica que atravessa um circuito é a resistência (R), que é medida em ohm (Ω).

Podemos fazer uma analogia da resistência elétrica àquelas barreiras que encontramos nas pistas de atletismo para a corrida com obstáculos. Quanto mais obstáculos, mais lenta é a velocidade média dos corredores. Num circuito elétrico acontece da mesma forma: quanto mais resistência elétrica, menor a corrente que atravessa o fio condutor.

A aplicação mais comum dos resistores é converter energia elétrica em energia térmica. Isso ocorre porque os elétrons que se movem no resistor colidem com a **rede cristalina** que o forma, gerando calor. Esse fenômeno é denominado efeito joule. Aproveitamos muito o efeito joule em nosso dia a dia, em chuveiros elétricos, ferros de passar roupas, fogões elétricos etc. Observe que todos esses aparelhos "fornecem calor".

A própria lâmpada incandescente converte mais energia elétrica em térmica do que em luminosa, sendo esta última a sua grande finalidade: 85% da energia que consome são convertidos em calor. Já as lâmpadas fluorescentes, consideradas "lâmpadas frias", têm uma parte bem menor da energia elétrica convertida em calor, e as lâmpadas de LED, cada vez mais utilizadas, transformam cerca de 70% da energia elétrica em luminosa, por isso são mais econômicas.

Lâmpada incandescente.

Lâmpada fluorescente.

Glossário

Rede cristalina: arranjo dos átomos presentes em determinados materiais, os quais se organizam estruturalmente em três dimensões, segundo organização geométrica conhecida.

Energia em foco

Fusíveis e disjuntores

O fusível é um dispositivo de extrema importância nos circuitos elétricos. Constituído geralmente de um pedaço de fio de chumbo, que se funde a uma temperatura relativamente baixa, impede que problemas (curtos-circuitos, por exemplo) queimem aparelhos ou provoquem incêndios.

O disjuntor é uma espécie de interruptor que funciona automaticamente, tem a mesma função de um fusível e é usado nas instalações elétricas. Interrompe o circuito quando a corrente elétrica atinge determinada intensidade.

Por isso, os fusíveis e os disjuntores são identificados em ampère (A), a unidade de corrente. Um disjuntor de 40 A, por exemplo, desarmará se, por alguma razão, o circuito elétrico que o contém for percorrido por uma corrente que alcançar esse valor.

Agora responda:

As imagens desta página não estão representadas na mesma proporção.

Fusível cartucho, fusível de rosca e disjuntor.

① Onde fica o quadro de força de sua escola? E o de sua casa?

② As ligações dos aparelhos em uma residência são "em paralelo". Então, imagine a seguinte situação:

Em uma casa foram ligados o chuveiro, o ferro de passar roupas e o secador de cabelo ao mesmo tempo. Consequência: o disjuntor desarmou. Verifique, entre as formas apresentadas abaixo, como as ligações devem ser feitas para que o sistema de proteção, que é o desarme, funcione. Justifique sua resposta.

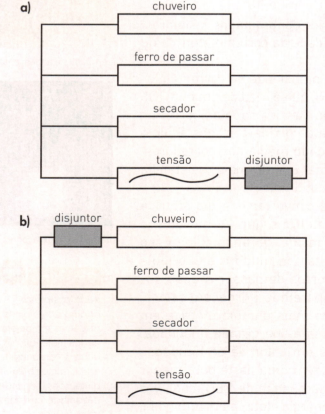
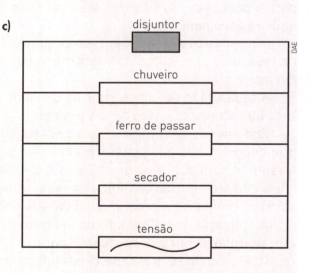

Atenção!
Não mexa nos quadros, apenas localize-os!

Primeira lei de Ohm

Observou-se, experimentalmente, em alguns resistores, denominados resistores ôhmicos, que a corrente estabelecida em um circuito é diretamente proporcional à tensão aplicada e inversamente proporcional à resistência dos dispositivos do circuito e dos fios que os conectavam. Ou seja: quanto maior a tensão do gerador, maior a corrente; e quanto maior a resistência, menor a corrente. Essa relação é expressa matematicamente por:

$$i = U / R$$

$$U = R \cdot i$$

em que:
U é a tensão;
R é a resistência;
i é a corrente.

Acompanhe esta situação:
Uma pequena lâmpada está submetida a uma tensão de 12 V. Sabendo-se que sua resistência é de 8 Ω, determine a corrente que percorre a lâmpada.

Resolução:
Sabemos que $U = R \cdot i$.
Como $U = 12$ V e $R = 8$ Ω,
temos que:
$U = R \cdot i$
$12 = 8 \cdot i$
$i = 1,5$ A

Potência elétrica

Talvez você tenha reparado que nos aparelhos ou dispositivos elétricos existe uma etiqueta especificando: 100 W (watts), 500 W, 1 000 W etc. Mas, afinal, o que significa essa informação?

Essa informação está relacionada à potência desses aparelhos. Esse conceito foi apresentado no capítulo anterior, ao tratar sobre energia mecânica. Vimos até uma expressão matemática associada a ele:

$$\text{potência} = \text{energia/tempo}.$$

A energia que é convertida nesses aparelhos elétricos para várias finalidades e usos distintos, como gerar movimento (motores), gerar calor (resistores), gerar energia luminosa (lâmpadas), dividida pelo tempo em que está em uso, é a potência elétrica. Já vimos que medimos a potência em watts.

Quanto mais energia elétrica um equipamento ou aparelho transforma em menor tempo, mais potente ele é.

Indicação de potência em caixa de aparelho de som.

Embalagem de aparelho de som.

Pontos de vista

Fontes alternativas de energia

O desenvolvimento de tecnologias que utilizam fontes alternativas de energia (diferente de combustíveis fósseis) pode ser benéfico ao ambiente por reduzir a quantidade de poluentes liberados na atmosfera.

Veja a seguir duas reportagens sobre um assunto bastante debatido atualmente: os veículos elétricos!

O papel dos veículos elétricos na economia limpa

[...] Os veículos elétricos são a principal tendência da área de transporte no mundo todo. França e Reino Unido anunciaram recentemente que a partir de 2040 não permitirão mais a venda de veículos a combustão, por entenderem que a queima de combustíveis fósseis, que gera os chamados gases de efeito de estufa, vai contra a busca por uma economia mais limpa. Em 2016, as vendas mundiais de elétricos atingiram 750 mil unidades. A China foi o maior mercado, com 336 mil novos carros elétricos. Em seguida, vieram Europa e EUA, com 215 mil e 160 mil carros, respectivamente.

No Brasil, a incorporação de veículos elétricos – que engloba tanto os carros pequenos, que utilizam bateria, quanto os conectados à rede elétrica, tais como trólebus e VLTs – ainda é ínfima. Alguns defensores do etanol alegam que a disseminação dos elétricos no país prejudicaria o mercado de combustíveis à base de cana, uma tecnologia em que o Brasil é o principal expoente no planeta. O que acontece, no entanto, é que os veículos elétricos, além de poluírem menos, serem mais silenciosos, econômicos e possuírem melhor desempenho do que os modelos convencionais, podem ser usados de forma complementar aos de combustão por etanol, por meio de motores híbridos.

[...]

O papel dos veículos elétricos na economia limpa. WWF, 30 out. 2017. Disponível em: <www.wwf.org.br/?61662/O-Papel-dos--Veculos-Eltricos-na-Economia-Limpa>. Acesso em: 9 jun. 2018.

Carro elétrico carregando a bateria. São Paulo (SP), 2012.

Carro elétrico é mesmo alternativa para reduzir emissões

[...] A fabricação de um veículo movido a eletricidade tampouco é um modelo de respeito ao meio ambiente, gerando o dobro de emissões de gases do efeito estufa que a produção de um com motor a combustão, segundo constatou o Instituto Fraunhofer de Física de Construção.

A principal responsável por isso é a bateria: o IFEU* calcula que cada **quilowatt-hora** de **capacidade elétrica** corresponde à emissão de 125 quilos de CO_2. Assim, uma bateria de 22 **kWh** [...] implica emissões de quase três toneladas de dióxido de carbono.

Metais e **terras raras**, como cobre, cobalto e neodímio, estão entre os principais componentes das baterias automotivas. A extração dessas riquezas naturais em países como a China ou a República Democrática do Congo leva a um dano ambiental sistemático, com florestas tropicais desmatadas, rios poluídos e solos contaminados. [...]

*IFEU – Instituto de Pesquisa de Energia e Meio Ambiente.

Carro elétrico é mesmo alternativa para reduzir emissões?. UOL Notícias, 3 ago. 2016. Disponível em: <https://noticias.uol.com.br/meio-ambiente/ultimas-noticias/redacao/2016/08/03/carro-eletrico-e-mesmo-alternativa-para-reduzir-emissoes.htm>. Acesso em: 9 jun. 2018.

Glossário

Capacidade elétrica: quantidade de energia elétrica que pode ser armazenada.

Quilowatt-hora (kWh): unidade de medida usada para indicar o consumo de energia. Um aparelho de potência 1 kW consome 1 kWh em uma hora.

Terras raras: grupo especial de metais difíceis de serem extraídos da natureza e por isso bastante caros.

Indústria mineradora em Baotou (China), 2012.

---

1. Em sua opinião, mesmo considerando os impactos ambientais causados pela produção de baterias de veículos elétricos, esses veículos ainda podem ser considerados uma boa opção para substituir os carros que usam motor de combustão?

2. Com base nos diferentes pontos de vista apresentados e em seus conhecimentos sobre os impactos ambientais envolvidos na produção de energia elétrica, comente as possíveis consequências do aumento do número de veículos elétricos no mundo.

3. Além dos carros elétricos, você conhece outras alternativas para diminuir a emissão de gases poluentes gerados por veículos?

Cálculo do consumo de energia elétrica

O que nós "compramos" das companhias fornecedoras é a energia elétrica, medida em kWh. Vamos entender melhor essa unidade de medida.

Como vimos, potência = energia/tempo.

Portanto, energia = potência x tempo.

Como é energia que compramos das fornecedoras, para entendermos o kWh basta expressarmos a potência, que no Sistema Internacional se apresenta em watts (W) na unidade kW, e o tempo, que no Sistema Internacional se apresenta em segundo (s) na unidade h. Lembrando que o prefixo quilo (k), quer dizer 1000, temos que a energia gasta por um aparelho de 1 000 W (1 kW) em 1 hora é

> energia = potência x tempo.
> energia = 1 kW · 1 h = 1 kWh.

Portanto, para calcular o consumo de energia elétrica dos aparelhos elétricos que utilizamos em nosso cotidiano, basta saber:
- a potência média, em kW;
- o tempo médio de utilização; e
- a tarifa final média do kWh (esse preço varia de região para região e também pode variar conforme a política governamental em épocas de seca).

Vamos aprender por meio de um exemplo:

Se quiser saber quanto se gasta para tomar banho, caso use chuveiro elétrico, basta realizar o seguinte cálculo:
- potência média de um chuveiro = 3 000 W = 3 kW;
- tempo médio do banho = 15 minutos = 1/4 h;
- suponha que o preço médio do kWh na sua região, após consultar sua conta de luz, seja de R$ 0,40.

Dica!
Para converter W em kW, basta dividir o valor de W por 1 000; e minutos em hora, basta dividir o número de minutos por 60.

> energia = potência · tempo = 3 kW · $\frac{1}{4}$ h = $\frac{3}{4}$ kWh = 0,75 kWh

O preço do banho diário será: 0,75 · R$ 0,40 = R$ 0,30.

Por mês, seu banho diário custa: 30 · R$ 0,30 = R$ 9,00.

Nessa estimativa, uma família de cinco pessoas gastará: 5 · R$ 9,00 = R$ 45,00 por mês só para tomar banho!

Agora é sua vez:

Quanto custa seu banho diário? E o valor mensal? Para responder, procure em sua conta de energia elétrica o preço do kWh de sua região, pesquise a potência média da marca de seu chuveiro e avalie o tempo médio que o chuveiro permanece ligado durante seu banho. Depois, multiplique por 30 para ver quanto em sua conta de luz corresponde somente ao seu banho. Talvez você se espante com o resultado.

zoom
- Por que os filtros de linha usados nas residências têm um fusível?

Filtro de linha usado para ligar vários aparelhos ao mesmo tempo.

Conviver

O custo da energia elétrica

Reúna-se em grupo de três integrantes.

Juntos, procurem na conta de energia elétrica da casa de cada um o preço do kWh na região onde vocês moram.

Pesquisem também a potência dos aparelhos elétricos mais utilizados pela família de vocês e procurem calcular o custo mensal do uso de cada aparelho, na mesma linha da atividade anterior.

Vocês encontram boas tabelas com essas informações na internet.

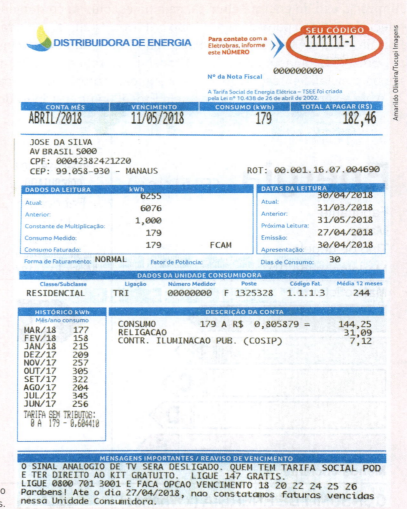

Modelo de conta de energia do estado do Amazonas.

1. Obtenham o custo mensal e depois calculem o percentual que cada um dos aparelhos selecionados gasta em relação ao gasto médio que veio anotado na conta.

2. Vamos a um projeto mais ousado.
   - Procurem levantar todos os aparelhos que consomem energia em suas casas.
   - Façam o cálculo do gasto de cada um e procurem estimar o tempo real de uso por dia e por mês.
   - Somem os valores obtidos e comparem com sua conta.

   Se o resultado for muito diferente, procurem questionar o motivo. Se for parecido, apresentem para a turma os resultados obtidos.

3. Após essa investigação, montem uma proposta por escrito para apresentarem à sua família visando reduzir o gasto com energia elétrica. Podem ter certeza de que seus pais ou responsáveis irão gostar muito! Apresentem um resumo dessa proposta para a turma.

263

Uso consciente de energia elétrica

A cada dia, o cidadão necessita fazer mais e mais escolhas. Seja por preocupação com o meio ambiente, seja por necessidade de fazer economia, seja para contribuir com seu grupo social, cada um de nós precisa atuar de forma consciente.

Quando pensamos no uso de energia elétrica, cabe a todos nós proporrmos ações coletivas para otimizar o uso de energia elétrica, seja na escola, na comunidade ou em nossa casa. Um caminho é selecionar os equipamentos segundo critérios de sustentabilidade, ou seja, verificando o consumo de energia e a eficiência energética dos aparelhos e adotando bons hábitos de uso.

Em 1993, foi instituído o Selo Procel. Esse selo é uma forma de orientar os consumidores quais são os mais eficientes, ou seja, quais equipamentos consomem menos energia elétrica.

Veja a seguir, um exemplo de selo Procel de um refrigerador.

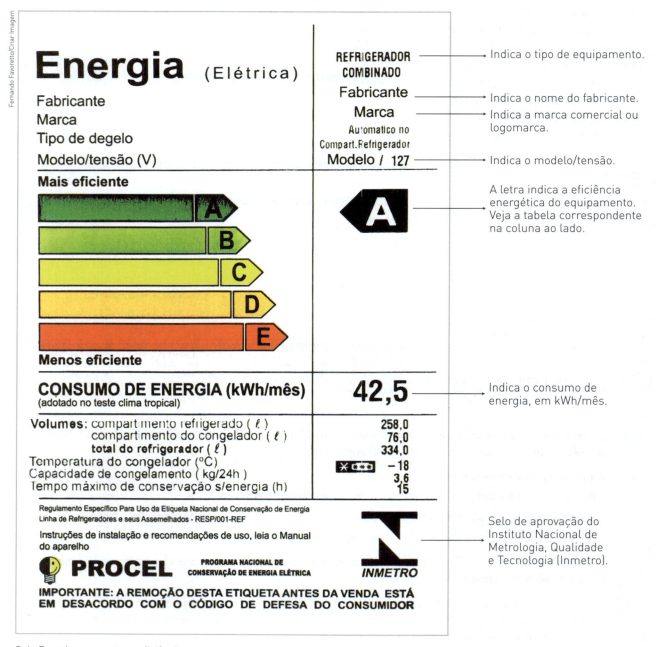

Selo Procel, que mostra a eficiência energética dos eletrodomésticos.

Ambiente em foco

Descarte de pilhas e baterias

Apesar da aparência familiar, as pilhas e baterias podem ser extremamente prejudiciais ao ambiente se alguns cuidados não forem tomados no uso e no descarte desses objetos.

As pilhas e baterias são classificadas como lixo perigoso pela Associação Brasileira de Normas Técnicas (ABNT). Contêm substâncias tóxicas como chumbo, cádmio e mercúrio, também chamados de metais pesados, que podem contaminar o solo e a água.

As imagens desta página não estão representadas na mesma proporção.

Bateria de celular.

Baterias de *notebook*.

Pilha do tipo AA.

Por causa desses componentes tóxicos, as pilhas e baterias descartadas no lixo comum podem afetar até mesmo os fertilizantes produzidos com a compostagem do lixo orgânico. Se forem queimadas em incineradores de lixo, produzem resíduos tóxicos que ficam nas cinzas ou se misturam à fumaça e sobem para a atmosfera, contaminando-a.

Se atingirem rios, mares e águas subterrâneas, esses componentes podem dissolver-se na água e entrar nas cadeias alimentares pela ingestão da água ou de produtos agrícolas irrigados com essa água.

Em nosso organismo, os componentes das pilhas podem afetar o sistema nervoso e órgãos como o fígado, os rins e os pulmões.

Alguns cuidados especiais devem ser tomados para o descarte do lixo perigoso e, para isso, o Conselho Nacional do Meio Ambiente (Conama) determina que as pilhas e baterias, bem como os aparelhos de telefonia e câmeras filmadoras que possuam baterias internas, devem ser entregues pelos usuários aos estabelecimentos que as comercializam, para a adoção de procedimentos de reutilização, reciclagem, tratamento e descarte ambientalmente adequado.

1. Algumas pilhas e baterias, porém, já estão sendo fabricadas com menos toxicidade e podem ser descartadas em lixeiras apropriadas. Verifique sempre nas embalagens a indicação sobre qual é a forma de descarte adequada para aquele tipo de pilha. Registre as informações que encontrar para compartilhar com a turma.

2. Existem na sua cidade ou no seu bairro pontos de coleta de pilhas e baterias usadas? Faça uma pesquisa sobre esse assunto e organize com os colegas e o professor a melhor forma de divulgar as informações em sua escola.

> Nesse contexto, há alguns que defendem, até termos uma solução mais adequada, a diminuição radical no uso dessas baterias. Em alguns países, como a Alemanha, grande parte de seus cidadãos defendem a proibição de alguns tipos de baterias, ainda muito usadas, como as de níquel-cádmio, por conta do dano que causam ao ambiente. E você, é a favor dessa proibição? Acha a discussão prioritária ou que ela pode ainda ser adiada? Como sugere que deve ser conduzida essa questão?

Coletor para descarte de pilhas e baterias.

1. As três ilustrações a seguir representam uma eletrização por indução. Na primeira imagem, o bastão indutor, carregado negativamente, eletriza o corpo que anteriormente estava neutro. Na segunda imagem, vê-se o corpo ligado à Terra por fio condutor e ainda próximo ao bastão. Na última ilustração, o bastão é afastado do corpo, e o corpo não está mais ligado à Terra.

   De acordo com essa descrição, copie no caderno a segunda e a terceira ilustrações e preencha a distribuição de cargas positivas ou negativas nesses corpos.

   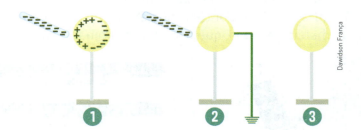

2. Analise a tirinha abaixo.

   Após a leitura deste capítulo, certamente você não corre o risco de achar que uma lâmpada funciona "por magia". Se você estivesse no lugar do pai de Calvin no primeiro quadrinho e quisesse explicar para ele o funcionamento da lâmpada, o que você diria?

3. Os automóveis possuem uma caixa de fusíveis, que são dispositivos utilizados para proteção de circuitos elétricos. Os fusíveis são constituídos de um material de baixo ponto de fusão, que se fundem (queimam na linguagem do dia a dia) quando percorridos por uma corrente elétrica maior do que aquela que são capazes de suportar. Essa situação é importante, pois com o fusível "queimado" o circuito fica aberto e não há mais passagem de corrente elétrica pelo circuito, que permanece em bom estado de funcionamento. A tabela a seguir apresenta uma série de fusíveis (por cor) e os valores da corrente elétrica que eles suportam sem se fundir.

Fusível	Corrente Elétrica (A)
Azul	1,5
Amarelo	2,5
Laranja	5,0
Preto	7,5
Vermelho	10,0

   Considere que certo dispositivo de um carro possua as seguintes especificações (45 W-12 V), o que equivale dizer que é percorrido por uma corrente de 3,75A. Entre os fusíveis apresentados, qual o de menor valor que pode ser utilizado por esse aparelho sem que se queime?

4 O que caracteriza a eletrização por atrito?

5 Por meio de um resistor está fluindo uma corrente de 40 A, quando a voltagem de alimentação desse resistor é de 60 V. Qual é a resistência do resistor?

6 Um chuveiro elétrico de dados nominais 220 V — 2 000 W é ligado diariamente durante trinta minutos. Sabendo-se que cada kWh custa R$ 0,80, calcule o total a ser pago durante 1 ano.

7 (Cefet-MG) Três esferas idênticas, A, B e C, encontram-se separadas e suspensas por fios isolantes, conforme a ilustração.

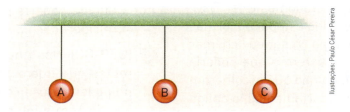

As seguintes ações e observações são, então, realizadas:

Das possibilidades apresentadas na tabela seguinte

POSSIBILIDADES	CARGA DAS ESFERAS		
	A	B	C
1ª	+ (positiva)	+	0
2ª	0 (neutra)	0	0
3ª	− (negativa)	−	0
4ª	−	+	−

aquelas que estão em conformidade com as observações são:

a) 1ª e 2ª.   b) 1ª e 3ª.   c) 2ª e 4ª.   d) 3ª e 4ª.

8 Hoje em dia é muito comum que alguns aparelhos fiquem permanentemente ligados no modo **stand by**, para que sejam ligados por meio de controles remotos. A potência consumida pelos aparelhos em *stand by* varia de aproximadamente 5 W até 10 W, dependendo da potência do aparelho em uso, portanto aquela pequena luz vermelha acesa representa um certo consumo de energia.

Considere que em uma residência o total de aparelhos ligados, em *stand by*, consuma nesse modo uma potência de 12 W e que os aparelhos fiquem nesse modo durante todo um mês de férias. Considere um mês de 30 dias e o preço do quilowatt-hora de 60 centavos e determine qual seria a economia mensal, em reais, se esses aparelhos fossem desligados da tomada durante as férias.

Retomar

1. A família de Davi, após mudar de apartamento, percebeu um aumento significativo na conta de luz. Estranharam o fato, pois, as mesmas pessoas foram viver no outro imóvel, não mudaram de hábitos e levaram os mesmos móveis e eletrodomésticos. Davi, muito curioso e que vinha estudando formas de economizar energia resolveu chamar seus colegas para avaliarem o que poderia estar ocorrendo. O caminho que escolheram foi comparar os dois apartamentos, o antigo e o atual, e observar algumas diferenças que poderiam fazer parte da explicação do aumento na conta: as paredes do atual eram mais escuras, o chuveiro, apesar de ser do mesmo modelo, era um pouco mais velho, a geladeira agora estava mais perto do fogão. Por que o grupo pode ter identificado esses fatores como a causa do aumento nos gastos de energia elétrica? O que pode ser feito para resolver essas questões?

2. O selo Procel, para o refrigerador da casa de Laura, apresenta as seguintes informações:

   a) Esse refrigerador foi uma boa compra para a família de Laura? Justifique.
   b) Pesquise na sua conta de luz o preço do kWh. Caso a sua família adquira um refrigerador igual ao de Laura, quanto a família pagaria por mês para usar esse refrigerador.

3. (UFG-GO) Nos choques elétricos, as correntes que fluem através do corpo humano podem causar danos biológicos que, de acordo com a intensidade da corrente, são classificados segundo a tabela:

CORRENTE ELÉTRICA	DANO BIOLÓGICO
I Até 10 mA	Dor e contração muscular
II De 10 mA até 20 mA	Aumentos das contrações musculares
III De 20 mA até 100 mA	Parada respiratória
IV De 100 mA até 3 A	Fibrilação ventricular que pode ser fatal
V Acima de 3 A	Parada cardíaca, queimaduras graves

   Considerando que a resistência do corpo em situação normal é da ordem de 1 500 Ω, em qual das faixas acima se enquadra uma pessoa sujeita a uma tensão elétrica de 220 V?

   a) I   b) II   c) III   d) IV   e) V

4. (Colégio Pedro II-RJ) Pequenos consumos podem parecer bobagem, mas quando somados se tornam grandes gastos. Para ajudarmos o nosso planeta e também economizarmos o nosso salário, devemos desligar os aparelhos e não os deixar no modo de espera, conhecido por *stand by*. Pensando nisso, considere a situação:

   - um determinado DVD consome 20 W em *stand by*;
   - admita que esse DVD permaneça, em média, 23 horas por dia em *stand by*;

- 1 kWh de energia equivale ao consumo de um aparelho de 1 000 W de potência durante uma hora de uso (1 kWh = 1 000 W . 1 h);
- o preço de 1 kWh é R$ 0,40.

Conclui-se que, em média, o consumo anual desse aparelho em *stand by* (considerando 1 ano = 365 dias) é de aproximadamente:

a) R$ 7,00   c) R$ 38,00   e) R$ 95,00
b) R$ 19,00   d) R$ 67,00

5 (Colégio Pedro II-RJ – Adaptada) A realização do Carnaval em Juiz de Fora, em 2006, reafirma o compromisso da prefeitura local em apoiar e estimular as manifestações autenticamente populares de nosso país. Juiz de Fora é uma cidade mineira tradicional, onde o samba não fica de fora. Para garantir a festa e para uma melhor apreciação dos desfiles pelo público, montou-se, na passarela do samba e arredores, uma infraestrutura com lanchonetes, banheiros químicos e um arrojado sistema de som e iluminação.

A tabela apresenta o investimento da prefeitura no quesito iluminação.

	300
NÚMERO DE REFLETORES	60
	12
	400
POTÊNCIA DE CADA REFLETOR (W)	2 000
	2 000
	Passarela dos desfiles
LOCALIZAÇÃO DE REFLETORES	Passarela dos desfiles
	Área de concentração das escolas

Se o valor do kWh é R$ 0,30, de quanto foi o gasto da prefeitura, em R$, com a energia consumida durante as cinco horas de desfiles ininterruptos?

a) 104,00   d) 396,00
b) 129,00   e) 492,00
c) 264,00

6 (UFRJ) Três pequenas esferas metálicas idênticas, A, B e C, estão suspensas por fios isolantes a três suportes.

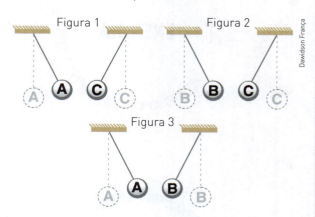

Para testar se elas estão carregadas, realizam-se três experimentos durante os quais se verifica como elas interagem eletricamente, duas a duas.

Experimento 1

As esferas A e C, ao serem aproximadas, atraem-se eletricamente, como ilustra a figura 1.

Experimento 2

As esferas B e C, ao serem aproximadas, também se atraem eletricamente, como ilustra a figura 2.

Experimento 3

As esferas A e B, ao serem aproximadas, também se atraem eletricamente, como ilustra a figura 3.

Formulam-se três hipóteses:

I As três esferas estão carregadas.
II Apenas duas esferas estão carregadas com cargas de mesmo sinal.
III Apenas duas esferas estão carregadas, mas com cargas de sinais contrários.

Analisando o resultado dos três experimentos, indique a hipótese correta. Justifique sua resposta.

Visualização

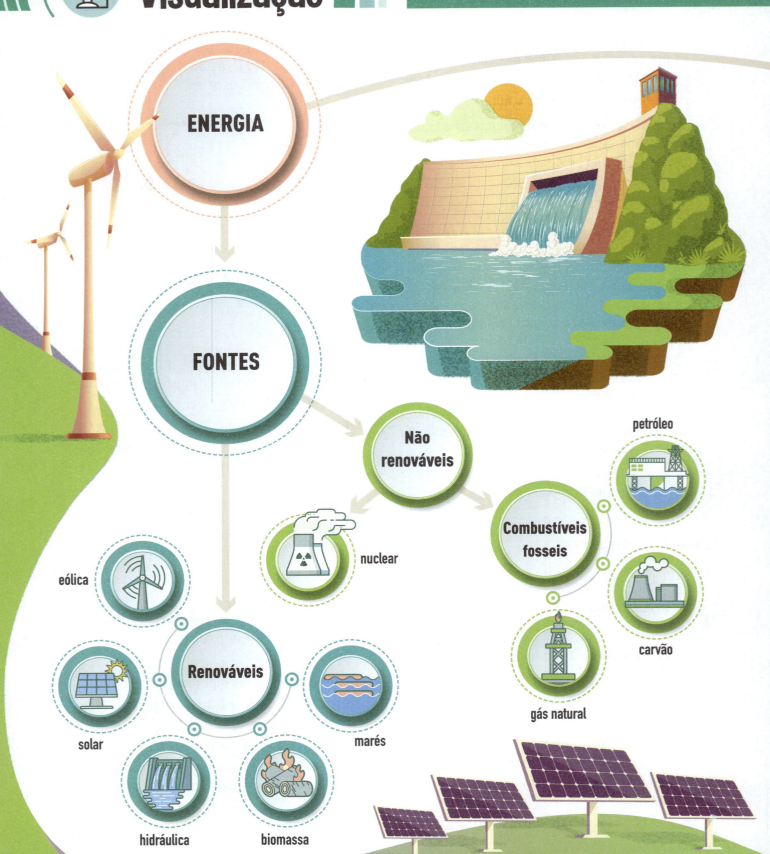

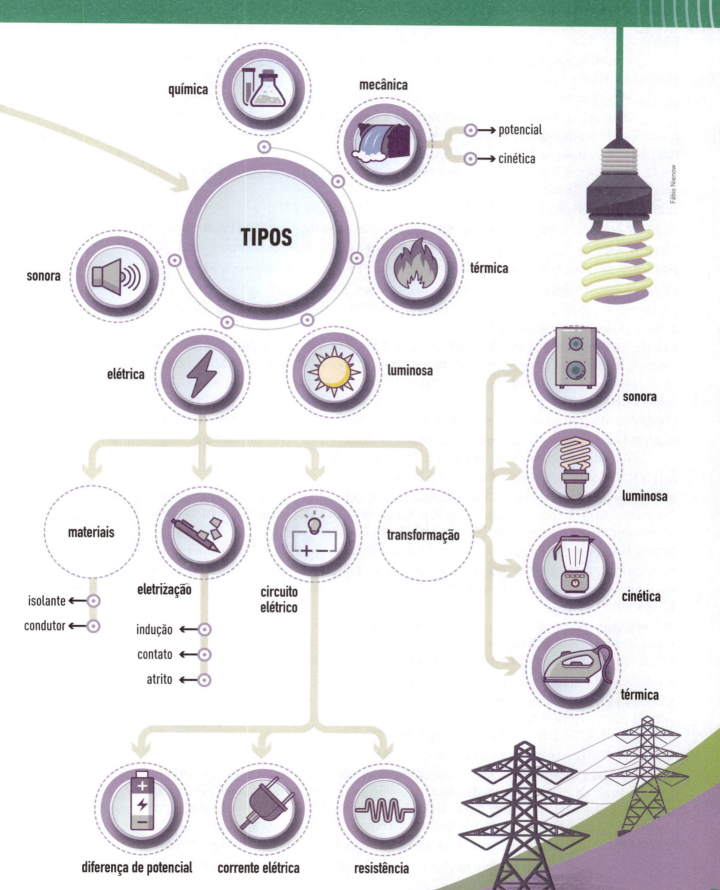

Referências

BRASIL. Lei nº 8.069, de 13 de julho de 1990. Estatuto da Criança e do Adolescente (ECA), Brasília, DF.

_____. Presidência da República. Lei nº 9.394, de 20 de dezembro de 1996. Estabelece as Diretrizes e Bases da Educação Nacional. Brasília, DF.

_____. Ministério da Educação. *Base Nacional Comum Curricular*. 3. versão. Brasília: MEC, 2017.

_____. Ministério da Saúde. Secretaria de Atenção à Saúde. Departamento de Atenção Básica. *Cadernos de Atenção Básica* (Saúde sexual e saúde reprodutiva), n. 26, 2010.

CALDEIRA, Ana Maria de Andrade (Org.). *Ensino de Ciências e Matemática*: temas sobre a formação de conceitos. São Paulo: Cultura Acadêmica, 2009. v. II. Disponível em: <http://books.scielo.org/id/htnbt/pdf/caldeira-9788579830419.pdf>. Acesso em: 13 ago. 2018.

CURTIS, Helena. *Biologia*. 2. ed. Rio de Janeiro: Guanabara Koogan, 2011.

GLEISER, Marcelo. *A dança do Universo*: dos mitos de criação ao Big-Bang. São Paulo: Companhia das Letras, 1997.

GUYTON, A. C.; HALL, J. E. *Tratado de fisiologia médica*. Filadélfia: Elsevier Saunders, 2006.

HAWKING, Stephen. *Uma breve história do tempo*. 1. ed. Rio de Janeiro: Intrínseca, 2015.

HEWITT, Paul G. *Física conceitual*. Porto Alegre: Bookman, 2007.

HICKMAN JR., Cleveland P.; ROBERTS, Larry S.; LARSON, Allan. *Princípios integrados de Zoologia*. 11. ed. Rio de Janeiro: Guanabara Koogan, 2004.

INSTITUTO BRASILEIRO DE GEOGRAFIA E ESTATÍSTICA. *Atlas de saneamento 2011*. Brasília: IBGE, 2011. Disponível em: <https://biblioteca.ibge.gov.br/index.php/biblioteca-catalogo?view=detalhes&id=253096>. Acesso em: 13 ago. 2018.

LEVY, Matthew N.; KOEPPEN, Bruce M.; STANTON, Bruce A. *Fundamentos de Fisiologia*: Berne e Levy. 4. ed. Rio de Janeiro: Elsevier, 2006.

LONGHINI, Marcos Daniel. *Ensino de astronomia na escola*: concepções, ideias e práticas. Campinas: Átomo, 2014.

MOREIRA, Marco Antônio. O professor-pesquisador como instrumento de melhoria do ensino de Ciências. In: _____; AXT, R. *Tópicos em ensino de Ciências*. Porto Alegre: Sagra, 1991.

NETTER, F. H. *Atlas de anatomia humana*. Rio de Janeiro: Elsevier, 2011.

PAIVA, Denise de Assis; CARVALHO, Keityelle dos Santos; OLIVEIR, Cristina Almada de. Experimentar para demonstrar. *Revista Brasileira de Educação Básica*, ano 2, n. 6, nov.-dez. 2017. Disponível em: <https://rbeducacaobasica.com.br/experimentar-para-demonstrar/>. Acesso em: 13 ago. 2018.

RAVEN, Peter H.; EICHHORN, Susan E.; EVERT, Ray F. *Biologia vegetal*. 8. ed. Rio de Janeiro: Guanabara Koogan, 2014.

REVISTA BRASILEIRA DE PESQUISA EM EDUCAÇÃO EM CIÊNCIAS. [S.L.]: Associação Brasileira de Pesquisa em Educação em Ciências (Abrapec), 2018. Disponível em: <https://seer.ufmg.br/index.php/rbpec>. Acesso em: 13 ago. 2018.

RIBEIRO, Jair Lúcio P. Uma atividade experimental sobre sombras inspirada em um cartum. *Revista Brasileira de Ensino de Física*, v. 37, n. 3, jul.-set. 2015. Disponível em: <www.scielo.br/scielo.php?script=sci_arttext&pid=S1806-11172015000300507&lng=en&nrm=iso&tlng=pt>. Acesso em: 13 ago. 2018.

SAGAN, Carl. *Cosmos*. Rio de Janeiro: Francisco Alves, 1983.

SASSERON, Lúcia Helena; CARVALHO, Anna Maria Pessoa de. Alfabetização científica: uma revisão bibliográfica. *Investigações em Ensino de Ciências*, v. 6, n. 1, p. 59-77, 2011. Disponível em: <www.if.ufrgs.br/ienci/artigos/Artigo_ID254/v16_n1_a2011.pdf>. Acesso em: 13 ago. 2018.

SILVERTHORN, Dee Unglaub. *Fisiologia humana*: uma abordagem integrada. 7. ed. Porto Alegre: Artmed, 2017.

TAMAIO, Irineu. *Educação ambiental & mudanças climáticas*: diálogo necessário num mundo em transição (parâmetros e diretrizes para a política nacional de educação ambiental no contexto das mudanças climáticas causadas pela ação humana). Brasília: Ministério do Meio Ambiente, 2013. Disponível em: <www.mma.gov.br/images/arquivo/80062/Livro%20EA%20e%20Mudancas%20Climaticas_WEB.pdf>. Acesso em: 13 ago. 2018.

TORTORA, G. J. *Corpo humano*: fundamentos de anatomia e fisiologia. Porto Alegre: Editora Artmed, 2010.

YNOUE, Rita Yuri et al. *Meteorologia*: noções básicas. São Paulo: Oficina de Textos, 2017.